中国的影子经济

理论与实证

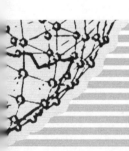

| 王永兴◎著

清华大学出版社
北京

内 容 简 介

　　本书的研究主题是"影子经济"（也称地下经济），也就是游离于统计监管体系之外的一类经济活动。本书对影子经济的定义、分类、宏观影响、微观基础、区域特征以及全球特征等问题进行了系统性的研究，其中对微观基础、区域比较等领域的研究具有一定的开拓性。本书的研究有助于增强国家安全理论建设，提高国家经济安全的风险研判和防范抵御能力。

　　本书适合经济学专业的师生和相关领域研究人员使用，也可作为经济理论爱好者的参考读物。本书是国家社科基金青年项目（10CJL016）成果，同时得到中国特色社会主义经济建设协同创新中心、南开大学政治经济学研究中心和南开大学文科发展基金支持。

图书在版编目（CIP）数据

中国的影子经济：理论与实证/王永兴著.—北京：清华大学出版社，2021.4
（清华汇智文库）
ISBN 978-7-302-57944-1

Ⅰ. ①中… Ⅱ. ①王… Ⅲ. ①中国经济－研究 Ⅳ. ①F12

中国版本图书馆 CIP 数据核字（2021）第 062472 号

责任编辑：张　伟
封面设计：汉风唐韵
责任校对：王荣静
责任印制：丛怀宇

出版发行：清华大学出版社
　　　　网　　址：http://www.tup.com.cn，http://www.wqbook.com
　　　　地　　址：北京清华大学学研大厦 A 座　邮　　编：100084
　　　　社 总 机：010-62770175　　　　　邮　　购：010-62786544
　　　　投稿与读者服务：010-62776969，c-service@tup.tsinghua.edu.cn
　　　　质量反馈：010-62772015，zhiliang@tup.tsinghua.edu.cn
印 刷 者：三河市科茂嘉荣印务有限公司
装 订 者：三河市启晨纸制品加工有限公司
经　　销：全国新华书店
开　　本：170mm×230mm　　　印　张：14.75　　　字　　数：216 千字
版　　次：2021 年 6 月第 1 版　　　　　印　　次：2021 年 6 月第 1 次印刷
定　　价：129.00 元

产品编号：087422-01

A 作者简介
bout the Author

　　王永兴,南开大学经济学院副教授、中国特色社会主义政治经济学研究中心特聘研究员、天津市中国特色社会主义理论体系研究中心南开大学基地研究员、中国特色社会主义经济建设协同创新中心研究员。研究方向为中国特色社会主义政治经济学、中国宏观经济测度、国家治理等。主持、承担国家社科基金青年项目、教育部人文社会科学重点研究基地重大项目子课题、中央基本科研业务项目等各级课题多项。在《统计研究》《政治经济学评论》《南开经济研究》《经济社会体制比较》等高水平期刊上发表论文 30 余篇,出版专著 1 部,其中多篇论文被《新华文摘》、中国人民大学复印报刊资料、*China Economist* 全文转载。

　　"影子经济"又被称为"第二经济""隐形经济"和"地下经济",从广义视角看可以把它定义为"官方主观上致力于侦测,但无法或很难完全侦测到的经济活动的总称"。影子经济的具体形式包括偷逃税、走私、卖淫、贩毒、腐败等,在我国,影子经济还体现在热钱、流动摊贩交易、制假售假等诸多方面。从理论上看,影子经济的发展和壮大,与税负、规制、失业、通货膨胀水平等存在密切联系。对中国影子经济问题的研究具有比较重要的理论和现实意义,其中理论意义在于这项研究本身就是对宏观理论的丰富和发展;现实意义则体现在,通过修正部分"扭曲"的经济数据可以为政策制定提供参考。后者也是本书研究的主要目的。

一、本书的研究内容和创新

　　从内容上看,本书的选题方向较新。在最近20年立项的国家级社会科学研究项目中,与影子经济研究直接相关的课题仅有3项,是一个亟待拓展和深入的研究领域。本书试图构建一个关于影子经济研究的完整逻辑体系,结构上分为"理论篇"(第一章至第三章)、"实证篇"(第四章、第五章)和"策略篇"(第六章、第七章)三个部分,从研究内容上看覆盖了影子经济的概念推定、微观基础、宏观影响、规模估测、区域比较、国别比较以及有效治理等诸多方面。本书的具体研究内容及其创新性和贡献主要体现在以下六个方面。

第一，本书对影子经济的基本概念和分类问题进行了研究。由于影子经济研究尚属于新兴的研究领域，国内外学者即使在一些最基本的问题上也存在很多争议。本书在对现有的多种定义进行梳理比较的基础上，明确定义影子经济是"官方主观上致力于侦测，但无法或很难完全侦测到的经济活动的总称"，在此基础上本书对流动摊贩交易、发票违规等中国影子经济的特殊表现形式进行了分析。

　　第二，本书剖析了影子经济对中国经济、政治和社会等各领域的广泛影响。具体而言，我们从影子经济影响国家经济政治安全、影子经济对正规经济的挤出效应、影子经济对经济决策的误导作用以及影子经济导致资源错配等方面全方位地分析了影子经济的不利影响。其中，有关影子经济与国家安全关系的分析突破了传统"经济观""国防观"的单一视角，是国内外理论界在这一问题上的首次探索。

　　第三，本书对中国影子经济的微观基础进行了研究。现代经济学早已经不满足于单纯宏观层面的理论解释，很多经济学流派都在试图寻找其理论的"微观基础"，以建立起从微观到宏观的、逻辑一致的解释。本书从影子经济的内在演进机制以及影子经济参与人的行为动机、模式等角度对这一问题进行了研究。具体而言，我们讨论了理性约束、金融约束、时间约束等对影子经济参与人行为的影响，这方面的研究在国内外尚属首次，是一个全新的研究领域，也是影子经济研究摆脱"起步"阶段的标志。

　　第四，本书对中国影子经济的规模和区域分布问题进行了实证研究。在研究方法上，本书进行了广泛的筛选，采用了主流影子经济估测模型，并在指标选取、模型校准程序以及基年选择方法等方面进行了重要改进。特别是，引入面板聚类的方法研究影子经济分布问题在国内外尚属首次。① 本书首先使用结构方程模型对我国 1979—2016 年的影子经济规模进行了实证估算，结果表明改革开放以来我国影子经济规模波动较大，并呈现一定周期性，已经成为我国经济社会中潜藏的一股不可忽视的重要力量。① ② 本书还使用面

----

　　① 　本书的实证研究未使用中国港、澳、台地区的数据。

板聚类的方法对我国影子经济的省际分布特征进行了分析。从我国整体的区位分布上看,东南沿海区域表现较好,而中西部和东北地区则较为严重。但从聚类结果上看即使属于同类地区,它们各自内部的主导因素也各有差异。

第五,本书研究了影子经济的全球分布特征。不同国家影子经济的形成机制和影响可能迥然不同,探究隐藏在这种差异背后的作用机制对更深入地理解影子经济的性质、发展规律乃至制定有效的治理政策具有重要的现实意义。本书按照世界银行的标准对国家进行了分类,研究发现南半球的影子经济问题相对严重,影子经济规模与经济发展水平总体上呈负相关关系。

第六,本书对中国影子经济的治理问题进行了论证。与以往研究相比,本书的进展主要体现在:①首次对影子经济治理的基本原则和一般逻辑进行了探讨,强调了"理性""激励相容"等原则在对策设计方面的重要性,在此基础上提出了影子经济治理的三种视角。其中影子经济治理制度、制度变迁的视角为影子经济治理问题提供了一个宏大的视野,使我们能够把握问题的根本,避免在治理方式以及方向选择等方面出现大的问题;协调机制的视角则涉及了基本原则确定后如何具体在实践中应用的问题,它主要是引入了一种博弈的思路,这意味着我们必须考虑参与博弈的多元利益主体之间的协调问题,从规范分析的角度看有助于确立相对公平的"出发点";而公共选择的视角则进一步把目光聚焦于对影子经济治理中最关键的因素进行详细讨论。②提出了具体的有操作性的政策建议。在已经取得的系列研究成果的基础上,本书从税费调整、社会结构优化、政府职能转换、法制建设、国际合作机制、交易媒介等十个方面提出了有针对性的治理方案。与以往研究比较,在理论性、广度以及可操作性方面取得了较大进步。

二、本书的理论价值和应用价值

影子经济的研究范畴决定了其对宏观经济政策执行的有效性具有重要影响,相对于一般市场经济国家而言,推进影子经济问题的研究对我国的经济和社会发展具有更为特殊的现实意义。从现实背景上看,我国目前正处于经济转型的特殊时期，距离成熟完善的市场经济体制还有相当大的差距。经济转型的特殊条件为影子经济的发展提供了相对广阔的空间，影子经济的发展对我国宏观经济调控政策的制定和执行提出了严峻挑战，正确地认识影子经济的影响并了解应该采取何种政策措施来对其进行治理，是我们能够从容面对这一挑战的首要条件。基于这一认知，本书的研究价值或意义主要体现在以下几个方面。

首先，本书对影子经济宏观影响的研究使我们对影子经济问题的严峻性有了更全面深入的理解，只有深入研究影子经济活动对经济、政治和社会乃至国家安全形成的多重不利影响，才能够更有针对性地对其进行及时有效的治理。特别是在习近平总书记于国家安全委员会第一次会议上明确提出"总体国家安全观"的现实背景下，这一研究的现实政策意义更加凸显。

其次，本书对影子经济微观基础问题的研究拓宽了影子经济的研究视野。其理论意义和现实意义体现在：一方面，对微观经济主体行为的深入挖掘是现代经济学发展的方向（行为经济学、实验经济学等的发展已经昭示了这一现实），本书从影子经济参与人的行为角度对其进行研究，这方面的探索在国内外尚属首次，成果具有一定理论价值；另一方面，影子经济治理政策的最终效果也高度依赖于我们能否对从事影子经济活动的经济代理人行为模式进行恰当判断，因此这项研究也具有一定的应用价值。此外，本书还对影子经济的一般演进机制和内在成因进行了理论分析，与第一章对每种影子经济形式成因的具体分析相结合，共同为最终政策建议的设计构建基础。

再次，对影子经济规模和国内、国际分布特征的研究也具有比较重要的学术和应用价值。本书大量采用现代数理经济学和计量经济学的工具对影子经济问题进行实证考察，这对提高影子经济研究的规范性、与国际同类研究接轨具有重要意义。同时，对中国影子经济规模和分布进行实证研究可以为有效治理提供可量化的决策支撑，具有较高的应用价值。鉴于影子经济研究仍然是一个处于起步阶段的研究领域，为了保证研究的规范性，本书在基础性研究方面也投入了较多精力，特别是对影子经济的概念和表现形式等看似简单的问题进行了专门分析，通过定义、比较、分类等方式进行细致厘定，以期尽量促进这一研究领域的术语规范化。

最后,从直接社会效益的角度考虑,本书对影子经济治理政策的分析——作为一种探索性研究——在实践中预期能够发挥一定指导作用,并可能通过实践的不断校正而发挥更大作用。影子经济的有效治理对于减少社会福利损耗、维护国家经济政治安全、避免社会失范、提高决策科学性均具有重要意义。

三、本书的不足之处以及未来改进方向

受本课题的研究条件和自身研究能力的限制,本书还存在很多需要改进的方面。其中最主要的问题是,由于我国统计制度还不完善,很多重要宏观经济变量缺少对应的季度、月度统计数据,或仅从近年才开始统计,因此在样本容量上无法达到最理想水平。此外,本书所使用的计量经济模型仅基于宏观数据,这不可避免地会产生一些缺陷。尽管我们已经对影子经济的微观基础进行了比较广泛的探讨,但还只是限于理论上的推演,尚缺乏扎实的微观数据,以对结论形成有效的支撑。

在后续研究中,在经费允许的情况下可开展基于直接调查法的研究。在理想的情况下,直接调查法甚至可以直接推算得到地区级的影子经济规模,这又可以为基于省际数据的 MIMIC(multiple indicator multipk cause,多指标多因素)模型提供数据基础。我们的长期目标是对中国影子经济规模的估测范围做进一步细化,譬如对狭义的影子经济(如逃税)规模单独测量、分别考察合法和非法类型的影子经济规模等,甚至还可以进一步对腐败寻租、走私、贩毒等活动的规模进行分别测度,这些研究均具有比较重要的理论意义和现实意义。此外,厘清非市场型的影子经济活动规模也很重要,它可以让我们对我国经济发展的"潜力"形成更清晰的认识。譬如,从影子经济的视角来看,中国的"人口红利"效应不仅来自农村剩余劳动力的大规模转移,改革开放前原本较少进入正式劳动力市场的女性也是一个重要的红利增长来源,从广义的视角来看,这也意味着影子经济与正规经济之间的转换。

　　总之,作为一个远未成熟的研究领域,影子经济的研究还需要持续的努力。也希望我们的研究成果能进一步起到抛砖引玉的作用,吸引更多国内外学者投入这一领域,共同推动影子经济研究的进步。

王永兴

2020 年 12 月

C目 录

Contents

上篇：理论篇

第一章
影子经济的概念、分类及表现形式

　　本章对影子经济（underground economy）的概念、分类和表现形式进行研究，我们试图对本书的研究对象进行更为清晰的刻画，从而能为后续机制层面的研究奠定较为坚实的基础。

第一节　影子经济概念的争论及界定

　　影子经济是一个相对较新的名词，但正如国内有些学者所认识到的，影子经济实际上并不是一种新生事物，它的存在历史最早甚至可以追溯到"国家"这种制度性的权力运作机构出现时期（王永兴，2010）。尽管现实中早已存在，但国内外学者对这一问题一直没有形成系统性的认识，更未上升到理论的高度。直到 20 世纪中后期西方世界出现滞胀现象以后，影子经济问题才开始引起理论界的广泛关注。一些学者认为，滞胀现象对传统宏观经济理论的挑战也许本身就是一个伪命题，理由是那些用来验证理论的宏观经济数据本身就可能是不真实的或扭曲的（Tanzi，1983；Feige，1986 等）。在这一思想指引下，经过 40 多年的努力，国外理论界已经发展出一系列的理论和经验研究工具来验证这一假说，这极大地丰富了实证主义的思想，拓宽了我们对传统宏观理论的认知①。

与此同时，我国学术界也较早地跟进了此项研究并取得了阶段性的进步，国内相关文献的数量不断增长②。如今，影子经济的研究实际上已进入世界主流经济学的视野，它不仅散见于经济学的专业性期刊(SSCI)，甚至已经进入欧美流行的标准经济学教科书③。然而，由于研究对象的特殊性以及起步较晚等原因的限制，影子经济的研究整体上仍然处于探索或不成熟阶段。正如 Bhattacharyya(1999)所指出的那样，目前的研究即使在最基本的层面也存在着不少争议，如影子经济活动的定义、描述影子经济活动的用词、影子经济估测程序、如何在经济分析中使用这些估计等。为了明确我们所要讨论的问题，首先需要对其基本概念进行认真的梳理和讨论。

一、影子经济概念的特殊性

影子经济不同于经济学中诸如失业率、国内生产总值(GDP)、价格指数、产业结构、比较优势等一般的常见概念，它在很多方面表现出较强的特殊性，这种特殊性主要体现在以下一些方面。

首先，尽管一般均未明确说明，但我们在界定和使用绝大多数经济学概念的时候往往包含着这样一种假定，即该概念所描述的经济活动必然是在正

---

① 关于国外对影子经济问题早期研究的综述可参见王永兴.国外地下经济问题研究综述[J].经济学动态,2008(2)。

② 国内学者对影子经济最初的研究体现在《国外社会科学文摘》杂志 1983 年第 3 期组织发表的三篇分别从美国《商业周刊》杂志与联邦德国《经济科学研究》翻译过来的有关影子经济的文章上,我国影子经济研究的详细进展情况可以参见王永兴.中国地下经济问题研究评述[J].经济社会体制比较,2010(4)。

③ 这一判断建立在两个标志性的成果基础之上：第一个标志是与影子经济相关的论文发表于国外顶尖经济学期刊《美国经济评论》(AER),参见 JOHNSON S, KAUFMANN D, ZOIDO-LOBATON P. Regulatory discretion and the unofficial economy[J]. American economic review,1998, 88(2):387-392;第二个标志是有关影子经济的描述进入世界最流行的西方经济学教科书《经济学原理》,参见曼昆.经济学原理：宏观经济学分册[M].北京：北京大学出版社,2013:16,145.

规经济(normal economy)中发生的,而影子经济则恰好与此相反。比如国内生产总值的标准含义是在一定时期内(一个季度或一年),一个国家或地区的经济中所生产出的全部最终产品和劳务的价值,在概念中尽管使用了"全部"一词,但实际上却仅包含正规经济生产的最终产品和劳务价值,作为一种隐含的假设它并不妨碍我们对这一概念的理解。影子经济的概念则明确指出很多经济活动实际上游离于正规经济体系之外。

其次,影子经济活动不能像一般正常经济活动那样进行统一的考察核算,它具有极强的隐蔽性特征,一般来说我们只能更多地通过相对间接的方法了解其规律、影响以及运行等特征[①]。官方经济(official economy)或正规经济是与影子经济相对的概念,指的是官方(政府)明确核算或监察到的各种经济活动,各国每年公布的各种宏观经济指标反映的就是这种经济活动的运行状态,其中最重要和典型的指标就是官方公布的国内生产总值数据。实际上,一些学者认为影子经济形成的部分原因可以归结到正式统计核算制度的不精确性和漏洞上(Keith Blackburn,2012),关于这一问题我们将在后续章节讨论影子经济的微观基础时再进一步展开。

再次,影子经济的概念具有动态演进的特质。随着时代的发展,它会随着一国法律内容以及政府规制方向的变化而发生改变。某些经济活动可能在一个阶段属于影子经济,但在另一个发展阶段则成为正规经济,并且这种变化是可逆的。譬如在个人所得税法出台以前,个人就不涉及逃税问题,因此逃税活动也就不构成影子经济的组成部分,但开征个人所得税后这种情况就发生了逆转。又如在封建社会,由于青楼等的存在得到政府的认可,卖淫活动就与影子经济无关,而在当代中国,此类活动是官方禁止的,所以只能转入"地下"生存,本章第三节我们再就这一问题进一步展开讨论。

此外,影子经济可能是迄今为止拥有最多"别名"的经济学概念,从国内外相关文献上可以检索到十种以上类似的提法,如第二经济(secondary economy)、隐形经济(hidden economy)、非正规经济(unofficial economy)、黑

---

① 也可以通过直接调查法来研究影子经济规模,但局限性很大,我们在第四章再详细讨论。

色经济(black economy)等，一些学者甚至在同一篇论文中使用不同的名词指代这一概念(Kiani，Ahmed，Zaman，2014)。这些不同的称谓实际上也从侧面反映了当前国内外学术界在影子经济概念的界定问题上仍然存在一定争议。

二、影子经济与若干容易混用的概念

在专业性的期刊以及普通媒体中，我们经常接触到一些与影子经济有一定联系的概念，这些概念包括灰色收入、地下金融、民间金融等。严格地说，这些概念是在中国特殊的转型经济背景下产生的，它们相对于影子经济这个概念而言更为微观和具体。由于灰色收入、地下金融等问题与人们最关心的收入增长以及收入分配问题存在密切联系，它们往往以更高的频率出现在大众视野中，同时也带来了与影子经济这一概念经常混用的问题，以下我们仅围绕几个主要的方面进行辨析。

1. 影子经济与灰色收入

灰色收入是近十几年出现的一个新的概念，最早提出这一概念并对其进行了深入研究的学者是王小鲁，他指出当涉及从非正常渠道获得的收入时，通过常规方法的收入调查几乎无法获得真实信息(包括我国国内样本量最大、跟踪历史最久、权威度最高的国家统计局城镇和农村住户抽样调查)。这些非正常渠道获得的收入包括"非法收入、违规违纪收入、按照社会公认的道德观念其合理性受到质疑的收入以及其他来源不明的收入"[①]，这些收入统一称为"灰色收入"。灰色收入的来源广泛，主要包含"财政和其他公共资金的流失，金融腐败导致的信贷资金收益转移，由行政审批、许可、监管权力产生的权钱交易，土地收益的流失，以及垄断性行业的垄断收入"等[②]。根据王小

---

① 王小鲁. 灰色收入与发展陷阱[M]. 北京：中信出版社，2012：129.
② 王小鲁. 我国的灰色收入与居民收入差距[M]//吴敬琏. 比较. 北京：中信出版社，2007：65；王小鲁. 灰色收入与发展陷阱[M]. 北京：中信出版社，2012：152-159.

鲁(2007)的推算,2005 年我国城乡居民遗漏收入达 48 000 亿元人民币,相当于当年 GDP 的 26%。

从灰色收入概念本身来看,其与影子经济的概念存在很多共通之处,比如二者均处于隐蔽或遗漏状态,均包括违法行为取得的收入等。但这两个概念之间也存在明显的区别,不应不加区分地使用。首先,灰色收入仅仅是一个收入的概念,而影子经济则是一种更广义的经济活动,不仅可以从收入角度进行考察,也可以从支出、增加值等角度分别进行考察;其次,在灰色收入中有一部分收入尽管就具体的个案样本来说来源不明,但最后却还是会体现在国民收入账户之中①,而影子经济则一般不会体现在官方国民收入账户体系之中;此外,获取灰色收入的行为一般具有较明显的主动性,往往是一种直接非生产性寻利(DUP)行为,而部分影子经济活动则具有一定的被动性,譬如某些由于不堪忍受过于严苛的规制和过高的税率而被迫转入“地下”进行的生产活动。如果存在更完善的商业环境,很多从事影子经济活动的群体从主观上可能就会选择以正常的方式从事经济交易。

2. 影子经济与黑色收入

黑色收入也称为“非法收入”,指的是通过非法手段直接或间接取得的收入,具体形式包括受贿收入、走私收入以及最近几十年新出现的隐性利益输送②等。早期的影子经济研究多只关注某些与影子经济相关的社会现象(如造假、卖淫等)及其影响、表现,因而出现了把一些反映影子经济活动的“点”等同于“面”的观点,导致黑色收入与影子经济的概念往往被不加区分地使用。

事实上,黑色收入既不同于灰色收入,也不同于影子经济,它们之间的关系可以简要概括为:黑色收入可以视作灰色收入的一个子集,而那些最终没有反映在国民收入账户体系之中的黑色收入则同时归属于影子经济的范畴。

----

① 比如在一些重大经济案件中,往往有一些案例适用“巨额财产来源不明罪”,尽管就犯罪个体而言“来源不明”或不愿说明,但实际上到底有多少“巨额财产”却基本是法院已经追查到的,不然也不易定罪。

② 这是一种新型的腐败形式,这种方式有别于传统的现金、购物卡行贿,而是通过相互间的利益交换(如两个利益相关者之间互相安排对方亲属的工作),透露重要经济信息,性贿赂等非现金、非货币方式进行,实际上是一种利益输送,这种方式相对更容易逃避法律的监督和制裁。

3. 影子经济与地下金融、民间金融

影子经济与地下金融是一对非常容易混用的概念，从内涵上看，二者之间既不是互斥关系，也不是包含关系。国外理论界较少讨论地下金融问题，而国内理论界目前对于地下金融的概念界定尚存在着不同的看法，如江曙霞(2001)认为地下金融是一种不公开、非正规的金融，不受法律保护[①]。而盛洪和江平(2004)则从洗钱、有无合法形式和正当目的角度界定地下金融[②]。根据本书对影子经济的定义，我们认为李建军(2005)的观点能够较好地概括地下金融的内涵，即应该根据国务院 1998 年颁布的《非法金融机构和非法金融业务活动取缔办法》对地下金融进行界定[③]，根据这一文件，凡未经中国人民银行批准的吸储、放贷担保等活动均属非法金融活动，可见目前学术界所讨论的民间金融、灰色金融等均已包含其中。由于不被正规经济所容纳，这些金融形态只能以隐蔽和非公开的形式存在，都可以称为"地下金融"。

影子经济与地下金融之间的关系类似于我们通常讨论的经济与金融之间的关系，影子经济活动包括了生产、分配、交换、消费等各个方面，而地下金融是一种资金融通的渠道，主要属于交换领域。影子经济的发展是地下金融发展的一个重要原因(但不是唯一的原因)，而地下金融的发展反过来也会促进影子经济规模的扩大。有一部分"地下金融"活动滋生的根源在于正规金融体系的不完善，如果加以适当的引导就可以实现向正规金融的转化，这一特点与某些类型的影子经济活动相似。

三、影子经济概念的争论与本书的界定

从最近 40 多年相关文献对影子经济概念的讨论情况来看，国内外学者并未形成完全一致的意见，他们往往在概念的外延方面存在不同理解。

---

① 江曙霞.中国地下金融[M].福州：福建人民出版社,2001：3-4.
② 盛洪,江平.专家谈地下金融[J].银行家,2004(3).
③ 李建军.中国地下金融规模与宏观经济影响研究[M].北京：中国金融出版社,2005：3.

　　Feige(1979)是最早从事影子经济研究的学者之一,他指出影子(地下)经济是一切未侦测到的经济活动,而美国国税局(IRS,1979)从狭义税收的角度认为影子经济就是"未向税收机关申报所得的部分",另一位对影子经济估算方法作出突出贡献的学者 Tanzi(1980)则把影子经济定义为"国民生产总值因未申报与低报所得而导致的官方统计无法测定的部分",李朴·班·维克尔(1993)认为"所谓影子经济,就是逃避税收和各种管制,未向政府部门申报的经济行为"[①]。Boca 和 Forte(1982)认为凡是不经过市场或以非正式的方法进行交易的行为都属于影子经济。王永兴(2010)提出"影子经济是处于国家正式统计和监管以外的各种经济活动的总称"[②]。另外一个比较常见的定义认为影子经济是指一切应列入官方 GNP(国民生产总值)统计但并未登记的经济活动(Schneider,2007)。

　　笔者认为,影子经济最突出的特点在于其逃避官方主动侦测的特性,因此在本书中,我们把影子经济的概念定义为"官方主观上致力于侦测,但无法或很难完全侦测到的基于市场的经济活动的总称",这一定义与 Schneider(2007)的定义类似,但更加强调其隐蔽性特征。同时,这一定义排除了官方根据国际通用的国民经济账户核算惯例而主动放弃核算的项目,即某些非市场化产出的价值[③]。

第二节　影子经济的一般分类

　　尽管本书给出的影子经济概念非常简洁,但这一概念本身所包含的信息非常复杂,因此我们有必要按一定的标准对其进行分类,以便于后续研究的展开。

---

① 　维克尔.地下黑经济[M].黄小平,邱梅,译.成都:四川人民出版社,1992:5.
② 　王永兴.中国转型进程中地下经济的演进与治理[M].北京:经济管理出版社,2010:11.
③ 　这一处理与官方 GDP 的统计类似,同样都排除了家庭劳动创造的价值(如家庭烹饪、看护自己的孩子等)。多数影子经济的定义都只包含基于市场的经济活动,其原因在于影子经济与税收的直接相关性,而税收必然基于市场行为。

从现有的研究成果来看，国内外很多学者都已对这一问题进行了研究，本书首先对已有的分类方法进行重新梳理，在此基础上进一步明确我们的研究对象。

国内学者对影子经济分类的研究起步较早，早在 1988 年出版的《当代新术语》中就已经给出了一种影子经济划分的"两分法"，其中广义的影子经济是"不属于当前国内生产总值概念的所有经济，诸如家务劳动、私人制作、自给型经济活动和邻居之间的帮助"，而狭义的影子经济则指的是"偷税漏税的经济活动，它本身可能就是非法的，如贩毒、卖淫、制造假药、推销色情作品等，因而不纳税。也可能是合法的，但不交或少交税款，如医生、律师、承包商和餐馆老板等，他们从事合法的职业，但将部分或全部收入隐匿不报，以逃避税收"①。夏兴园(1993)从对策研究的角度把影子经济活动划分为非法的、合法经营取得非法收入的和未统计的三种类型。此后，夏兴园(2012)又进一步拓展了早期的研究，分别从影子经济的性质、税收征管、与 GDP 关系、社会再生产中所处的环节和影子经济主体五个角度对影子经济进行了分类②。

国外学者对影子经济的分类工作尽管稍晚，但更为系统和详尽。Smith(1994)以市场性与合法性对影子经济活动进行了分类(图 1.1)，根据这个分类他把影子经济活动划分为四个维度。

维度 1：基于市场提供的合法商品和服务，但逃避了官方 GDP 统计的监测(图 1.1 中 A 的一部分)。

维度 2：基于市场提供的合法或非法商品和服务，同样逃避官方 GDP 统计的监测(图 1.1 中 A＋B 的一部分)。

维度 3：基于市场提供的合法或非法商品和服务，逃避税收部门的监测(图 1.1 中 A＋B 的一部分)。

维度 4：基于市场和非市场提供的商品和服务(合法＋非法)，它们或者逃避了官方监测，或者被官方 GDP 统计有意排除在外(图 1.1 中 A＋B＋C＋D 的一部分)。

这种分类标准较为细致地区分了不同类型的影子经济，也厘清了影子经济

① 金哲，姚永抗，陈燮君. 当代新术语[M]. 上海：上海人民出版社，1988：201.
② 每种分类包含的具体内容可参见夏兴园，胡俊超. 若干地下经济问题的政治研究[M]. 武汉：湖北人民出版社，2012：9-11.

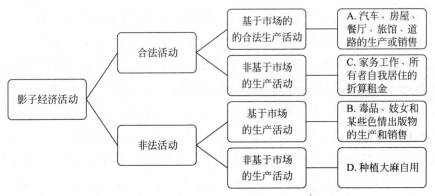

图 1.1 影子经济活动的分类——基于合法性与市场性维度①

资料来源：Smith(1994)。

的核算与官方国民收入核算之间的关系。维度 1 中的经济活动符合国民收入账户中的产出界限；维度 2 则在维度 1 的基础上囊括了符合国民收入账户产出界限的非法活动；维度 3 与维度 2 的不同之处在于其基于税收征管者的视角而非国民经济核算专家的视角,而这两种视角产生不同结果的原因在于未被纳入国民收入账户中的那部分经济活动的比例要小于有逃避税收目的的经济活动的比例；维度 4 则扩展了生产边界,它包括了非基于市场的活动,如家庭劳动和志愿性质的劳动。Smith(1994)的研究成果是关于影子经济分类问题的奠基之作,也是迄今为止最为明晰的分类,但从可操作层面来看也存在一些不足。税收征管者与国民收入账户核算专家的视角尽管在原则上的确有所不同,但在实践中是很难区分的,而且这种区分在多大程度上是必要的也值得商榷。

Lippert 和 Walker(1997)给出了另一种分类方法,这种方法在本质上与 Simon(1997)并无不同,只是把市场交易标准置换为货币交易标准。Pedersen(2003)从申报和未申报的角度进行了分类,并讨论了黑色经济、影子经济与它们的关系。Schneider(2007)在 Lippert 等(1997)等的基础上对影子经济的分类学展开了进一步研究,他的研究进展主要体现在引入了逃税以及避税行为的分类。Feige(1997)则把影子经济分为非法经济、未报告经济、未记录经济和非正规经济四个部分。但正如 Smith(1994)所分析的那样,GDP 在"原则上"包含所有产出,这与

---

① 此处本书为更清晰地展示其逻辑关系做了图形化转换处理。

产出的合法性无关，事实上我们也没有一个可信的方法来度量非法经济规模①。与此类似，征税基础也同样不对合法收入与非法收入进行区分(Smith,1994)。

在更一般的层面上，我们实际上可以把影子经济看作(仅存在于理论之中的)总体经济的一个组成部分，这部分经济活动由于部分企业、家庭的主动规避而未被观察到。鉴于区分维度 2 和维度 3 暂不具有技术上的可操作性，特别是这样做的现实意义并不显著，在本书的框架中我们提出第 5 种维度，即主要在"基于市场提供的合法的或非法的商品和服务，但逃避官方 GDP 统计以及税收征管部门的监测(A＋B 的一部分)"的意义上进行集中讨论，这种综合化的处理有助于我们集中讨论影子经济问题的主要方面。

在这种概念维度上，我们有必要对上文给出的影子经济定义中的"官方"一词进行进一步的解释，在这里"官方"是一种较为宽泛的理解，它包含国家各级统计机关以及税务征管机构。更进一步地，我们不能走入仅把影子经济简单理解为官方 GDP 的反面的误区，还应该综合考虑税基与国民收入账户产品和服务界限(production boundary)的差别。

第三节　影子经济的具体表现形式

表现形式指的是某种事物的具象化表达。影子经济是一个发展中的概念，其表现形式具有明显的多样性，并且随着地域、时间的变化会不断地演进。对影子经济的具体表现形式进行细致的归纳梳理是一项基础性工作，有助于我们把握中国现阶段影子经济发展的一些细节特征，进而加深对其形成机制、影响力等重要方面的理解。本节我们将首先对影子经济的一般表现形式进行归纳，主要内容是了解国内外影子经济的共性表现。在此基础上，我们再结合中国经济转型的具体实践，对中国影子经济的某些特殊表现形式进

---

① 这里需注意合法性与可侦测性的区别。

行分析①。由于影子经济的复杂性,下列我们所关注的表现形式并不都是纯粹"地下"的,其中一些形式具有某种混合属性,并且不同的影子经济表现形式之间也可能存在一些交集(比如走私和贩毒之间)。

一、影子经济的一般表现形式

从合法性角度考察,存在两种类型的影子经济活动,一类是这种活动自身即是非法的,比如制毒贩毒活动,这类影子经济活动对税收高低没有敏感性②,这种类型的影子经济属于少数;另一类则是经济活动本身是合法的,但出于逃避税收的动机转而走向"地下",多数影子经济活动属于这种类型。我们首先对世界各国普遍存在的影子经济表现形式进行梳理。

1. 逃税活动

正如本杰明·富兰克林的名言所说:"在这个世界上,只有死亡和纳税是逃不掉的",这句话形象地描绘出了现代经济体系的一个重要特征,即政府和税收始终扮演着不可或缺的重要角色。但富兰克林对税收属性的认识仍然比较片面,实践已经不断证明,税收在一定程度上是可逃避的。从现有的研究来看,从封建社会早期"国家"这种制度性的权力运作机构的出现开始,逃税(tax evasion)活动就已经伴生并发展起来。③

逃税活动可以分为广义的和狭义的两种。广义的逃税是指纳税人采取各种手段逃避税收征管的一种行为,其中既包括采用合法手段进行的避税行为,也包括采用非法手段进行的少缴纳和不缴纳税收的行为,而狭义的逃税主要指的是后者。一般认为合法的避税行为与税收征管部门的稽核并不冲突,所以研究影子经济问题所涉及的逃税概念主要是指狭义理解上的逃税。

---

① 我们把转型界定为由过去的计划经济体制转向成熟市场经济体制的一般过程,这也是本书研究的现实背景。

② 我们将在分析影子经济的微观基础时再深入讨论影子经济与税收之间的关系。

③ 例如,氏族社会末期氏族首领篡夺公共财产归为私有的行为即可归于影子经济,封建社会主要的影子经济形式更为丰富,主要包括逃税避役、投机倒把、贪污贿赂三种。对中国古代影子经济各种表现的论述可参见夏兴园,万安培.中国地下经济问题研究[M].郑州:河南人民出版社,1993.214-246.

这种行为会直接造成国家税收流失，同时也使得国家统计机构难以准确掌握实际交易的经济规模，进而影响国家经济安全[①]。

逃税活动的产生原因或驱动力是经济主体对自身经济利益的追求，Allingham 和 Sandmo 早在 20 世纪 70 年代就已经从预期成本和预期收益的角度对其进行了分析。具体而言，理性经济人会在制度环境的约束下（包括法律、文化、国际环境等内生或外生制度安排）对从事某种活动的成本和收益进行评估，当发现从事逃税活动带来的预期收益高于预期成本时（引入风险概率因素）就会倾向于逃税，从"地上"经济活动转为影子经济活动。收入分配两极分化、过度政府规制、严重通货膨胀、汇率贬值预期、政治不稳定等均会引致逃税活动增加，在某种程度上这是经济人为应对某种不确定性而产生的一种应激反应。鉴于税收因素已被国内外多数学者视为影子经济活动的最重要推动因素，我们在第三章第一节专门进行详细分析。

2. 走私活动

走私（smuggling）是指未经当地海关允许而秘密进出口货物的行为[②]，尽

---

① 在我国的经济实践中还存在诸如偷税、漏税、抗税等多种名词。2001 年发布的《中华人民共和国税收征收管理法》第六十三条对偷税概念有明确规定："纳税人伪造、变造、隐匿、擅自销毁账簿、记账凭证，或者在账簿上多列支出或者不列、少列收入，或者经税务机关通知申报而拒不申报或者进行虚假的纳税申报，不缴或者少缴应纳税款的，是偷税。"2011 年《中华人民共和国刑法修正案（七）》将第二百零一条修改前偷税的说法替换成逃税并对具体量刑标准进行了说明："纳税人采取欺骗、隐瞒手段进行虚假纳税申报或者不申报，逃避缴纳税款数额较大并且占应纳税额百分之十以上的，处三年以下有期徒刑或者拘役，并处罚金；数额巨大并且占应纳税额百分之三十以上的，处三年以上七年以下有期徒刑，并处罚金……被税务机关给予二次以上行政处罚的除外。"

② 这里我们给出的是一般的定义，就我国自身的具体实际操作情况而言，我国主要根据《中华人民共和国海关法》及《中华人民共和国海关行政处罚实施细则》（2004 年 9 月国务院令第 420 号）进行判定，符合以下情形的属于走私行为：（一）未经国务院或者国务院授权的机关批准，从未设立海关的地点运输、携带国家禁止或者限制进出境的货物、物品或者依法应当缴纳税款的货物、物品进出境的；（二）经过设立海关的地点，以藏匿、伪装、瞒报、伪报或者其他方式逃避海关监管，运输、携带、邮寄国家禁止或者限制进出境的货物、物品或者依法应当缴纳税款的货物、物品进出境的；（三）使用伪造、变造的手册、单证、印章、账册、电子数据或者以其他方式逃避海关监管，擅自将海关监管货物、物品、进境的境外运输工具，在境内销售的；（四）使用伪造、变造的手册、单证、印章、账册、电子数据或者以伪报加工贸易制成品单位耗料量等方式，致使海关监管货物、物品脱离监管的；（五）以藏匿、伪装、瞒报、伪报或者其他方式逃避海关监管，擅自将保税区、出口加工区等海关特殊监管区域内的海关监管货物、物品，运出区外的；（六）有逃避海关监管，构成走私的其他行为的。

管走私活动的历史最早可以追溯到千年以前,但目前国内外理论界对走私问题的研究仍有待深入。Bhagwati 和 Hansen(1973)发现尽管走私行为能够使得资源从公共部门转移到私人部门,但并未带来明显的福利增进。Chowdhury(1999)通过一个生产替代模型发现走私活动的增减与税收存在密切联系,一般而言国内税收越高,同一商品的国内外差价就越大,从而带来更多的走私收益,即二者呈现正相关关系。夏南新(2002)则进一步指出,非法商品走私进入我国与洗钱技术的结合导致国民经济账户出现了借方误差,这从侧面反映出影子经济的存在①。从定义来看,由于走私活动逃避了官方渠道的监督,符合影子经济的基本特征。

走私活动作为一种影子经济表现形式,其相对特殊之处就在于它具有跨国交易的属性,至少涉及两个国家或地区。就某一国家或地区个体而言,走私交易(水货)逃避了该国或地区官方统计机构和税收监管机构的监督核查,但如果把这种活动纳入全球视野就会发现,多数走私商品在其原产国可能是合法生产的,这意味着如果我们考察的是全球总体的影子经济规模,这部分商品就会自然地从"影子经济"转换成正规经济的一部分。② 当然,就我们的研究目的而言,这种差别并不影响对中国乃至世界各国各自范围内的影子经济的考察。

走私活动产生原因比较复杂,但本质上均出自对经济利益的追求。在世界贸易组织(WTO)形成之前,走私活动产生的主要原因是各国设置的较高关税,关税对国内价格和国外价格会产生直接影响③,国内外巨额价格差异使得逃避海关监管变得有利可图,走私者可借此获取超额利润。但随着全球化的日益深入,世界各国多数商品的关税已经普遍降到非常低的水平,因此关税对走私活动的影响在不断削弱,非关税原因日益重要。此外,一些厂商(如苹果公司)制定的价格歧视政策、国内外产品质量和品牌差异等也是当今走私活动盛行的重要原因。

---

① 夏南新.从全社会货运量估测我国地下经济规模[J].统计研究,2002(2).

② 当然,这里我们排除了本身非法物品的走私。

③ 根据国际经济学基本理论,具体影响取决于该国属于大国还是小国。

3. 卖淫活动

卖淫活动几乎存在于世界所有国家,这种活动往往采取现金交易的形式隐蔽进行,从而逃避官方机构的监督,并且卖淫活动多与黑社会、贩毒等活动密切相关。需要强调的是,以上描述实际上仅限于一般情况,卖淫活动(或性交易)与其他类型的影子经济形式之间存在一个明显的差别,这种差别源自不同国家在文化、法律和道德体系上的差异性。事实上,在某些国家(如德国、荷兰、希腊等)或地区(如美国的内华达州)卖淫活动被视为合法,这种交易依法纳税并被纳入政府部门(包括卫生部门)的监督之下。对于已经合法化的卖淫活动,其交易不需躲避官方机构的审核,它们将作为一种特殊的服务业被纳入国民经济核算体系之中。但对多数国家来说,卖淫活动仍然是官方所禁止的,所以这种活动就具有了影子经济的属性。

卖淫活动的产生原因并不单纯是经济性的,还与社会结构、文化、道德等因素密切相关,但本质上仍是一种为追求经济利益而进行的非生产性服务。首先,收入分配两极分化、社会保障制度不健全容易刺激卖淫活动的发展,部分低收入群体通过从事这种违法活动实现收入阶层的跨越;其次,社会结构二元化容易滋生卖淫活动,二元经济中劳动力的高度流动性造成家庭事实上的分割,间接带来了对这种活动的需求。拜金主义思想、国外一些思想的渗透也是这种活动产生的重要原因。

4. 贩毒活动

毒品交易几乎在所有国家都被视为非法,因此这种交易只能采取隐蔽方式进行以逃避官方相关机构的监察,并且由于从事此类活动具有极高的风险,其隐蔽性与一般影子经济形式相比更为突出。目前毒品交易的规模只能通过已查获的毒品数量进行简单推断,大量未被察觉的交易仍持续进行。贩毒活动与走私活动存在密切联系,这种联系表现为多数大宗毒品交易经常在毒品产地与消费地之间通过走私的方式进行。此外,小规模零散的贩毒活动则广泛地存在于消费国内部,对各国经济、社会的发展造成严重影响。

根据联合国毒品和犯罪问题办公室(United Nations Office on Drugs and Crime,UNODC)发布的《2012 年世界毒品报告》,2010 年大约 2.3 亿人至少使用过一次非法药物,占世界成人人口的 5%。问题药物使用者的数量约为 2 700 万人,占世界成人人口的 0.6%。广泛存在的贩毒交易不仅游离于正式的统计监督之外,同时还对正规经济的发展造成了不利影响。美国的一项研究表明,贩毒交易造成的生产力损失相当于国内生产总值的 0.9%,其他一些国家的研究显示,其生产力损失相当于国内生产总值的 0.3%~0.4%。此外,全球每年还需支出 2 000 亿~2 500 亿美元用于毒品治疗。①

贩毒活动的产生主要源于经济利益的驱动,但也与很多非经济因素密切相关。由于毒品会使吸毒者产生身体和精神上的高度依赖,很容易形成对毒品的稳定需求,且这种需求的价格弹性很低,因此贩毒活动可以带来高额的经济回报。可见,超高的利润率是驱动贩毒分子铤而走险的最重要原因。与此同时,现代社会一些享乐主义的兴起、家庭的崩解、特定时期失业率的上升、严重的通货膨胀等均是贩毒活动发展的重要推动力量。

5. 腐败与寻租活动

在可追溯的正规学术文献中最早正式使用"寻租"这一概念的是 Krueger (1974),她认为寻租是指"一种不能提高产出,甚至降低产出,但能给行为主体带来特殊地位或垄断权的投资行为"②。她用简明清晰的方式对寻租问题及其社会成本进行了分析。此后,Stevens(1993)发展了这一概念,他的贡献在于进一步明确引入了政治因素,他把寻租总结成一种"试图利用政治过程让企业集团获得超过他们机会成本的经济报酬"的活动③。腐败的概念与寻租的概念存在很多共同之处,腐败指的是由于社会公权的滥用而使社会公共利益

---

① UNODC World drug report[EB/OL]. http://www.unodc.org/. 详细报告请查阅英文版,中文版为缩减版。

② KRUEGER A O. The political economy of the rent-seeking society[J]. The American economic review,1974,64(3): 291-303.

③ 转引自中译本,原文发表于 1993 年。史蒂文斯. 集体选择经济学[M]. 杨晓维,等译. 上海: 上海三联书店,2003: 235.

受到损害的一切活动，其根源在于缺乏合理的制度安排，权力缺乏监督和制约。

在现有的经济学文献中一般并没有对腐败与寻租这两个概念进行特别的区分，一些学者认为腐败是寻租的一种（非生产性的），部分学者甚至把两个概念直接混用。通过仔细的比较我们可以发现，腐败与寻租是一组密切相关的概念，既有共同点同时也存在很大的差别。我们可以从以下几个方面考察二者的差别：从合法性的角度我们可以看出腐败是一种绝对不合法的行为，而寻租却可以分为合法和不合法两种。从行为主体的角度看，寻租行为是寻租者为了获取超额的利益而对掌握权力的人进行利诱，而腐败的主体直接利用手中的权力攫取利益；从造成的损害来看，腐败无论对经济还是对社会都是绝对有害的，而寻租行为可以分为生产性寻租和非生产性寻租两种，部分寻租行为客观上能够提高社会福利；此外，广义的腐败概念涵盖的范围要比寻租宽泛，因为腐败的目的往往不仅限于经济利益的追求，可能还包括了对权力、地位、名誉等的追求。腐败和寻租之间也存在着很多共同之处，并且有一定的因果关系。第一，腐败和多数的寻租活动都是非生产性的，都会占用原本可能用于实际生产过程的资源，因此从对社会总体福利的影响角度看是一种净浪费；第二，腐败和寻租都与政府的行政垄断权力密切相关，政府构成了它们的媒介和工具；第三，从不太严格的意义上说，寻租是腐败的目的，腐败是寻租的结果。

腐败与寻租活动是一种特殊类型的影子经济活动。第一，根据影子经济的定义及其分类，腐败与寻租本身就是影子经济的一种重要表现形式，腐败与寻租行为中资金收入的流动绝大多数是隐匿的和非公开的，它们的发展壮大直接意味着影子经济规模的扩大；第二，更为重要的一点是，政府官员的腐败与寻租行为直接催生了大量地下收入流，由于政府公共权力的使用，这种行为的影响尤为巨大。在腐败的"润滑"下，各种非法的、非公开的经济行为得到了默许或鼓励，甚至披上了合法的外衣。换句话说，腐败与寻租活动特殊之处在于它自身发展的同时还会带动其他类型影子经济的壮大。

腐败与寻租活动产生的直接原因相对简单，即源自对金钱、名望以及其他任何能够提升其效用水平的工具的追求。然而，腐败与寻租行为的间接成因却非常复杂，它的产生和壮大也反映了社会制度层面尚存在某些需要改进的因素,需要把权力关进"制度的笼子"里,其治理涉及政治、经济、社会等各方面复杂利益关系的博弈,我们将在第七章展开讨论。

6. 赌博活动

赌博是一种历史悠久的活动,早在公元前 3000 年,掷骰子游戏就已经出现在印度,而我国史书记载的赌博活动最早发生在夏朝。[①] 广义的赌博是指任何附加了赌注的活动,但并不是所有赌博活动都与我们所研究的影子经济活动相关,譬如在一些国家或地区,赌博并不属于被国家或地区禁止的活动,赌博产生的收益需进入税务系统照章纳税,因此不属于影子经济范畴;再如,诸如体育彩票、福利彩票之类的广义赌博形式也不属于影子经济,因其得到国家正式承认并可实现对其资金流的完全监管,一些学者将其归类为"善意赌博"。在我国,除国家许可的彩票等少数形式外,赌博均属于违法活动,赌博活动往往会有意逃避官方的监督,其产生的收入流(包括赌场和赌客)均具有隐蔽性,也不会进入统计、税务系统的视野,因此属于影子经济的范畴。[②]

赌博活动的产生具有深刻的社会根源,与其他影子经济形式不同,赌博活动的产生虽然也有经济利益方面的原因(如赌徒试图一夜暴富,庄家期望利用规则优势获益等),但同时也有更深层次的社会、心理原因。不同于普通生产性活动,赌博活动具有边际效用递增的属性,容易形成一种心理依赖(表现为上瘾),从而表现出某种非理性特征,其治理更具难度。此外,社会阶层流通不畅、社会道德文化的变迁、收入分配两极分化等都会促使赌博活动不断增加。

二、中国影子经济的特殊表现形式

1. 热钱

一般认为热钱(hot money)是指金融市场上存在的短期投机性国际资本,其在一国市场中的停留时间不超过一年。目前国内外理论界对热钱的概

---

① 朱蕾.赌博的历史[M].哈尔滨:哈尔滨出版社,2009:1-10.
② 譬如赌场服务人员的服务产生的价值并不会计入 GDP 核算。

念及其计算方法仍存在一定的争议,如张明(2008)提出热钱也应包括外商投资企业的未汇回利润及折旧,这拓展了传统的认识,是一种广义的理解。

由于统计口径不同,对我国热钱规模的估算差异较大。有学者估计通过"地下"渠道进入中国的游资已经超过3 000亿美元[①],也有学者认为如果包括转移定价、虚假贸易和虚假投资等方式,2003年至2008年第一季度流入中国的热钱合计达1.2万亿美元,热钱利润合计约0.55万亿美元,二者之和为1.75万亿美元,相当于2008年3月底中国外汇储备存量的104%。[②] 近年的数据显示出我国热钱的规模呈现出不断上升的趋势。国家外汇管理局发布的2013年一季度国际收支平衡表(BOP表)初步数据显示,该季度中国资本和金融项目存在1 018亿美元顺差(含净误差与遗漏),这表明有大量热钱涌入。中国外汇管理局随即特别在2013年5月5日发布通知要求加强银行结售汇综合头寸管理,加大对存在异常或可疑情况企业的核查力度,及时对资金流与货物流严重不匹配或流入量较大的企业发送风险提示函[③]。这说明中国官方已经注意到了在热钱涌入的过程中存在隐藏交易和虚假交易等异常活动。

热钱本身是国际通用的一个概念,但由于多数国家资本项目未实行严格管制,其影子经济形式多不表现为热钱进出。在我国,境外热钱主要以港澳地区合法的财务金融公司为组织者,直接参与热钱转移的往往是各行业涉及跨境业务的正当经营的大型企业。热钱通常会通过各种途径转化为表面合法的投资资金,它们进出境相当方便,运作方式也很成熟。在中国特殊的转型背景下,尽管我国已经在不断放松外汇管制,并且已经在1996年底实现经常项目可兑换,但在资本项目可兑换方面仍保持审慎态度。这一策略的积极意义在于降低了中国金融危机的系统性风险,建立起一道有效的"防火墙",但资本管制也不可避免地带来了一些不利的影响。就本书的研究对象而言,后果之一就表现为这种管制在一定程度上使得一些经济活动转向以隐蔽方

---

① 广东省社会科学院产业经济研究所.境外热钱在国内非正常流动调查报告[R].2007.
② 张明,徐以升.全口径测算中国当前的热钱规模[R].Working Paper No.0814,2008.
③ 国家外汇管理局.国家外汇管理局关于加强外汇资金流入管理有关问题的通知:汇发〔2013〕20号[A/OL].(2013-05-05).http://www.safe.gov.cn/.

式进行,从而逃避了国家相关机构的监督。

这里需要强调的一点是,并非所有热钱都属于影子经济,只有那些应被计入但未被计入国民经济核算账户的部分才属于影子经济。此外,我们在分析热钱与影子经济关系时还应该注意保持时间一致性,因影子经济是一个流量的概念(类似 GDP),而热钱是一个存量的概念,只有给出一个时间界限才具有可比性(如某年新增的热钱)。

热钱产生的直接原因是资本管制条件下,资本持有者出于套利动机而产生的流动需求。间接深层次原因则反映了一国存在某些内生性问题。例如在一国虚拟资本过度膨胀时(如房市和股市),热钱就会争相涌入获取双重收益,一方面是资产价格膨胀收益;另一方面则是汇率收益。此时在资本跨国流动受限的情况下,一些资金就会通过地下形式流入。事实上,热钱涌入的现实表明"防火墙"本身也存在漏洞,无法有效地进行过滤和筛选,其进出也难以准确地进行统计。

2. 流动摊贩交易

在多数成熟市场经济国家,一般正常商品的交易都在固定场所进行并依法纳税,因此流动摊贩所形成的地下收入流可以忽略不计。但在中国经济转型的大背景下,各种市场管理制度尚处于磨合完善阶段,日常交易额极小但总量惊人的流动摊贩最终成为我国影子经济的一种重要表现形式,这种影子经济形式也广泛存在于东南亚、拉丁美洲等市场经济不完善的国家。

所谓流动摊贩指的是无固定经营场所的摊贩,其经营群体多为失业或进城务工人员,这些人员多数无力缴纳或逃避缴纳房租或摊位管理费、市场管理费和各种税收。流动摊贩弥补了正规经济部门的不足(如解决了很多居民区的早点、买菜问题),因此其存在"合情",但由于逃税、占道经营等种种问题,流动摊贩买卖也给城市管理带来挑战,不利于实现创建文明城市、卫生城市的目标。为改善市容,我国各地都利用逐渐完善的城市管理系统对马路摊点进行了整治。

从影子经济的角度来看,流动摊贩具有交易分散、流水额少、收入不固定等特点,他们一般都没有在市场监督管理部门进行登记,也没有向税务部门缴纳税收(但可能被城管部门以管理费、罚款等名义收取一定的费用),从收入法的角度来看他们的实际报酬很难被官方统计部门准确了解并纳入国民经济账户体系[①]。

流动摊贩在我国具有悠久历史,其产生的直接原因是商品经济条件下卖方对经济利益的追求以及买方对交易便利性的需求。由于无须支付固定场所的租金,并且不主动缴纳相应税收,摊贩能够获取远高于正常经营的利润率。从更深层面看,流动摊贩交易盛行也从侧面部分反映了正规经济承担的交易成本较高的问题("税"和"费"),另外高通胀、高失业率往往也与流动摊贩交易正相关。这种形式的影子经济活动具有特殊性,譬如在国企改革的"下岗再就业"时期,流动摊贩在一定程度上发挥了维持下岗工人生活水平的功能,因此不宜采取"一刀切"直接取缔的方式。在实践过程中,地方政府往往也采取了近似默许的方式进行处理,降低宏观税负,简化商业活动的行政成本,推动流动摊贩活动的正规化、阳光化是更好的策略,对此我们将在第七章进行系统性的论述。

3. 制假售假活动

改革开放以来,我国假冒伪劣商品的生产和销售活动曾经一度非常猖獗,甚至影响到了与一些国家的边境贸易[②]。据 1997 年国家统计局等五部门进行的一项调查,我国有 1/4 家庭受到过假冒伪劣商品的侵害,涉及 5 000 万城市消费者(农村更多),98.5% 的消费者蒙受经济损失[③]。尽管随着法律体系的完善,此类活动的增长受到了一定程度的抑制,但总体规模仍然很大,近年中国"山寨"一词的流行也从侧面反映了这种态势[④]。

[①] 由于其分散性和流动性,税收征管部门对其收入情况很难准确掌握,核查的难度高,成本与收益不对称。

[②] 譬如在 20 世纪 90 年代,我国黑龙江边境口岸与俄罗斯的贸易一度兴盛,但很快充斥大量假冒伪劣商品,造成了对中国商品的信任危机。

[③] 转引自夏兴园,胡俊超.若干地下经济问题的政治研究[M].武汉:湖北人民出版社,2012:67.

[④] "山寨"一词的词义目前仍在快速扩大并被娱乐化,在本书中我们仅从"恶意模仿以获取暴利"的角度来使用这一词汇。

制造和销售假冒伪劣商品的行为本身是违法的,因此一般都采取隐蔽的方式进行,也有一些规模较大的企业掩护在合法的外衣之下。[①] 由于采取各种手段逃避政府部门的监督,他们一般不缴纳或仅对其公开的合法部分缴纳各种应缴税款,多数生产活动未进入国家统计机构的视野,属于影子经济的范畴。

与其他类型的影子经济活动类型相比,制假售假活动的一个突出特点是他们自身基本不从事产品的研发,而是对市场中现有的畅销商品进行仿制,通过使用一些廉价劣质的零部件降低成本(甚至仅追求在外形上与正规产品的形似),再配合超低的价格欺骗一些消费者购买。在某些领域,制假售假活动已经形成了一个完整的地下产业链,对正规经济的发展造成不利影响。

制假售假活动的直接成因也主要是经济性的,制假者通过超低成本对优质商品形成不正当竞争优势,获取超额利润。除此以外,制假售假活动的增多反映了法治建设、政府规制、国际合作等方面尚未完善,监管部门对新兴的以网络电商等形式为载体的制假售假活动尚缺乏有效的监管机制。

4. 未按规定开具发票行为

发票是具有一定中国特色的名词,国外并没有严格意义上能够对应的名词,国外的发票(invoice)实际上类似于中国的购物小票、收据或购物清单,不一定是国家、地方税务机关统一印制的。根据我国官方公布的口径,"发票"一词是指"在购销商品、提供或者接受服务以及从事其他经营活动中,开具、收取的收付款凭证。具体又可分为普通发票和增值税专用发票"。[②]

与多数国家不同的是,发票在我国的经济体系中扮演着非常重要的角色,具体体现在它是最基础的会计原始记录凭证之一,是记录各种经济活动内容的关键载体,是财务管理体制的重要工具,同时也是我国各级税务机关

---

① 从严格意义上看,假冒伪劣商品的生产在国外也不同程度地存在,但由于违法风险成本过高,其生存和发展受到天然的限制。而我国在转型时期各项制度仍处于不断完善之中,发现难、查处难、执法成本过高等问题广泛存在,使得此类影子经济活动存在较大的发展空间。

② 请参阅《中华人民共和国发票管理办法》,第一章第三条,该办法于 1993 年 12 月 12 日经国务院批准,1993 年 12 月 23 日由财政部令第 6 号发布。

控制税源、征缴税款的重要凭据。在中国，发票所承担的重要功能使得一些经济主体产生了利用发票进行逃税活动的想法并付诸实施。通常的做法是通过"不开发票"或"少开发票"来掩盖实际的交易额信息①，在餐饮服务业尤为常见，商家经常会以"能开发票的人外出""本月发票已用完需要推迟几天领取"等为借口使索取发票的人"知难而退"，甚至还以不开发票赠送礼品等方式诱导消费者放弃发票。尽管形式多样，但其目的不外乎是为了逃避应缴税收或节省一些费用，其中包括营业税及附加、营业税不入账所掩盖的营业利润应缴所得税等②，这里仅以我国迅速发展的团购市场为例进行说明。根据中国电子商务研究中心的调查，在各种团购活动中很多商家存在拒开发票的行为，总体数额巨大。仅 2013 年上半年，我国团购市场总成交额就达到141.3 亿元，并保持着每月 10% 的高速增长，预计当年我国团购成交额将超过300 亿元，其中占据半壁江山的餐饮美食成交额也将突破百亿元。团购活动中的餐饮消费只是我国餐饮市场的一个缩影，据此推断如果不加强税收征管国家必然会损失大量税收并且难以准确掌握经济活动的实际运转情况，因此可以视作是我国影子经济活动的一种特殊表现形式。

不开、虚开甚至开假发票等行为的动机比较简单，就是为了尽力减少承担税收义务。应该肯定的是，发票制度是一种目前适合我国国情的控制税源的工具，对大型纳税人的控制效果较好，但对于小型纳税人的监控成本过高。这说明我国的税收制度还存在一些漏洞，对于这一问题一方面应该在源头加大涉票犯罪的监察力度；另一方面也应在适当时机转换思路，适当借鉴国际经验，在信用体系逐渐健全的情况下淡化发票的作用。

---

① 需要强调的一点是本书此处的"未按规定开具发票"行为主要是指少开、不开，而非通常习惯认为的那种虚开、多开发票以套取利益的行为。从核算的角度来看，不与实际经济活动相对应的虚发票行为实际上给 GDP 注入了水分，本质上是一种泡沫，这与通常意义上的影子经济概念完全不同。

② 本节内容成稿时间较早，此后我国税收制度进一步优化，餐饮业已经于 2016 年纳入"营改增"范围，减轻了税负，但一些实施核定征收的小饭店借助不开发票逃税的现象仍然存在。

第二章
中国影子经济的宏观影响

　　如前所述,影子经济问题已经逐渐引起国内外理论界乃至政府的重视,但当前对影子经济问题的研究仍然严重不足,具体体现在影子经济理论的进展与各国影子经济的实际发展情况并不契合,理论滞后于实践的变化。尽管根据现有的研究成果估算,多数国家影子经济相对于各自 GDP 的规模都已经超过了 10％的水平,但在学术领域的讨论却仍未体现出其研究地位,通过对国内外相关文献的考察不难发现这一主题在正规同行评审专业学术期刊上的讨论仍然较少,总体比重不足 1‰。影子经济尚未引起与其重要性相匹配的足够广泛的关注,这一事实一方面反映了目前国内外影子经济研究仍处于积累期,但更重要的是,它可能反映目前我们对影子经济问题影响的深度和广度尚无充分认识。本章我们将着重从宏观的角度系统地讨论影子经济带来的广泛影响,这一工作的意义在于为进一步的研究提供较为合理的现实基础,通过论证我们能够观察到影子经济实际上是当前中国经济转型进入"深水区"以后涌现出的很多棘手问题的连接点,这种认知能够促使我们更充分地认识到推动中国影子经济研究的必要性。

第一节　影子经济的影响扩散机制分析

　　影子经济对一个国家的影响是全方位的，因此难以进行全景式的描述，但其影响的扩散机制却又是有迹可循且存在内在密切联系的，因此可以把这些因素纳入一个统一的逻辑分析框架中进行解析。我们认为，无论在任何国家，影子经济的发散式影响都主要通过正规经济、政治过程、社会活动以及国家安全四个方面得以体现，具体的影响扩散机制可以通过图 2.1 形象地概括。

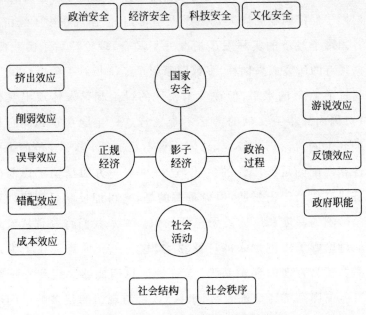

图 2.1　影子经济的影响扩散机制图示

　　在图 2.1 中，围绕中心的"影子经济"分布的四个圆形代表影子经济最终发挥作用或产生影响的着力点，而分布在最外围的矩形则代表影子经济发挥影响的具体方式或路径。其中，上下左右四个方位分别对应国家安全、社会活动、正规经济和政治过程。本节我们首先对影子经济影响的扩散机制进行总体分析,此后各节再分别就某个具体的方面进行深入探讨。

严格地说,影子经济的四个影响着力点的相对重要性在不同的国家、不同的发展阶段均有所差别,但共同的关键词均是"扭曲",即影子经济会从各个角度对与其关联的要素进行不同形式的扭曲,其影响主要通过扭曲的方式进行。

首先,就现阶段我国的具体国情而言,经济建设仍然在我国改革开放进程中处于中心地位,影子经济作为一种经济范畴,其影响最直接地体现在其对正规经济运行的扭曲方面。具体而言,影子经济会通过挤出正规经济、削弱国家宏观调控能力、误导国家经济政策制定、引致资源错误配置和提高市场交易成本等多种方式对正规经济的发展施加不利影响,从而极大地提高制定正确经济政策的难度。虽然影子经济在特定的时期和条件下也能够部分地发挥正向作用,如弥补某些正规经济不足、熨平宏观经济波动等,但总体衡量,弊远大于利,不利于正规经济的有序、健康发展。

其次,影子经济对正规经济的影响会部分地通过政治过程来实现,政治制度与经济制度之间实现良性互动是影子经济有效治理的关键。从影子经济的定义来看,其存在性本身就是通过政府监管机构的监察来体现的,因此很自然地,影子经济的发展必然会主动寻求政治上的庇护。一般而言,这种庇护主要通过正规游说活动与非正规游说活动两种方式实现,但最终的落脚点均是对政府的政策安排形成扭曲。[①] 这一过程往往伴随腐败寻租行为的发展,形成局部性的有利于影子经济发展的政策安排。[②] 影子经济活动与腐败寻租活动相互推动,具有陷入自我强化恶性循环的可能,这一特点对我国政府职能的转换、行政效能的提高以及法治提出了迫切要求,国家治理体系和国家治理能力现代化有助于达到这一要求。

---

① 具体操作层面可能会因政体不同而发生变异。

② 对政策制定的扭曲作用在多数国家都是局部性的,理由是如果这种扭曲是全局性的,则近似转换了影子经济的身份。而根据前文影子经济的定义,得到国家承认并纳入监察机构视野的经济活动属于正规经济的范畴。

再次,影子经济对健康社会形态的形成具有不利影响。健康的社会形态应该是满足和谐、公正和高流动性等特征,而腐败、收入分配两极分化等加剧了社会阶层的割裂、固化,容易出现社会失范的现象,长远看不利于国家的可持续发展。在任何一个国家,经济、政治和社会三者之间都存在某种互动关系,当代中国社会正处在转型时期,正在经历一场前所未有的伟大变革,这一变革的触角伸入社会的各个层面,深刻地改变着人们的生活方式和思想观念。社会利益多元化、社会结构多样化、社会思想自由化等,造成日益明显的经济利益冲突、政治利益冲突和思想观念冲突,这对影子经济治理的思路提出新的挑战。在传统的治理思路中,行业协会、社会团体等社会自治组织及其自治能力发育滞后,社会自发的利益协调机制未能有效建立,政府承担了过多的社会职能,造成各种社会矛盾集中于政府。事实上,一个多元、开放、具备利益整合功能的现代公民社会,对于同时缓解市场失灵和政府失灵,并最终打破政府与市场的"零和博弈关系",形成一种政府、市场与公民社会之间功能互补、利益共享的"正和博弈关系"发挥着至关重要的作用。一个高流动性、规则公平、规范、有序、良性互动的社会结构有利于良性社会秩序的形成和维护,最终极大地压缩影子经济活动的空间。

　　最后,影子经济的发展壮大会直接威胁国家安全。当今世界的国家安全观念已经不局限于传统的军事安全,但影子经济对国家安全的不利影响在过去并未引起国内外学术界和政界的关注,从文献发展情况来看,仅王永兴(2014)较为系统地阐述了影子经济与国家安全之间的关系。根据马克思的国家理论,国家是阶级矛盾不可调和的产物,是统治阶级进行阶级统治的工具,国家建立的目的是通过统治阶级掌握国家政权并利用这个政权为本阶级的利益服务。因此,影子经济的发展如果不利于国家安全就意味着根本性地损害了统治阶级的利益,不利于对一国根本利益的维护。从这一关系来看,当前必须充分认识到影子经济对国家安全的危害性并尽快加以解决。

　　具体而言,影子经济的发展既不利于国家的内部安全,也不利于国家外部安全;既不利于国家经济安全,也不利于国家政治安全、文化安全和科技安全。事实上,影子经济对正规经济、政治过程和社会活动这三个着力点的影响最终要提升并统一到国家安全层面来认识,其解决方案的设计也必须对应提升到这一高度。

第二节　影子经济与正规经济

在第一章中我们已经比较详细地讨论了影子经济的概念及其分类,从中可以确知影子经济与正规经济之间并非同一个硬币的两面,但不可否认的一点是二者之间的确存在非常密切的联系,它们之间互相影响、相互伴生,既存在对立性,又存在互补性。现有的研究通常均习惯性地对所有影子经济活动给出负面评价,这种观点的局限在于忽略了部分影子经济活动存在的合理性,尽管这种合理性可能仅限于某些特定阶段。我们认为,鉴于影子经济类型的复杂性,应全面地评价其对正规经济的影响,因此本节我们使用逆向影响(而非负面影响)和正向影响这样较为中性的词语来对这里所要讨论的问题进行分类。

一、影子经济对正规经济的逆向影响

毋庸置疑,影子经济活动从整体上看对正规经济的逆向影响是矛盾的主要方面,无论是一般的逃税活动,还是走私、贩毒等均对正规经济有明显的侵蚀作用。这个判断既适用于成熟市场经济国家,也适用于广大的新兴经济体,我们首先对影子经济产生的逆向影响进行分析。

1. 影子经济对正规经济具有挤出效应

这里的挤出效应是指影子经济的发展壮大挤占或替代了本应由正规经济发挥作用的空间。与正规经济活动相比,由于可以逃避某些应该承担的必要成本,影子经济可能在生产中获取不正常的竞争优势。这些降低成本的方式包括逃避各种应缴税款、用廉价原料替代生产高质量商品所需要的高价原料、雇用非法的廉价劳动力等。

　　这种情况所导致的后果类似于世界经济历史中曾出现的劣币驱逐良币现象,从反映出的基本经济学原理上看,其现代版本就是 2001 年诺贝尔经济学奖获得者 Akerlof(1970)所描述的柠檬市场。Akerlof(1970)的理论为我们分析影子经济的挤出效应提供了值得借鉴的分析手段,这里我们仅以制假售假这类影子经济活动为例进行说明。由于企业与最终消费者之间存在信息不对称,企业对所售产品比消费者掌握更多的信息,即卖方具有信息优势。由于消费者在购买之前一般不具有分辨商品质量、真假等的能力,他们倾向于不管商品的质量如何而尽可能地压低商品价格,在这种情况下生产高质量商品或真货的厂家(成本较高)将变得无利可图,但生产劣质商品或假货的厂家(成本较低)却仍然能够盈利,市场竞争的最终后果是生产高质量商品或真货的厂家被"挤出"市场。Burton(1997)从另外角度的分析也印证了这一点,她认为影子经济为失业和闲置人员提供了庇护,一定程度上会使正规经济形成工资上涨的压力。显然,这会进一步提高正规企业生产的成本,恶化其竞争能力,进而扩大挤出效应的影响①。

2. 影子经济的发展对国家经济政策的制定产生被动误导作用

　　在当代社会,信息化已经成为一种不可逆转的潮流,各种信息数据的产生、发布以及利用日益高频化、快速化,并成为经济系统中不可或缺的组成部分。这种变化在推动经济发展的同时,也放大了影子经济造成的信息扭曲的影响,进而可能对经济政策的制定产生误导作用。在这个部分我们首先侧重考察影子经济发展对国家宏观经济政策制定的被动影响,即暂不考虑某些从事影子经济活动的组织或个人对经济政策主动施加的影响。

---

①　夏南新(2002)曾注意到影子经济也存在一些成本劣势,如影子经济参与人需要支付寻租费用,需要承担被查处的风险成本等,但即使考虑这些因素的影响其总体收益仍然偏高。夏南新. 地下经济估测[M]. 北京：中国财政经济出版社,2002：17-19.

尽管经济学流派繁多,各国政府在实际制定各自经济政策时除受主流经济学影响外也可能会依托于其他不同的理论,但有一点必然是相通的,即任何经济政策的制定都需要一系列的宏微观经济数据作为参考。经济政策能否发挥预期的作用会受到很多复杂因素的影响,能够预见的是,即使有了准确的经济数据也不一定能够制定出合理的经济政策。如果决策条件进一步恶化,即所依据的统计数据本身就是不准确的,那么必然会极大地增加对真实经济情况误判的概率。正如我们在第一章所论述的,某些时候可能并非理论出现了问题,而是我们通常据以作出判断的实际数据出了问题,这也突出了影子经济研究的重要现实意义。

国内生产总值可能是当代世界最重要也是最常见的宏观经济变量,自从1992 我国正式使用联合国 SNA(system of national accounts,国民经济账户体系)进行国民经济核算之后[1],这一指标一度成为几乎所有地方政府竞相追逐的最重要目标[2]。出现这种现象的主要原因是在特定阶段,中国地方生产总值的发展与本地官员的政绩、升迁等因素密切相关。在我国现行的统计制度框架下,地方政府既有动机也有能力去影响本级统计机构上报的经济数据。孟连、王小鲁(2000)曾以各地区当年价格生产总值占全国合计数的比重为权数把各省区市 1988 年至 1997 年的生产总值增长速度逐年加权汇总,通过与国家统计局公布的全国 GDP 增长速度对照发现,全国加权汇总的 GDP 增长速度比公布的增长速度快 1.6%~2.0%。他们认为"各地区经济增长统计数据普遍存在不准确问题,特别是 1992 年以后问题趋于严重"。[3] 中国 2013 年上半年统计数据显示,我国 30 个省区市的 GDP 增速全部高于全国 7.6%的水平,明显违背基本统计规律,而事实上这样的情况在我国至少已经持续上演了 20 年,直到 2015 年第一季度这一差额才出现收敛迹象。

这种"注水"(高报)明显会影响数据的真实性,但我们需要注意的是"注

---

① 近年我国也正在努力调整官员考核机制,削弱地方生产总值与政绩之间的相关关系。

② 在此之前我国一直使用"工农业总产值"等来自苏联 MPS(system of material product balance,物质产品平衡表体系)的经济指标,关于我国 GDP 核算体系的变迁及其对影子经济发展的影响,我们将在第三章展开讨论。

③ 孟连,王小鲁.对中国经济增长统计数据可信度的估计[J].经济研究,2000(10).

水"本身并不属于影子经济,这里我们所关注的是另一种同样会影响统计数据真实性但作用方向相反的情况,即故意低报统计数字。低报又可以分为两种类型,一种是企业出于经济利益的低报,另一种是地方政府官员出于政治目的的低报[①]。前者是企业个体行为,会受到相对较强的约束,而后者是政府行为,在现行的统计制度下很难受到有效监督。高报与低报对统计的影响是相反的,其净影响尚存争议,但需要注意的是低报只是低估整体经济规模的一个因素,它只反映了我国影子经济的一部分来源,因此中央和地方政府都无法避免影子经济的影响。

从总体上看,我国影子经济的存在和发展必然会对各级政府判断真实经济规模产生重要负面影响,进而影响到经济政策的实际效果。一般认为,政府追求的政策目标主要包括经济增长、物价稳定和充分就业和国际收支平衡。为实现这些目标,政府需要运用包括财政政策和货币政策在内的一系列政策工具进行宏观调控。而影子经济的发展可能会使政策执行的结果在一定程度上背离政策制定者的初衷,甚至可能产生截然相反的效果。这里我们仅以货币政策为例分析低估实际经济规模可能产生的影响。

凯恩斯认为货币需求包括货币的交易需求、谨慎需求和投机需求,交易需求和谨慎需求与收入相关,投机需求与利率相关。Friedman 与 Schwartz (1963)扩展了货币的定义,确定广义货币 M2 为货币标准[②]。凯恩斯和弗里德曼等的货币理论并未考虑影子经济对货币需求的影响,这里我们假定社会总的货币需求由正规经济货币需求(MDo)和影子经济货币需求(MDu)两部分构成,两种途径货币需求的增长速度可能并不一致,在正规经济疲软等情况下,来自影子经济部分的货币需求可能增长更快。

---

① 如有些地方为争取中央财政扶持而低报数据。无论是高报还是低报,均属于虚报统计数字,从本书研究的视角出发,两种情况的不同之处在于企业与地方政府官员的低报行为与影子经济相关。

② FRIEDMAN M,SCHWARTZ A J. A monetary history of the United States,1867—1960[M]. Princeton：Princeton University Press,1963. 在本书中,Friedman 确定货币定义的标准是：①货币总量与国民收入的相关系数最大。如,M2 与 GDP 的相关系数若分别大于 M1、M3 与 GDP 的相关系数,则 M2 作为货币的可能性较大。②货币总量与国民收入的相关系数要分别大于总量中各个组成部分与国民收入的相关系数。如,M2 与 GDP 的相关系数要大于现金、活期存款、定期存款与 GDP 的相关系数。

相对于货币需求,货币供给则是一个由各国央行直接控制的变量,货币发行量取决于央行(或中央政府)对经济运行情况的判断。而货币发行决策机构分析货币需求的主要依据只能是来自反映正规经济的统计数据。假定货币供给增速与总体经济的增长应该是同步的[1]且当前宏观经济运行平稳,那么当总体经济每增长 1% 时,货币供给应该对应增加 1%。但现实情况是,货币当局一般只能获取并参考总体经济中的正规经济部分的统计数字,假定可获取的正规经济增速仅为 6%,而未观测到的影子经济增速为 10%,那么货币当局可能会作出维持货币投放增速 6% 的决策。显然,这一政策的实行会直接导致货币供给远小于货币的实际需求,供给不足的后果就是引起正规经济和影子经济之间的冲突,而影子经济往往具有更强的灵活性,必然会抽离一部分正规经济发展所必需的资金,从而对我国经济的正常发展产生不利影响。

近年来,中国天量货币投放问题引起国内外广泛关注和激烈争论。图 2.2 展示的是 1990—2017 年我国广义货币(M2)增长以及 M2 与 GDP 比值变化情况(这是衡量金融深化的一个指标)。从图形中可以明显看出,我国在 1990—2017 年的广义货币增长异常迅速,M2/GDP 从 1978 年的 0.32 增长到 2017 年的 2.03,在 34 年间扩大了近 6 倍,要求紧缩控制通胀的声音不绝于耳。但目前的讨论多未考虑影子经济的影响,王永兴(2010)运用一般现金比率(GCR)模型对中国影子经济规模进行了估算,他较早注意到了原始模型在 2006 年以后出现了异常值,认为其直接原因是 M0(现金)对活期存款比例出现持续下降。这一比例已经从最高峰时候的 1∶2 左右下降到了 2007 年的 1∶4 左右,甚至低于 1978 年水平,这表明中国货币的虚拟化程度越来越高,现金作为传统流通手段的地位正在被电子货币、电子支付等逐渐挤占。特别是,这说明传统影子经济活动所借助的现金模式正在发生变化[2],影子经济与 M1 乃至 M2 之间的关联性正在增强,即 M2 的增长可能部分被动地反映了来

---

① 这里为使原理描述清晰做了极端假设,放松此假设并不会对结论产生实质影响。

② 影子经济活动依托于现金交易的假设来自影子经济规模估测的货币模型,具体我们将在实证部分再展开说明。

自影子经济对货币的需求①。在这种情况下，如果政策制定者仅仅根据可获得的正规经济数据来过度地调整货币政策就有可能导致供给不足，进而给宏观经济平稳发展带来不利的影响。

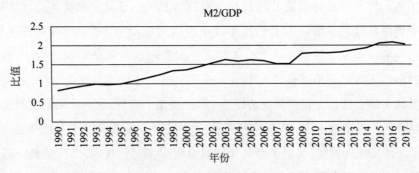

图 2.2　中国广义货币供给情况（1990—2017 年）②

以上我们仅讨论了影子经济发展对经济政策的被动影响的一个方面，但正如 Raymundo Winkler(1997)早已认识到的，影子经济对统计数据可信度的影响是多方面的，这种影响"不仅表现在 GDP 上，还体现在通货膨胀水平、失业、收入支出、收入分配、国际贸易（主要指进口）等诸多方面"③。由以上分析可以得出，影子经济的发展可能会对各项经济政策产生系统性的影响。

3. 影子经济的发展削弱国家宏观调控能力

上文我们研究了影子经济发展对国家经济政策制定的被动误导作用，其隐含的出发点还是政府本身的治理能力是没有问题的，只是被错误的数据所误导而制定出不合实际的政策。这里我们将要说明的是，即使在"政策制定者不会被扭曲的数据误导"这样更严苛的假定之下，国家对宏观经济的调控

---

①　这也能够在一定程度上部分解释在天量货币投放的同时我国的正规经济领域仍未出现明显的通货膨胀的原因。当然，房地产和股市作为资金"池子"发挥的作用可能更大。

②　根据中国人民银行和中华人民共和国国家统计局相关数据整理，为与改革开放初期的情况进行对比，笔者单独计算了 1978 年的 M2/GDP 比值。

③　WINKLER R. The size and some effects of the underground economy in Mexico［M］// LIPPERT O, WALKER M. The underground economy: global evidence of its size and impact. Vancouver: Fraser Institute, 1997: 219.

能力也将受到影响[①]。

尽管政府解决市场失灵的能力是有限的,但其通过某些程序或渠道获得的强制力授权使得它在处理某些市场失灵问题时具有天然优势,这些强制力授权体现在征税权、禁止权、处罚权等方面。[②] 在现代市场经济体系中,政府对经济的宏观调控已经成为不可或缺的一部分,但我们不难发现,影子经济的发展壮大会不同程度地削弱政府调节经济的能力[③]。

从经济的角度看,影子经济对宏观调控施加主动影响的最主要作用媒介是税收。具体的逻辑关系比较简单,可以通过几个已经在理论界取得共识的命题直接推出。

命题1:政府的宏观调控能力会受到政府的执政水平、智囊水平能力等的影响,但政府具有较强的财政能力是这一能力发挥的基础。[④] 如果国家财政赤字比例过高就难以有效利用社会保障转移支付、税收减免、扩大预算规模等手段刺激经济增长。同时,为了获取必要的税收,政府也可能被迫提高税率和扩大征税范围,这又会反过来刺激影子经济的增长,从而陷入一种恶性循环。

命题2:政府的财政能力主要基于税收。

命题3:影子经济的发展壮大会直接或间接地造成税收大量流失。

结论:影子经济的发展会影响国家宏观调控能力的发挥。

从中国目前的情况来看,影子经济发展对税收乃至宏观调控能力的影响仍不明显,这可能部分地与中国经济长期处于高速发展时期相关,税收的高速增长掩盖了可能的漏出。然而超高速的增长并非可持续的常态,当经济发展速度进入常规区间时由影子经济带来的问题就会逐渐凸显。此外,从国际

---

① 为更清楚地理解这一论点,我们可以做一个简单的类比。老子在《道德经》中曾说过"治大国,若烹小鲜",上文探讨的影子经济对经济政策的误导作用就像一个好的主妇按照拿来的错误的菜谱做出了难吃的菜肴,而此处我们则要说明的是即使菜谱是正确的,但巧妇难为无米之炊。

② 斯蒂格利茨.政府为什么干预经济[M].北京:中国物资出版社,1998:90.

③ 这里我们暂时只讨论政府运用更经济手段对正规经济的调整和控制,运用行政法律等手段对影子经济的规制归并到政治过程部分讨论。

④ 党的十八届三中全会也明确提出"财政是国家治理的基础和重要支柱"。

经验上看，希腊等国不同程度爆发的财政危机部分揭示了影子经济发展对宏观调控能力的影响①。

4．影子经济的发展导致资源错配

经济学是一门研究稀缺资源如何配置的科学，人类历史的发展进步始终伴随的是资源配置方式的演进，从霍布斯丛林里弱肉强食的法则到普天之下莫非王土，从普天之下莫非王土再到一切资源均由国家计划配置的计划经济，再由计划经济发展到以市场为主要资源配置手段的市场经济，无一不印证了这一规律。当前世界绝大多数国家实行的都是市场经济，尽管每个国家市场经济也不尽相同，譬如一些国家强调接近完全自由的市场，而一些国家则希望政府发挥更积极的作用，但相通之处就在于它们都把市场作为最重要的资源配置手段②。

市场的重要性是显而易见的，但现代经济学早已摒弃了早期市场万能的思想，认识到了市场本身在解决外部性、收入分配两极分化以及垄断等问题上存在局限。特别是与本书相联系的是，在不完全竞争的条件下市场经济本身难以克服影子经济对资源配置带来的不利影响，进而难以实现帕累托效率。Fichtenbaum(1989)较早发现了影子经济对生产率的负面影响，他的研究显示，美国在 20 世纪 70 年代出现的生产率下降现象有很大一部分归因于由影子经济发展所导致的未报告收入增加。相当多的学者对寻租的福利效果进行了研究，我们可以引入一个 Stevens(1993)提出的简单模型来分析寻租的经济影响。③

该模型考察了企业利用政治过程获得进口限制的活动。如图 2.3 所示，考虑经济中存在一个一般化的行业，曲线 S 和 D 分别代表供给曲线和需求曲

---

① 王永兴(2010)利用影子经济国际比较的数据发现某些出现财政危机的欧洲国家恰好是那些影子经济比较发达的国家。参见王永兴. 中国转型进程中地下经济的演进与治理[M].北京：经济管理出版社,2010：115-155.

② 市场经济本身也是具有多样性的，具体可分为自由市场经济、福利市场经济（瑞典等欧洲国家为代表）、社会市场经济以及中国特色社会主义市场经济等类型。

③ 史蒂文斯.集体选择经济学[M].杨晓维，等译.上海：上海三联书店,2003：235-237.

线,在一个竞争性的市场中,均衡价格和产量将在 E 点取得。假设由于征收关税或者设置非价格贸易壁垒引起市场价格从 P_1 上升至 P_2,对应产量从 Q_1 缩减至 Q_2,此时国内生产者的边际成本将降至 P_1,边际上单位产出的租金为 P_1P_2,传统的分析认为社会净福利损失是哈勃格三角(Harberger triangule),也就是 $\triangle AEB$ 的面积,而图中矩形阴影部分(ABP_1P_2)则仅仅是一种收入转移而非损失。但 Tullock(1967)、Kruger(1974)和 Posner(1975)均认为该三角形掩盖了效率损失的真实程度,指出当部分受到政治照顾的企业获益于产出限制时,矩形面积代表了寻租引起的额外社会浪费,每个企业均要花费资源以增加获选机会,但多数企业都将失败。

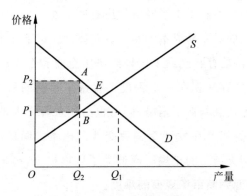

图 2.3   寻租导致的效率损失

这些研究结论并不仅适用于美国本土,在特定阶段我国某些类型的影子经济在一定程度上也会对资源的合理配置和生产效率产生不利影响。如"山寨"等假冒伪劣产品的盛行表明很多经济资源被配置到错误的领域①,这些活动实际上通过一些违法手段压缩了正规行业的成长空间,其抢夺资源的能力往往比正规经济更强,容易导致资源在正规经济中的短缺。腐败寻租活动更是直接使一些资源被配置到一些行贿者而非那些能够更专业有效地利用这些资源的微观经济主体手中。此外,制假、贩毒等类型的影子经济活动是非生产性的,投入其中的资源并不会给社会带来任何新增的价值,反而可能带

----

①   这里的错误配置是指相对于社会整体而非制假者个人。

来负效用，这是对稀缺资源的毁坏性配置，是一种福利上的净损失。事实上，该模型也适用于对 20 世纪 80 年代我国转型初期价格双轨制背景下涌现的腐败寻租活动进行分析，当时大量的社会资源被用于此类非生产性活动。

5. 影子经济的发展提高了交易成本

新制度经济学的鼻祖科斯（Coarse,1937）指出交易成本是获得准确市场信息所需要的费用，以及谈判和经常性契约的费用。也就是说，交易成本由信息搜寻成本、谈判成本、缔约成本、监督履约情况的成本、可能发生的处理违约行为的成本所构成。科斯定理从侧面凸显了交易成本的重要性[①]，一般认为交易成本的提高不利于市场经济健康有序发展。

影子经济的发展对交易成本的实际影响体现在以下几个方面。

第一，影子经济的存在制约了正规经济中企业和个人获取必要市场信息的能力，例如假货的存在就在一定程度上扰乱了市场的秩序，给正规企业获取准确市场需求等信息制造了困境，同时也给消费者个人带来了很多无谓的搜寻、辨别真货信息以及在发现受骗后交涉的成本。同样，走私活动也使得国内生产或销售同类商品的正规厂商遭受了巨额损失，由于无法掌握走私数额，增加了正规企业判断市场规模的难度。

第二，影子经济的发展提高了企业或个人通过正常途径参与市场经济的难度。腐败寻租等类型的影子经济行为使得一些本应通过正常合法途径完成的市场交易只能通过非法途径才能快速、有效地完成，这给社会生产带来的是无谓的损失，提高了交易成本。

第三，影子经济的发展导致间接的社会成本损失。根据 Palda（1998）的研究，如果所有企业的逃避监管能力相同，税收增长显然会淘汰最低效率的企业。但如果考虑到逃避能力的变化，某些生产成本低但逃避能力弱的企业将会被生产成本高但逃避能力强的企业所取代，这对于经济总体而言显然是非效率的，在存在影子经济的条件下社会的总损失就是这两类企业生产成本

---

① 科斯定理指出交易成本为零的情况下产权的最初配置不影响资源配置实现帕累托效率，但交易成本不为零时产权的配置则会影响帕累托效率实现。

的差额。

除此以外,影子经济还降低了社会投资率、减少了新技术的引入,并限制了政府获取充足资源以建立足够的基础设施等公共品的能力,它既能造成经济上的福利损失,也能造成政治、公共管理方面的效率损失,同时还会引致社会失范,背离和谐的终极目标。

二、影子经济对正规经济的正向影响

如上所述,影子经济对正规经济施加的主要是一种逆向影响,但我们也应看到在某些特定的情况下影子经济对正规经济也可能产生积极的作用,国内外学者对此也已经取得了一定程度的共识。卡塞尔(1993)认为,影子经济为正规经济提供了一种储备的灵活性,其方式是在需要时各种正规工商活动可以迅速从正规经济转移到影子经济。并且这种优点在正规经济的企业中也可以使用,譬如在实施抑制需求的紧缩政策时,影子经济承接了部分负担,并且在正规经济日益呆板的情况下担当了经济润滑剂的缓冲功能[1]。夏炳源(2000)也认为,"影子经济能够存在和发展,很大程度上源于正规经济存在某些不足或漏洞,从这个意义上说,影子经济在一定程度上对国民经济的发展具有补充作用,可以弥补正规经济之不足。"他从产量、就业水平、工作效率、资源分配和利用等方面分析了影子经济的正向影响。[2] 王永兴(2010)则从竞争性、互补性等角度比较全面地分析了影子经济对正规经济的补充作用,本书将沿着这一路径进一步展开分析。需要强调的一点是,尽管我们承认影子经济对正规经济具有一定的正向影响,但这种影响多数是局部和阶段性的。

1. 影子经济在特定时期可能推动市场机制的完善

市场机制包括供求机制、竞争机制、价格机制和风险机制等诸多方面,这些机制的逐步完善是建立"统一、开放、竞争、有序"的现代市场经济体系的必

---

① 卡塞尔.影子经济[M].丁安新、杨才秀,译.武汉:武汉大学出版社,1993:37-38.
② 夏炳源.中国地下经济问题研究[M].郑州:河南人民出版社,1992:77.

经之路。在中国经济转型的特殊时期，某些影子经济活动起到了"倒逼"改革的作用。影子经济的发展如同一面镜子，使我们更容易辨别正规经济中存在哪些缺陷，进而有助于有针对性地进行改革以弥补漏洞，完善和发展中国特色的社会主义市场经济体制。当然，能够发现问题只是一个必要条件，影子经济最终能否施加正向影响还要取决于政府解决问题的决心和能力。影子经济对市场机制完善的推动作用具体可以通过以下一些方面部分地体现。

第一，特定条件下影子经济对市场竞争机制和供求机制的形成具有正面刺激作用。譬如，走私等类型的影子经济发展壮大可能反映出一些国家在某些产业之中可能存在着不完全竞争，进而对相对供给产生影响[①]。多数研究认为，走私活动对一国经济带来的整体影响是负面的，但部分走私活动的衍生却真实反映了市场的自发性和不完善性。

改革开放以来，我国走私活动一度猖獗，从图 2.4 可以看出 2003—2012 年中国海关已查获的走私犯罪立案数量、案值、涉税金额均呈上升趋势，2012 年案值达到了 350 亿元（人民币），与 GDP 之比也在短暂下降后显著回升。需要注意的是，这里的数据反映的仅是已被查获的案值数据，实际走私规模可能远远超越这一数据。走私活动的直接动力是国内外同类产品的悬殊价差，这种价差的产生有两个主要来源。第一个来源就是贸易壁垒，我国为保护部分产业对一些商品征收较高的关税，这直接造成了同物不同价的现象[②]；第二个来源就是国内部分行业的垄断。以汽车行业为例，我国的汽车价格一直以来高于国际平均水平，一般是美国同类汽车价格的 2～3 倍[③]。这种巨大的差异已经不能完全用关税、增值税与消费税来解释，它还与目前国内汽车销售的垄断模式有关。我国在 2005 年出台了《汽车产业发展政策》和《汽车品牌销售

---

① 此处我们仅讨论类似汽车、手机等自身合法物品的走私，而不包括毒品、枪支弹药等自身非法的物品。

② 关税的作用比较复杂，有些关税的征收是必要的，需要结合实际情况具体分析。

③ 如奥迪 A6 车型，在中国售价 38.3 万元至 74.26 万元，美国售价则折合人民币 25.82 万元至 34.85 万元。这一问题已经引起我国政府的重视，在中央电视台 2013 年 8 月 18 日报道国内外汽车价差悬殊之后，中国汽车流通协会证实，协会受国家发改委委托正在调查汽车产业违反《中华人民共和国反垄断法》的行为。参见《人民日报》等媒体相关报道，http://fujian.people.com.cn/finance/.

管理实施办法》,对进口汽车经销实施 4S 店为基础的单一模式,从汽车销售到零配件服务都只有单一的 4S 店渠道,容易形成纵向垄断。这种厂商与渠道之间的联合垄断刺激了汽车走私贸易的发展。

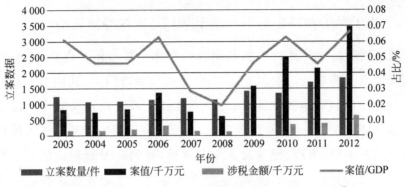

图 2.4　2003—2012 年中国海关查获走私犯罪立案数据①

　　由此可见,走私活动反映出我国市场体系在开放性和竞争性等方面需要进一步提高。在理想的条件下,如果市场的国际开放度进一步提高,同时国内相关行业存在的人为垄断得以破除,那么随着国内外产品差价缩小到一定程度,走私企业的收益就会无法弥补成本,相关的走私活动也会因市场力量而自然消失。

　　第二,特定阶段的影子经济迫使市场风险应对机制走向成熟。在影子经济规模不断扩张时,正规企业不但面临行业内其他正规企业的竞争压力,还可能受到来自影子经济领域的不正当竞争威胁。企业在亏损、破产等现实竞争压力下要在市场中生存就必须尽快建立更完善的风险应对机制,更高的风险也意味着市场中的微观主体必须获得足够的风险补偿,这又会推动价格机制的完善。

　　第三,特定时期的影子经济对市场价格机制的建立具有"倒逼"作用。对于转型国家而言,影子经济在市场经济建立初期可能会起到激发风险意识和促进市场发育的作用。以我国债市发展为例,1988 年我国国债上市时单方面定价机制导致的价格偏离均衡使得黑色债市迅速发展，采取一系列行政措施也无法解决。一直到引入公开报价方式后，国债交易才开始规范化。可见影子经济在改革初期从一个侧面以特别的方式推动了市场化进程[①]。

2. 影子经济在特定时期有助于"熨平"宏观经济波动

经济周期是经济运行中往复出现的扩张—紧缩循环现象，周期问题一直是宏观经济学关注的焦点之一，作为市场经济国家，我国的宏观经济也表现出明显的周期性特征，国内学者比较一致的观点是我国从改革开放以来已完成了3~4轮经济周期[②]。研究经济周期的变动对于各国保持宏观经济的平稳、有序、健康发展非常重要，我们认为影子经济与宏观经济波动的关系是一个新的领域，值得深入探究。影子经济在特定时期可能具有"熨平"宏观经济波动的作用，国内外部分学者已就此问题进行了前期探索。

Feige(1989)创造性地引入影子经济因素解释了西方国家经济周期性减弱的原因，他认为经济周期的节奏越来越不明显正是影子经济日益猖獗的结果[③]。徐象取（2004）曾经基于现金比率数据分析过影子经济的反周期性，认为"地上和影子经济波动是显著正相关的，地上经济与影子经济的波动基本上是同升同降的，我国影子经济的运行特点没有反周期性质"。[④] 王永兴（2010）通过对比中国历年 GDP 与基于 MIMIC 模型计算的影子经济增长数据也印证了这种反周期作用的存在。上述研究从实证方面印证了影子经济对宏观经济波动的削弱作用，这里我们再进一步探究这种现象背后的经济逻

---

① 朱德林.中国的灰黑色金融——市场风云与理性思考[M].上海：立信会计出版社，1997：104-105.

② 谢太峰，王子博.中国经济周期拐点预测——基于潜在经济增长率与经验判断[J].国际金融研究，2013(1)；刘树成.新中国经济增长 60 年曲线的回顾与展望——兼论新一轮经济周期[J].经济学动态，2009(10).

③ FEIGE E L；The underground economies：tax evasion and information distortion[M].Cambridge：Cambridge University Press，1989；法伊格.地下经济学[M].郑介甫，译.上海：上海三联书店，1994：1-60.

④ 徐象取.我国地下经济规模估计及其周期性分析[J].统计与决策，2004(10).

辑。通过引入两个不算严苛的假定命题可以得到这个简单的推论。

命题1：非结构性的增税（或减税）政策是一种紧缩性的财政政策，它会推动宏观经济运行方向产生向下（或向上）的趋势。

命题2：一般性增税（或减税）使影子经济增多（或减少）。

结论：宏观经济总量变化趋势与影子经济变化趋势相反。

可见税收在这种关系中扮演了重要的中介角色，它是促使影子经济与正规经济相比表现出某种反周期运动特征的重要因素，而这种特征在某些特定的阶段有助于保持总体经济的稳定。

3. 影子经济在特定阶段可能对正规经济有润滑和补充作用

一些学者认为，腐败等类型的影子经济起到了润滑剂的作用，Huntington（1968）曾评论道，"比不能变通的且不诚实的官僚机构更糟的可能只有不能变通的诚实的官僚机构"[①]。这种观点在某些极端的特定阶段可能是正确的，譬如在旧制度已经摧毁但新制度仍未完全发挥作用的转型时期，与完全停摆相比，腐败寻租行为提高了社会运转的效率。但在多数情况下，腐败对社会经济发展的作用是负面的。

影子经济在特定阶段对正规经济具有补充作用。由于正规经济需要负担税费，微观主体会通过衡量成本和收益决定是否在一些领域主动退出，于是在某些正规经济退出的领域就可能出现供给不足或短缺的问题。相对于正规经济，影子经济则能够凭借成本优势和经营灵活等优势进入这些领域，如一些经营早点、卖菜的小摊贩就弥补了正规经济的真空。此外，一些科技人员或拥有特别技能的人员（如医生）私下从事咨询工作等第二职业的行为都增大了整个社会的劳务、智力等的投入与产出，同时由于这种活动直接与自身利益相关联，其在影子经济中的效率可能要高于在正规职业中的效率。

---

① HUNTINGTON S P. Political order in changing societies［M］. New Haven CI：Yale University Press,1968：198-499.

第三节　影子经济与社会活动

　　经济与社会都是最古老的学术话题,但在当代社会之中经济越来越成为人们关注的焦点,一些学者观察到了这一变化并进行了分析。如卡尔·波兰尼早在 1944 年就提出,在 19 世纪以前经济和社会之间的关系表现为经济嵌入(embedded)社会,经济活动会受到很多非经济因素的影响;而在 19 世纪以后,经济开始脱离社会并凌驾于社会之上,即出现脱嵌(disembedded)①。但最终他也认为这种脱嵌是一种不可能实现的乌托邦,新经济社会学的代表人物格兰诺维特也认为经济活动是嵌入在各种社会关系之中的,只有在具体的社会关系之中才能理解经济活动的内容与形式②。按照他的观点,无论是在前工业时代还是在后工业时代,嵌入性始终存在,只不过嵌入的程度不同。我们认为,影子经济尽管是一种特殊的经济形态,但也必须要在具体的社会活动中进行考察。影子经济对社会活动的影响是多方位的,主要体现在社会结构、社会秩序方面。

1. 影子经济与社会结构

　　社会结构是社会学中的基本概念,它是指社会诸要素之间持久的、稳定的关系及构成方式。单纯从职能划分上看,社会结构可以划分为社会经济结构,包括生产力和生产关系系统;社会政治结构,包括政治法律设施、政治法律制度、政治组织系统;社会意识结构,包括社会精神现象系统。社会结构是

---

　　① 波兰尼.大转型:我们时代的政治与经济起源[M].冯钢,刘阳,译.杭州:浙江人民出版社,2007:5-26.

　　② 格兰诺维特.镶嵌:社会网与经济行动[M].罗家德,译.北京:社会科学文献出版社,2007:1-37.

根据社会需要而自然形成或人为建立起来的,社会结构运行的过程也是社会结构发挥其社会功能的过程。影子经济对社会结构的影响是双向的,从总体上看影子经济对社会结构主要产生的是破坏作用。

当影子经济的不断发展最终成为社会结构正常运行的障碍时,社会结构预定的社会功能随之遭到破坏,由此导致的后果是:要么这种功能萎缩退化;要么这种功能扭曲变形,偏离预定轨道;要么这种功能嬗变转化。这些表现都是一种功能性失调,由此而产生的社会问题被称为功能失调性社会问题。我们可以透过分析影子经济与收入分配差距之间的关系观察到这种联系。

在一般情况下,影子经济会扩大收入分配差距。尽管影子经济类型众多且分布广泛,但其对不同个体的收入影响是不均匀的。首先,由于影子经济活动可以逃避税收监管且经营方式一般比较灵活,从事影子经济的自然人相比普通居民在其他条件基本相同的假设下有更大的概率获取较高收入,这会造成两类群体之间的收入差距扩大。其次,一些影子经济活动只发生于社会阶层较高的群体之中,这种反向的选择性会从纵向拉大阶层之间的收入分配差距。如只有一些手握重权者才有机会涉入腐败寻租等类型的影子经济活动并获益,而一些还处于底层的普通公民则不具备这样的条件。①

国内外已经有一些学者对这一问题进行了实证方面的探索。Rosser(2000)等提出的假设认为转型国家的收入分配不平等现象与影子经济的增长密切相关,他们用 16 个转型国家的数据对这一假设进行了验证,验证的结果有力地支持了他们的设想。Rosser(2000)等还发现,就样本范围内的国家整体而言,影子经济与不平等之间的因果关系是双向的:一方面,影子经济的增长导致不平等加剧(由于税收和社会保障下降);另一方面,不平等的增加会导致更多的影子经济活动。林伟林(2004)针对中国数据发现了影子经济

---

① 一个值得注意的现象是这里还存在另外一种极端的收入—阶层联动效应,即低收入阶层过度披露收入。王小鲁(2007)的研究发现,"中等以下收入组的多数人愿意报告真实收入;其中最低收入组只有 31%的人表示不愿意如实报告收入,而这其中还有一部分人是倾向于多报收入(因为他们认为收入太低面子上不好看)。在低报收入和多报收入两种情况相互抵消后,最低收入组表示愿意报告的收入略微超过了实际收入,随收入水平提高,隐瞒收入的倾向和隐瞒的程度都明显上升。"参见王小鲁.我国的灰色收入与居民收入差距[M]//吴敬琏.比较.北京:中信出版社,2007:44.

规模与收入分配变量之间存在双向的 Granger 因果联系。解梁秋等（2008）则发现"影子经济规模的趋势成分对收入分配各变量的趋势成分具有显著的Granger 影响，而收入分配各变量的趋势成分对影子经济规模的趋势成分不具有显著的 Granger 影响，影子经济规模与收入分配波动成分之间并不具有显著的 Granger 影响关系"①。王永兴（2010）则在验证变量"协整"关系的基础上使用 Granger 因果检验进行了验证，结果表明影子经济变化是收入分配变化的 Granger 原因，而反向关系在 5％的显著性水平上不能成立，即二者之间存在单向 Granger 因果关系。由此可见，尽管在影响的方向上有所分歧，但现有的研究成果基本形成了"影子经济的确会影响收入分配"的共识。②

人类社会进入工业化阶段以后，收入差别已经取代身份差别成为区分社会阶层的主要特征。从经验研究的角度看，阶层差距变化的一般规律是先扩大后缩小，即从金字塔型逐渐演变成一种中间大、两头小的橄榄型社会结构（图 2.5）。一般认为，橄榄型的社会结构是一种稳定健康的社会结构，而金字塔型则不利于社会稳定。一般认为，各国应通过各种政策手段设法使中等收入阶级尽快发育起来，使之成为社会的主体部分和中坚力量，促成在社会分层阶梯上，最贫困阶层和最富裕阶层这两端在数量上都减至绝对少数，中等收入阶层占绝对优势的格局。现有研究表明，我国目前从收入的角度看基本属于一种金字塔型的社会结构，并正在向橄榄型进行过渡③。

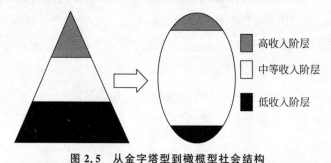

图 2.5　从金字塔型到橄榄型社会结构

---

① 解梁秋，孙皓，石柱鲜.我国地下经济与居民收入分配关系的计量检验[J].工业技术经济，2008(8).

② 王永兴.中国转型进程中地下经济的演进与治理[M].北京：经济管理出版社，2010：126-128.

③ 关晓丽.中国社会结构正由"金字塔型"向"橄榄球型"过渡[J].社会科学战线，2004(6).

  影子经济活动会使我国已经存在的收入分配两极分化的问题进一步恶化,从而不利于健康的社会阶层结构的形成。在橄榄型的社会阶层结构中,来自各个阶层之间的社会矛盾能够得到来自中产阶层的有效缓冲,低收入阶层能够看到向上一层阶层流动的希望,从而社会阶层结构相对比较稳定。而金字塔型社会阶层结构则缺乏这种缓冲机制和阶层流动渠道,一旦出现冲击则容易直接导致比较大的社会动荡。特别是,在一部分收入分配差距不是由市场自由竞争自然促成,而是由腐败寻租、走私、贩毒、卖淫等影子经济活动导致的情况下,更容易激发作为社会主体的低收入阶层的不满情绪,进而形成影响社会稳定的隐患。根据王宏(2013)的研究,我国中等收入劳动者约占城镇就业人口的 18%~20%,按现有趋势预计即使到 2020 年其比例也不会超过 40%(表 2.1)[①]。根据国家统计局 2019 年公布的数据,我国最近十几年的基尼系数总体呈现上升的趋势,在 2008 年已经突破 0.49 的水平,虽然近年有所回落但仍接近 0.47[②],均大大超越了国际公认的 0.4 警戒线。因此遏制收入分配差距进一步扩大已成为亟待解决的重要问题,鉴于影子经济活动在收入分配差距扩大乃至社会结构变迁过程中的影响,有必要把它作为解决问题的抓手之一进一步深入研究。

表 2.1 中等收入劳动者群体规模   元

项 目	平均	最低收入(10%)	低收入户(10%)	中等偏下(20%)	中等收入(20%)	中等偏上(20%)	高收入(10%)	最高收入(10%)
2010 年城镇家庭人均收入	21 033	6 704	10 247	13 971	18 921	25 489	34 255	56 435
2020 年城镇家庭人均收入(估算)[③]	42 067	13 407	20 494	27 942	37 841	50 996	68 509	112 870

---

  ① 此处具体推导过程略,可参见王宏.国际视野的中等收入阶层:内涵界定、指标体系与地区差异[J].改革,2013(5).

  ② 详见中国国家统计局官方网站 http://www.stats.gov.cn/。来自民间机构的估算结果一般高于官方数字,如西南财经大学中国家庭金融调查与研究中心发布的 2010 年基尼系数为 0.61,高出同期官方数字约 27%。详细数据可参见其发布的《中国家庭收入不平等报告》,2012 年 12 月 9 日,详见 http://chfs.swufe.edu.cn/.

  ③ 这里估算的依据为:党的十六大报告提出的全面建设小康社会目标、十八大报告提出的 2020 年居民平均收入比 2010 年翻一番的目标以及"国民经济和社会发展第十二个五年规划纲要"提出的人均GDP、城镇居民可支配收入和农民纯收入年均增长不低于 7%的目标。

从另外的角度看,影子经济也会受到现有社会阶层结构的影响和制约。影子经济能够在不稳定和不成熟的社会阶层结构中找到牢固的支点而得以迅速发展,在比较成熟的社会结构下,影子经济的发展则会因为缺少相应的支撑而被压缩在较小的空间以内,这一认识对影子经济的治理也具有启示意义。

2. 影子经济与社会秩序

社会秩序是社会的一种有序、均衡的运行状态,良好的社会秩序是国家政治经济稳步发展的前提。正常的社会秩序需要依靠良好的法律体系来维护,但影子经济活动往往在正规制度的缝隙中生存,利用制度法规等的漏洞获利,本质上是对现有正规法律体系的挑战和破坏。从总体表现上看,影子经济是一种打破社会均衡的力量,它时刻都在扰动社会的正常运转,使其产生走向非均衡状态的倾向。

譬如,腐败和寻租活动的发展会使社会公众对未来生活的预期水平下降,缺乏统一稳定的政治秩序和市场行为规则使人们的预期倾向悲观。而预期的悲观容易造成社会普遍的短期行为和投机倾向,使腐败的影响不断放大,甚至可能使腐败成为社会的一种潜规则,形成全社会的道德危机。腐败以对法律的违反为特征,任人唯亲,官官相护,从而结成了一张灰色的"关系网",使得社会失去凝聚力,社会动荡增加,这容易导致社会最终陷入无序或失范的状态[①],这种倾向如果不及时遏制甚至可能会导致社会秩序的整体崩塌和被动重建,最终影响经济转型的顺利进行。

再如,造假、卖淫、贩毒等类型的影子经济活动不但直接使其对象身心受损,而且往往与黑社会活动联系紧密,往往成为一些黑恶势力聚拢财源的主要手段。黑社会的存在本身就是与正规法律体系对立的,它的发展会逐渐缩小正式制度的作用范围。在黑社会的作用范围内,暴力等非法手段取代法律法规成为维护其"社会"秩序的工具,为了把非法获取的收入"洗白",它往往

---

① 所谓失范是一种准规范缺乏、含混或者社会规范变化多端,以致不能为社会成员提供指导的社会情境。道格拉斯,瓦克斯勒.越轨社会学概论[M].皮艺军,译.北京:中国政法大学出版社,2004:91.

通过行贿等手段获取部分官员的庇护,从而进一步扰乱了正常的社会秩序。

　　需要补充的一点是,由于具有一定反周期的特征,影子经济在特定情况下也可能起到稳定社会秩序的作用。以我国在1998年启动的国有企业改革为例,三年脱困的目标提出后,我国国有企业在极短时间内就有上千万职工脱离了工作岗位,如此巨大的变革却并没有像国外一些学者所预期的那样会立即引致经济和社会不稳定。改革的有序进行主要应归功于当时政府采取的应对措施,但实际上影子经济也发挥了很重要的作用。一个不容忽视的事实是,许多下岗职工除了依靠政府保障救济以外,更重要的收入来源是影子经济(如绕过政府税收监督做短工、摆小摊、办家庭手工业等)。又如,在20世纪八九十年代出现通货膨胀的情况下,一些企业通过大量雇用非正规就业劳动力和逃税等手段降低了成本,增强了生存能力,在价格上比正规经济有优势,在通货膨胀与居民实际收入下降的情况下,它们的低价在当时特定的条件下有利于人们生活的稳定。

第四节　影子经济与国家安全

　　王永兴(2010)曾从国内和国际两个角度对影子经济对国家经济安全的威胁问题进行了初步探索,这是国内外关于这一问题研究的首次尝试,但该研究也存在明显的不足,即该研究仅局限于分析国家的经济安全,而未能从更全面的视角来分析影子经济对国家安全的影响[①]。实际上当代社会半个世纪以来对国家安全的理解已经发生深刻的变化,其含义从早期的军事安全过渡到了经济安全,最后又不断引入其他因素成为一个高度复合的概念。基于这种认识,本书在学者既有研究的基础上对国家安全的概念进一步分解,分

---

　　① 　王永兴.中国转型进程中地下经济的演进与治理[M].北京:经济管理出版社,2010:130-133.

别讨论影子经济对国家政治安全、国家经济安全、国家科技安全、国家文化安全等的影响[1]，以更全面地把握影子经济与国家安全之间的联系。

一、影子经济与国家政治安全

一般认为在国家安全体系中，政治安全是核心和灵魂。只有政治安全获得保证，才能有效地谋求军事、经济、文化、社会等其他领域的安全[2]。所谓政治安全是指"一个主权国家有效防范来自外部的政治干预、压力和颠覆以及内部敌对势力的破坏活动，确保国家政治制度的安全、稳定和意识形态的指导地位，维护国家主权和领土完整，增强国际地位。社会主义国家的政治安全主要包括国家主权安全、政治制度安全和主流意识形态安全"[3]。进入21世纪以后，我国学者对国家政治安全的研究日益增多，一些学者从网络信息化、全球化等方面对这一问题进行了探索(刘文，2004)，也有一些学者从和平演变、自由化思潮等方面认识到了影响我国国家政治安全的一些因素(刘龙伏，2012)[4]，但国内现有的研究均未关注影子经济活动对国家政治安全的影响。

影子经济对国家政治安全的影响主要体现在政治制度安全和意识形态安全(亦属文化安全)两个方面，这种影响实际上是上文分别讨论的影子经济对政治过程和社会结构影响的综合衍生品。一方面，腐败寻租乃至设租活动会形成既得利益的同盟阻碍政府职能的转变，降低政府的公信力和软化政府的政治约束力。另一方面，一些影子经济活动能腐蚀社会风气，比如走私、卖淫、贩毒、逃税等非法类型的影子经济活动造成的收入分配差距进一步扩大有可能造成部分群体出现价值观和意识形态等的扭曲，从而更容易受到其他

---

① 这里我们并不是对国家安全的概念进行全面分解(即这些子集取并集后仍不构成全集)，而仅讨论与影子经济有关的部分，并且这些子集之间也存在交集。

② 李忠杰.怎样认识和维护我国的国家安全[J].瞭望新闻周刊，2002(22).

③ 刘文.网络化对社会主义国家政治安全的挑战及对策[J].社会主义研究，2004(2).

④ 刘龙伏.论邓小平的政治安全观[J].江汉论坛，2012(12).

意识形态输入的影响,进而腐蚀政治安全的基础。特别需要注意的是影子经济对意识形态方面的影响是潜移默化的,相对于其他领域而言其影响更容易被忽视,但效应不断累积就可能形成重大隐患。

二、影子经济与国家经济安全

国家经济安全是指"一国经济受到因生态危机、经济不稳定、失业、金融市场紊乱、通货膨胀、大规模的贫困、商品不安全、外来人口主要是各种移民的冲击等而处于稳定、均衡和持续发展的正常状态"[①]。国家经济安全与政治安全一样同属于国家安全概念中的核心范畴,但影子经济对国家经济安全的影响表现更为直接。

1. 影子经济与国家金融安全

国家的金融安全是经济安全的重要组成部分,但国内学者对这一问题的研究在 1997 年亚洲金融危机后才开始起步,目前对金融安全的概念也尚未形成一致的理解,但学者们普遍认为金融安全是相对金融风险而言的(张亦春,许文斌,2002),这种风险来自内部和外部两个方面,而影子经济活动对内外两方面均可能产生显著影响。

经济全球化已经成为不可逆转的趋势,经济全球化趋势的加强对国家的主权有明显弱化作用,它要求主权国家对国内经济的管理权力作出一定的让渡,使得日益膨胀的跨国资金流变得更加难以约束,削弱了影子经济的治理能力,全球范围内的金融风险一直在不断增加并引发了一系列的全球性的金融危机。Kaminsky 和 Reinhart(1998)指出尽管宏观经济基础薄弱容易导致金融危机,但那些非宏观经济基本面的随机因素,如短期国际资本流动的随机扰动才是金融危机爆发的更一般性原因。

从国际金融的视角看,部分以热钱为表现形式的影子经济活动对金融危

---

① 彭有祥.经济全球化与经济安全[J].经济问题探索,2004(7).

机的爆发能够起到推波助澜的作用。这些热钱规模巨大且具有高度的隐蔽性、敏感性和投机性，它们不断地在全球范围的资本市场寻找获利机会。热钱流入的动机主要包括两个方面：一方面能得到人民币升值带来的收益；另一方面还能获取我国房价高速上升带来的红利，同时也进一步膨胀了国内的资产泡沫。在经济形势下滑时，这些游资则会通过各种渠道迅速撤离，容易引发国内金融市场的动荡和形成危机。

在资本项目存在管制的条件下，一些热钱除了通过虚假贸易的手段进出中国，地下钱庄也是一种主要的可利用手段。地下钱庄是一种重要的非正规金融中介组织，其功能之一就是在热钱活动中扮演桥梁角色。此外，地下钱庄与走私活动也存在密切联系，厦门"远华"走私案的走私收入大部分都通过地下钱庄转移到国外，一些走私团伙也通过地下钱庄筹措外币，某些地下钱庄还帮助一些官员把腐败贪污所得收入进行"洗白"。应该注意的是，地下钱庄尽管与影子经济活动联系密切但本身并不是影子经济活动的组织者。改革开放后，我国曾经出现过公开挂牌经营的钱庄，但在 1986 年 1 月国务院颁布《中华人民共和国银行管理暂行条例》明确宣布个人不得设立银行或其他金融机构以后，这些钱庄开始以地下隐蔽的方式继续存在[1]。地下钱庄的设立初衷并不一定是服务于影子经济活动，它实际上在特定条件下也会起到弥补正规银行体系不足的作用[2]，但一些影子经济活动却天然地与以地下钱庄为代表的非正规金融系统联系紧密。与其说是地下钱庄催生了影子经济，不如说是影子经济倒推地下钱庄发展以适应其隐蔽性要求。

从国内金融的视角来看，在我国的非正规金融系统（或称地下金融系统）中，地下钱庄只是其中的一种组织类型，其他还存在合会、储金会、基金会等多种形式，它们共同构成了我国的民间金融生态。影子经济活动催生了与正规金融体系并行运转的非正规金融系统，这种金融系统的存在不受法律保护，也缺乏正式的监管和风险控制机制，主要依靠惯例和自律等非正式的制度进行约束，这些特征实际上加大了正规金融体系的系统性风险。譬如从腐败寻租活

---

① 初本德.地下钱庄问题深度解析[M].北京：中国方正出版社,2008.

② 如部分中小企业很难获取银行贷款,不得不求助于民间金融系统。

动、走私贩毒活动和卖淫活动中产生的现金流为达到逃避监管的目的有一部分并不直接进入正规银行系统,而是选择成为非正规金融系统的组成部分,并能够通过资金运转获得增值。① 王永兴(2010)认为,地下金融的组织形式往往呈金字塔形态,风险层层累加,一旦资金链发生问题,风险就会集中释放,对社会稳定和经济安全产生巨大的影响。实际上,我国从 20 世纪 80 年代开始江浙福建一带就已经多次出现由非正规金融导致的局部危机,对当地经济社会稳定造成了不利影响。可见无论从国内还是国外的角度观察,影子经济活动及其推动的非正规金融系统的发展都已经成为影响我国金融系统稳定性的一个重要因素。

2. 影子经济与国家市场安全

本书此处讨论的影子经济对国家市场安全的不利影响主要是指对相关商品和产业的市场供求以及市场秩序造成的非正常冲击,这种冲击一般会导致国家、人民的实际利益受损。前文我们曾总结到部分影子经济活动在特定历史阶段能够对市场供求机制、竞争机制和价格机制的形成起到一定的促进作用。但在多数情况下,影子经济对市场经济的影响是负面的,它会严重影响国家的市场安全。这里我们以走私活动对市场安全的影响为例进行分析。

走私活动通过非法和隐蔽的手段改变了某类产品的市场供求状况,会对现有的市场秩序造成非预期性的冲击。虽然走私品在短期内可能会使部分国内居民获取福利的增进,但从长期看则不利于国家的市场和产业安全。一些普通商品的走私可能会不同程度地影响国内对应商品的市场价格,甚至对一些刚刚起步的幼稚型产业形成致命打击②。汽车、手机、奶粉等物品的走私可能对市场安全的影响是局部性的,但是一些重要战略物资,如部分农产品、成品油、稀缺矿产等资源或商品的走私在特定阶段可能会对国家整体市场安

① 这种增值或利息本质上是对正规经济活动的一种分利行为,是非生产性的。
② 根据国际经济学的理论,即使我们有成本优势,但由于学习曲线的影响,在初始阶段我们可能也无法有效竞争。

全产生重大影响。除此之外，一些物品的走私还可能严重威胁我国的资源、环境安全。我国稀土走私频发所导致的一系列问题就证明了这一论断，尽管从我国官方海关统计口径上看我国稀土出口已经出现萎缩，但相关数据显示2006年至2008年国外海关统计的从中国进口稀土量比我国海关统计的出口量分别高出35％、59％和36％，2011年更是高出1.2倍①。这说明我国稀土走私问题严重，这种情况不仅不利于国内稀土产业和市场的安全，也对我国资源环境造成了严重破坏。

3. 影子经济与国家财政安全

财政安全的观念自古有之，我国古代思想家墨子就曾说过"国无三年之食者，国非其国也；家无三年之食者，子非其子也。此之谓国备"（《墨子·七患》）。市场经济产生后的几百年时间里，财政危机似乎一度已经离市场经济国家远去，但20世纪80年代后又开始卷土重来，很多市场经济国家纷纷陷入严重的财政危机之中。部分国家（如俄罗斯）甚至专门建立了财政稳定基金来"对冲"国家面临的经济安全风险。目前多数学者试图从制度、全球化等角度解释危机的原因，而没有认识到影子经济在其中的作用。前文我们曾论证了影子经济对国家宏观调控能力的影响，这种影响实际上是通过对国家财政税收能力的削弱来实现的。影子经济对财政安全的影响具体体现在两个方面：从收入的角度看，影子经济所导致的税收流失会使得国库失去保障，从而大大增加了国家面临经济危机的风险；从支出的角度看，我国财政支出包括经常性支出和建设性支出两大部分，而腐败寻租等影子经济活动直接导致国家建设性支出（资本性支出）的损失。如我国近年查获的腐败寻租要案多数都与公共工程、土地开发等领域有直接联系，最高人民检察院在2011年曾单独发文要求对这一问题进行着重处理②。

---

① 任会斌，王亚光，刘开雄.中国稀土走私数量惊人 稀土配额管理形同虚设[EB/OL].(2012-08-26). http://jjckb. xinhuanet.com/.

② 最高人民检察院.关于深入推进检察机关查办和预防工程建设领域贪污贿赂等职务犯罪案件工作的通知[EB/OL].[2011-04-20]. http://www.spp.gov.cn.

三、影子经济与国家科技安全

在转变经济增长方式的大背景下,应主要依靠科学技术的进步来促进经济发展已经成为共识。随着我国在科技领域不断取得新的进展,国家的科技安全问题逐渐受到重视。当代世界已经进入信息化时代,技术扩散速度加快,技术走私成为一种新型的走私活动,国家科技安全就变得更为重要。如 A 国可能为了获取 B 国的高科技秘密而在 C 国设立伪装公司,通过买通 B 国相关人员秘密地把一些敏感设备走私运送到 C 国,再从 C 国正式地运入 A 国。此外,制假、盗版等侵害知识产权的活动也会对国家科技安全构成威胁。一方面,对他国的未授权仿制实际上抑制了本土技术创新的空间,从长期看不利于国家科技安全。另一方面,他国对本国的未授权仿制、窃取则直接破坏了本国的科学技术安全。尽管此类影子经济活动目前对我国科技安全的影响尚不明显,但随着我国成为科技强国其影响将日益凸显。

四、影子经济与国家文化安全

文化是包括知识、信仰、艺术、道德、法律、习俗和任何人作为一名社会成员而获得的能力和习惯在内的复杂整体,是人类知识的集合,它代表了一个文明从开端到现在的认知积累。国内学者对国家文化安全的研究起步较晚,林宏宇(1999)在学术文献中较早明确使用了"文化安全"一词[①],刘跃进(2004)对这一名词进行了较为全面的概述,认为国家文化安全问题是在不同国家的文化差异中产生的,这种文化特质的差异既使不同人群和不同个体之间的文化交流和文化包容成为必要,而且也使他们之间不同程度的文化矛盾和文化冲突成为必然。国家文化安全包括语言文字安全、风俗习惯安全、价值观念安全、生活方式安全四个方面[②]。影子经济对国家文化安全的影响主

---

① 林宏宇.文化安全:国家安全的深层主题[J].国家安全通讯,1999(8).
② 刘跃进.国家安全学[M].北京:中国政法大学出版社,2004:1-10.

要体现在对价值观念以及相关的意识形态领域。

价值观念是文化中较为深层和本质的方面，是各种社会现象和言行模式背后的精神支柱。一个被社会普遍奉行的价值观念能够起到降低交易成本的作用，在契约双方在某些基本问题上存在共识的情况下，它经常可以把日常生活中需要多次谈判才能界定清楚的合约简化为一次谈判，从而降低了交易难度，正如 Sowell(1998)所强调的那样，"文化不是博物馆的收藏品，它们是日常生活中工作着的协调机制。"①这种作用在市场经济中尤为重要，为了发挥价值观念的作用，就必须保证价值观念的安全。这并不意味着必须使价值观念一成不变，而是应保持其连续性，避免来自内部和外部各种因素冲击所导致的价值观念断裂。

当代世界里大国之间在价值观、意识形态和生活方式等方面的博弈已经成为一种新型的竞争方式，在国际格局的演进方面产生了非常重大的影响（如西方针对苏联的"和平演变"）。具体来说，造假、卖淫、贩毒、走私、腐败寻租等各种影子经济形式对我国传统的优秀道德观念产生了严重冲击。中国古代的一些传统价值观实际上在现代市场经济中也能发挥重要作用，包括要求讲究诚信，也强调"义"字，如孔子虽然承认"富与贵，是人之所欲也"，但"不以其道得之，不处也"，还说"不义而富且贵，于我如浮云"等。一些影子经济活动对传统价值观的冲击显然不利于带有正能量的国家整体优良文化氛围的形成和精神文明的发展，加大了凝聚各种社会共识的难度。从交易成本的角度看，缺乏共识将显著地提高交易成本，形成改革的内耗。与此同时，文化安全也会影响到政治安全，文化领域的不稳定会给一些来自外部的具有对立性的价值观提供生存土壤进而影响国家政治安全。因此，要想在国际竞争中把中国共产党和中国政府所强调的文化的先进性充分展现出来，我们就必须关注影子经济对国家文化安全的影响。

---

① SOWELL T. Conquest and cultures：a world view[M]. New York：Basic Books，1998：4.

第三章
影子经济的微观基础

　　现代经济学早已经不满足于单纯宏观层面的理论解释,很多经济学流派都在试图寻找其理论的微观基础,以建立起从微观到宏观逻辑一致的解释。刘骥(2009)参考 Daniel Little(1998)和 Levi(2009)的研究对"微观基础"一词给出了一个很好的解释,他指出当我们说"某某理论或研究要有微观基础"时往往强调的是该理论或研究应该从个体层面的经济人假设出发,去演绎推导出最后体现在社会宏观层面上的行为结果。换句话说,微观基础就是坚持社会现象的宏观解释必须用建立在个体层面之上的因果机制来予以支撑。说得更具体一些,找到微观基础需要指明个体行为者所面临的具体环境(local circumstances)与互动整合机制(aggregative processes),并确认社会宏观层面上的因果关系。[①] 本章我们将遵循这一逻辑就影子经济的微观基础问题进行初步的探索。

---

①　刘骥. 找到微观基础——公共选择理论的中国困境[J]. 开放时代,2009(1).

第一节　影子经济的内在演进机制分析

影子经济并不是一种偶然的经济社会现象，它的产生、运行和发展都有其深刻的内在逻辑，承认其客观性并探究其运行的规律有助于我们透过"影子经济"这层面纱更准确地观察经济现实，同时这对以"遏制或转化影子经济不利影响"为目标的应用政策研究也具有重要意义。影子经济的演进机制要研究的主要问题是发现和剖析能够推动影子经济发展的各种因素，其中既存在适用于所有国家（或地区）的一般共性要素，也存在一些可能只在某个特定国家（或地区）发挥作用的特殊要素，后者我们将结合中国经济转型的现实进行讨论。

一、影子经济发展的共性推动因素分析

1. 政府征税活动与影子经济的发展

从经济个体的角度来看，税收始终是一种"负担"，是一种强制性的索取。正如 Wicksell(1896)早已洞见的，"如果个人花钱购买私人和公共服务是为了使自己得到最大程度的满足，他显然不会为了公共目标花一分钱"[①]。税收还具有回报的非对称性，个体纳税人始终处于一种非均衡的状态，不管纳税人对国库的贡献有多大，他"对公共服务的影响也是微乎其微的，实际上他根本就不会注意到这种影响"[①]。从这个角度来看，经济主体实际上天然具有对抗政府征税活动的动机。

多数从事影子经济研究的学者都认为，逃避税收约束是经济主体从事影

[①]　WICKSELL K. A. New Principle of Just Taxation (1896), in Classics in the Theory of Public Finance[M]. edited by Richard H. Musgrave and Alan T. Peacock, London: MacMillan, 1958: 81-82.

子经济活动的最重要原因,并且这方面的学术讨论一直在持续。最早研究逃税问题的是 Allingham 和 Sandmo(1972),他们从预期成本和预期收益的角度分析了人们的纳税行为。Gutmann(1977)提出不断增长的税率是促使总体经济中越来越多部分走向地下的原因。而 Tanzi(1983)更直接指出在其设立的现金需求方程中关键假设就是"影子经济活动是高税收的直接结果"。Feld 和 Frey(2007)则认为纳税行为实际上是税收道德与威慑之间复杂交互作用的结果。

从总体上看,征税与影子经济的关系可以用一个非常简单的模型来概括,这个模型可以用在著名的拉弗曲线基础上发展出来的维克尔曲线进行表述。事实上,这两种曲线中反映的经济思想我国早在两千多年前就已发现,如在《论语·颜渊》中记载哀公问于有若曰:"年饥,用不足,如之何?"有若对曰:"盍彻乎?"曰:"吾犹不足,如之何其彻也?"对曰:"百姓足,君孰与不足?百姓不足,君孰与足?"通过这段对话我们可以看出,实际上有若已经发现如果对百姓进一步增税,只会使税收减少乃至国库不足(因百姓逃避征收甚至流亡引致)。下面我们用相对正式的经济学语言来详细描述政府征税活动与影子经济之间的关系,这一关系完整地展示在图 3.1 中。

该图是在王永兴(2010)的研究基础上进一步补充修改完成的,图中坐标系的上半部分为拉弗曲线,它展示了税率变动与税收收入之间的函数关系,即税收收入随着税率的增加先增后减,表现为一种倒 U 形曲线。其中 A 点是理论上的最佳税率,在这一点税收实现最大化。坐标系的下半部分是维克尔曲线[①],它展示了税率与影子经济规模之间的函数关系。与王永兴(2010)不同的是,这里我们不再把这种函数关系看作是简单线性的,而是认为影子经济规模可能会随着税率的增加呈现加速变化趋势。拉弗曲线与维克尔曲线的转换逻辑是,当税率为零时,政府税收收入必然为零,此时经济主体无逃税的必要,于是税收相关型影子经济(维克尔曲线 A)也就不可能存在。随着税率的提升,政府的税收会相应增加,但也会驱使一部分经济主体逃避税收,

---

① 维克尔曲线是美国经济学家李朴·班·维克尔在拉弗曲线的基础上提出的。维克尔.地下黑经济[M].黄小平,邱梅,译.成都:四川人民出版社,1992:165-166.

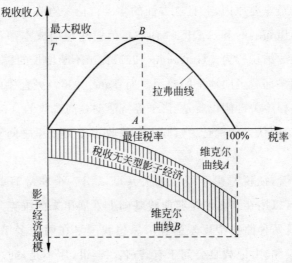

图 3.1　拉弗-维克尔曲线

转而从事影子经济活动,所以维克尔曲线是单调递增的函数(这里坐标轴下方不代表负数)。同时我们可以发现实际上在到达拐点 B 之前税收收入会随着税率提高以加速度上升,此后又会加速下降。这种关系体现在维克尔曲线里就使得其不但单调递增而且递增速率是上升的。其中维克尔曲线 A 代表的是与政府征收活动直接相关的影子经济规模变化情况,而维克尔曲线 B 则加入了其他税收无关型影子经济规模的影响[①]。曲线 A 和曲线 B 之间的阴影空间代表的是纯的税收无关型影子经济规模,由于它是该模型的外生变量,所以图中表现是均匀的。考虑一种极端的假设(实际不可能达到),即税率达到 100% 的极值时,税收为零,这时实际上所有经济活动都会转入地下,影子经济的规模会等同于总体经济的规模。从中我们可以看出影子经济与正规经济之间存在某种转化关系,但依靠税率政策也不可能消除影子经济,影子经济的存在具有内生性,这一认识对影子经济治理政策的制定具有一定启示意义。事实上,早期的一项关于税率与影子经济关系的经验研究也证明了这一点,Spiro(1997)就发现如果不考虑某些地中海国家,那么影子经济与税

----

　　① 由于贩毒、卖淫等自身非法的影子经济活动即使在税率为零的情况下依然存在,所以可以称为税收无关型影子经济。

率之间呈明显的正相关关系,税率每上升 1%,影子经济比例大约增加 0.25%。但这一规律对希腊、西班牙等国无效,这些国家高比例的影子经济与低税率并存,这说明的确存在税收无关型影子经济,甚至在某些国家税收以外的因素可能起主导作用。

除税率因素以外,税收制度的缺陷也是影子经济的重要推动因素,美国经济学家布坎南(1989)指出 20 世纪 70 年代以后各西方国家经济中的非纳税部门的增长是"为非常高的边际税率、特别是通货膨胀环境下的非指数化边际税率所刺激起来的。当人们在局部上适应于高税率时就会设计出新的制度;新的税收漏洞是被纳税企业家发现的,而当这些漏洞被发现时纳税人便加以利用。那些作为纳税企业家行动的人,以及那些做出利用税收漏洞的反应的人,都是在改善他们自己的地位。这样一种影子经济或经济的非纳税部门的扩张,反映了一种向已增长的小规模效率的转移;那些与新的制度调整直接相关的人,在既定的现存税收结构下,转向一种局部最优。地下部门的不断扩张,最终会导致税制结构本身的变动"①。这一认识同样具有重要的政策意义。

税收道德也被认为是影子经济发展的原因之一,Feld 和 Frey(2007)提出依法纳税一方面是受到作为公民和纳税人对于纳税的心理合同驱动,另一方面也取决于国家及其税收机关。如果政府提供了有价值的服务,纳税人自然倾向于诚实纳税,但在保证程序公平、征税机构能够像对待伙伴那样对待纳税人的情况下,即使没有直接利益纳税人也可能会诚实纳税。Schneider(2009)也通过经验研究发现了税收道德与影子经济规模存在有因果联系的负相关关系,并且这一结果在加入其他解释变量后仍然稳健。年龄、性别、就业状态、教育水平等因素都可能对税收道德产生显著影响。

2. 政府规制与影子经济的发展

所谓规制(regulation)是指"有规定的管理,或有法律条例的制约,强调政府通过实施法律和规章来约束和规范经济主体的行为"②。Stigler(1971)指

---

① 布坎南.自由、市场与国家[M].上海:上海三联书店,1989:118.

② 马云泽.规制经济学[M].北京:经济管理出版社,2008:1-8.

出，规制作为一种规则是对国家强制权的运用，是为维护利益集团利益而实施的。从内容上看，它不仅包括老式的公共事业和反托拉斯政策，还包括对要素市场的公共干预和对商品和服务市场的公共干预。从影子经济的定义可以看出，政府规制与影子经济之间天然地存在某种因果联系。

Kaufmann 和 Zoido-Lobatón（1998）已经证明了劳动市场规制对影子经济具有显著的影响，他们发现在其他条件不变的情况下，规制指数（得分从 1 到 5，5 最高）每上升一个点，影子经济的比例则会上升 8.1 个百分点[①]。在转型国家，更高的规制导致腐败行为显著增加，这相当于给正规经济活动增加了税负，从而迫使其转移到影子经济中去。而向影子经济的转移又会削弱国家的公共融资能力，进而弱化国家保护产权的能力。同时，规制的广泛存在使得正规经济的劳动成本潜在上升，由于这些成本多数会转移到就业者身上，由此产生了促使劳动者转移到影子经济中的激励，以逃避高昂的成本（Schneider，2005）。

一些比较激进的学者如 Weiss(1987)甚至认为影子经济的范围和影响程度主要取决于社会结构资源的可得性，其次才是来自财政的约束，国家才是影子经济形成的中心代理，至少在意大利，国家为影子经济的发展铺平了道路。Aigner，Schneider 和 Ghosh(1986)则提供了一个具有兼容性的观点，他们认为一般而言管制的增加会刺激影子经济的产生，但大规模的国家行为介入也许意味着打击逃税等影子经济行为力度的加大，这就会使二者呈现出负相关的关系。

可见，政府规制犹如一把双刃剑，恰当的政府规制能够遏制影子经济的发展，而超出必要限度的政府规制活动很可能会推动影子经济的发展，理解政府规制的这一特性对影子经济的治理具有重要意义。

3. 通货膨胀与影子经济的发展

通货膨胀对社会的影响是全方位的，从社会总产出到就业乃至生活方式

---

① 规制指数数值可参见世界银行：http://info.worldbank.org/.

等都与价格水平的变动密切相关。现有的研究主要关注的都是通货膨胀与正规经济的关系，但通过分析通货膨胀的作用机制，我们容易发现它在很多方面也间接地推动了影子经济的发展。

首先，通货膨胀会导致在累进税收体系中的微观经济主体适用更高等级的税率，在税收阶梯没有及时变化的情况下会导致实际税负加重。这里可以通过一个简单的例子说明这一关系。假定年通货膨胀水平是100%并且收入已经指数化，当前的税前年收入为6万元，那么一年后的税前年收入为12万元，实际收入水平未发生变化，但适用的所得税税率会大大提高。按中国当前的所得税办法，当年所得税税款总额仅为0元，在不考虑各项扣除的情况下，第二年同期共需缴纳3 480元的税款。显然，过高的实际税率会显著刺激影子经济活动的发展。

其次，即使不考虑适用税率跳级的影响，在名义工资明显滞后于价格水平变化的情况下，通货膨胀会导致实际工资下降，其中包括政府的公务人员。新加坡等国实行所谓高薪养廉的政策，通过加大贪腐行为的机会成本来遏制腐败。尽管这一模式不具有普适性，但如果实际工资过低必然会降低腐败的机会成本，进而刺激腐败等类型影子经济的发展。印度已经有一些学者进行了相关研究，认为通货膨胀可能会激励政府官员利用手中的权力谋取私利[①]，从而间接导致腐败寻租等类型影子经济活动的壮大。

再次，成本推动型通货膨胀会导致产出和收入降低并引致失业，而这些失业人口如果长期存在就可能倾向于隐性就业，参与影子经济活动。从另一个角度看，未预期的通货膨胀会产生有利于债务人的收入分配效应，同时也使得正规行业中的固定收入者利益相对受损。部分受损者可能会被影子经济中收入的灵活性所吸引，转而参与和推动影子经济的发展。

最后，恶性通货膨胀（或超级通货膨胀）不但会给一国经济社会带来毁灭性的打击，也会给一些影子经济活动创造快速生长的空间。比如在恶性通货膨胀发生时，以物易物或硬通货（美元、黄金等，在东南亚部分国家人民币也

---

① 印度国家公共财政及政策研究所.黑色经济活动分析[M].黄兵,赵荣美,胡和立,等译.北京：
经济管理出版社,1995：190.

是硬通货)就会替代本币成为主要交易方式或媒介,此类交易国家统计部门难以察觉,也几乎无法课税。同时,这种情况下黑市交易会开始盛行,走私商品泛滥,影子经济部分替代了瘫痪的正规经济的功能①。

4. 制度的横向断裂与影子经济的发展

制度的横向断裂实际上是从截面的视角来观察制度协调问题,它要求把现有的制度看作是由各个子制度构成的综合体,这些子制度包括经济制度、政治制度、法律制度和文化制度等诸多方面(子制度还可以进一步分解),这些子制度之间由于种种原因出现的相互不匹配问题就表现为制度的横向断裂。不同的子制度之间的关系可以概括为嵌入、捆绑和互补三种,因此一个子制度的变化往往要求其他子制度发生相应变化,如果这种对应调整被某些因素阻止,不协调问题就出现了。有的子制度具有先行性,就可能与其他子制度之间出现脱节问题。例如我国在国有企业改革过程中产权制度的变革就对国有资产管理制度的变革提出了相应要求,一旦后者不能跟进,整体的制度变迁也会受到阻碍。

由于并不存在完美的制度,并且制度总是在不断地进化,所以在任何一个国家的任意一个选定的时间点上,我们总能够不同程度地发现子制度之间的不协调问题,这也是我们把制度的横向断裂看作是推动影子经济发展的一种共性因素的根本原因。在老牌的市场经济国家,其制度体系经过几百年的发展已经相对比较健全,因此影子经济的发展空间受到了很大的限制,制度主要表现为横向的断裂。而在新兴市场经济国家,制度断裂则既表现为横向断裂又表现为纵向断裂,后者我们将在下一个部分再展开分析。

制度的横向断裂对影子经济发展的刺激作用主要体现在税收制度、法律制度的不配套、不完善等方面。王永兴(2010)曾用一个简单的博弈模型分析了法律惩罚机制对企业参与影子经济活动意愿的影响,结果表明在法律制度存在真空的情况下理性的经济人会选择参与影子经济活动,而在法律制度健

---

① 如同我们在俄罗斯转型初期所看到的那样,当时来自中国等国的商人把商品通过灰色清关运入俄罗斯,成为俄罗斯影子经济的参与者。

全、惩罚机制完善的情况下理性的经济人不会选择参与影子经济活动。① 该
模型主要是从参与人行为角度入手进行分析,只涉及法律制度的影响,并没
有对制度的断裂或不同子制度的关联性、互补性对我国影子经济发展的影响
问题作出进一步的解释。

从更广义的视角分析,制度的横向断裂对影子经济的推动作用不仅局限
于国内,还与和其他国家相关制度的对接水平有关。以金融税收制度为例,
瑞士是全球知名的"避税天堂"之一,其税收制度与美国、德国等国的税收制
度存在巨大差异,这种差异在缺乏制度协调的情况下为一些试图规避国内法
律、把资产隐匿于海外的美、德等国公民提供了极大的便利。处理这种制度
的断裂问题需要国际层面的协调谈判,我们将在本书的最后部分再进一步讨
论这一问题。

此外,互联网的应用也日益成为影响影子经济发展的重要因素,Elgin
(2013)发现互联网的使用对影子经济存在两种相反的效果:一方面,互联网
使用的增加会提高生产率并减小影子经济规模;另一方面,互联网使用的增
加可能增加逃税活动,进而刺激影子经济发展。在发展中国家生产率效应居
于主导,而在发达国家逃税效应居于主导,这种现象说明"互联网—影子经
济"的效应与 GDP 水平之间存在交互作用。

二、中国影子经济发展的特殊推动因素分析

1. 非税收入征管与中国影子经济的发展

由于口径变化的原因,在讨论非税收入之前,我们首先需要对预算外收
入的概念进行梳理。在 2011 年以前,我国各级政府一直使用预算外收入的概
念和口径 ②,所谓预算外收入或资金是指"国家机关、事业单位和社会团体
为履行或代行政府职能,依据国家法律、法规和具有法律效力的规章而收

---

① 王永兴.中国转型进程中地下经济的演进与治理[M].北京:经济管理出版社,2010:28-30.
② 2010 年 6 月,财政部制发《财政部关于将按预算外资金管理的收入纳入预算管理的通知》,规
定自 2011 年 1 月 1 日起,中央各部门各单位的全部预算外收入纳入预算管理。

取、提取和安排使用的未纳入国家预算管理的各项财政性资金"①。随着我国财政税收体制的不断完善，预算外收入的概念已经逐渐退出历史舞台，取而代之的是更为规范的非税收入概念。非税收入从广义上看是指政府通过合法程序获得的除税收以外的一切收入，通常不包括公共债务收入和社会保障缴款②。非税收入征管对我国影子经济发展的推动作用体现在以下两个方面。

第一，非税收入从程序上看更不易监管。非税收入或预算外收入在中国一直是一个争议不断的话题，它的存在有其合理性。由于有利于调动地方积极性，且在应对未预期性支出等方面相对更为灵活，非税收入或预算外收入在世界各国都普遍存在，所不同的是在我国这种收入的比重远超正常水平。根据李婉（2010）的研究，我国各省预算外收入占其预算内外收入之和的比重自 1983 年至 2010 年基本都达到 30％左右，有些省份在一些年度该比例甚至超过了 60％ ③。目前非税收入占据财政收入半壁江山的问题已经引起各界的广泛关注，一般认为这种情况出现的原因在于实行分税制改革后，我国地方政府没有自主征税的权力，同时支出方面也受到各种限制，从而促使地方政府主动谋求预算以外的收入以应对支出压力④。事实上，在政府可操作空间加大且缺少有效制约的条件下（预算外收入不受人民代表大会监督），此类收入往往在实践中与腐败、小金库、乱收费等问题联系在一起，已经成为我国经济案件多发点。

另外从我国总体层面上看，尽管非税收入占比与地方财政相比不高，但增速很快。如表 3.1 所示，2003—2012 年我国非税收入增长速度非常快，一直在 10％～41％的区间波动⑤，平均增速达到了 30％，非税收入占财政收入

① 中国财政年鉴[M]. 北京：中国财政杂志社，2005：376.

② 贾康，刘军民. 非税收入规范化管理研究[J]. 税务研究，2005(4).

③ 李婉. 中国式财政分权与地方政府预算外收入膨胀研究[J]. 财经论丛，2010(3).

④ 陈抗，HILLMAN A L，顾清扬. 财政集权与地方政府行为变化——从援助之手到攫取之手[J]. 经济学季刊，2002(4).

⑤ 公共财政收入中的非税收入波动幅度较大，原因是受到预算外资金纳入财政专户管理等因素的影响。

比重也从最初 2003 年的 7.82% 上升到了 2012 年的 14.19%,由此可见非税
收入的作用日益重要,在研究中国影子经济问题时不应忽视其影响。①

表 3.1　2003—2012 年财政收入中非税收入比重及其增长率

年份	财政收入/亿元	税收收入/亿元	非税收入/亿元	非税收入占财政收入比重/%	非税收入增速/%
2003	21 715	20 017	1 698	7.82	34.02
2004	26 396	24 165	2 231	8.45	31.39
2005	31 649	28 779	2 871	9.07	28.69
2006	38 760	34 804	3 956	10.21	37.79
2007	51 322	45 622	5 700	11.11	44.08
2008	61 330	54 224	7 107	11.59	24.68
2009	68 518	59 522	8 997	13.13	26.59
2010	83 102	73 211	9 891	11.90	9.94
2011	103 874	89 738	14 136	13.61	42.92
2012	117 254	100 614	16 639	14.19	17.71

资料来源:《中国统计年鉴 2013》,其中"非税收入增速"为作者根据原始数据自行计算。

第二,非税收入征管对经济运行会产生与增税类似的效果。从本质上
看,非税收入尽管并不是通过征税获取的,但同样是施加在经济主体身上的
一种负担,特别在我国税和费是常常合并使用的名词,二者之间关系更为紧
密。在某些时候非税收入对经济主体的影响甚至要超过一般税收,原因是各
种费用的收取往往并无明确法律依据,而是来自各级行政的有关规定,这更
容易受到各种人为因素的影响。当前我国地方收费主体繁多,从大的方面看
包括了地方的财政、市场监督管理、交通、国土管理、公安、检察和司法等要害
部门,非税收入比重过高使得经济主体承担的实际税负被低估,容易对税收
政策的制定产生误导,也使一些正常的经济活动被迫转入地下。

① 非税收入的统计口径存在一定差异,如《中国统计年鉴》中公布的非税收入仅包含专项收入、
罚没收入和行政事业性收费收入,口径较窄。而《2018 年政府收支分类科目》中的《一般公共预算》列
示的非税收入中包含八种类型,含专项收入、行政事业性收费收入、罚没收入、国有资本经营收入、国
有资源(资产)有偿使用收入、捐赠收入、政府住房基金收入以及其他收入。

2. 核算偏误与中国影子经济的发展

国民经济账户的核算是世界各国经济统计的核心内容,自联合国1953年公布《国民经济核算体系及其辅助表》以来,国民经济账户体系已经被包括我国在内的世界各国陆续广泛采用。然而受初始条件的影响,我国对SNA体系的采用经历了一个较为复杂的过程,并且至今仍存在一些问题亟待解决,这对我国GDP等指标的核算产生了一定的影响,进而也影响到了对我国影子经济规模的判断。

在计划经济时代,我国的经济核算长期沿用的是苏联的物质产品平衡表体系,但受"大跃进""文化大革命"等因素的影响一度曾陷入停滞,改革开放初期MPS又重新恢复。这种核算体系的特点是只统计物质生产部门产生的价值(基于劳动价值论),不计算服务业的价值,其核心概念是工农业总产值[①]。随着我国市场化进程的推进,原有的核算体系已经不能满足宏观经济管理和国际比较的需要,于是开始尝试新的核算方法。我国从1985年开始进行GDP核算,当时仅作为MPS的辅助,一直到1993年才全面转入SNA体系。尽管核算体系已经实现转型20多年,但我国目前的经济核算仍遗留很多问题。例如目前"下管一级"造成的问题是上级挤水分、下级求全面,造成每年都会出现下一层级地方生产总值加总高于上一层级生产总值数值的问题。目前我国仍未全面按照联合国SNA体系进行核算,仍保留MPS体系的一些特点,对第一、二产业核算较为详尽,但第三产业则相对薄弱,当前的国民经济核算仍然以增加值法为主(世界多数国家采用支出法进行核算)。

我国GDP核算的特点可能会带来一定程度的整体偏误,其中两种方向的偏误同时存在,第一、二产业的核算数据可能在各地方政府要求"尽量全面地反映发展水平"的动机下被系统性地上浮,而第三产业的核算则由于调查机制不健全的原因可能出现核算不全面的问题。没有计入国民经济核算体系的部分经济活动实际上属于影子经济活动,尽管从事这部分经济活动的主体

---

① 例如,邓小平同志在1981年曾许下承诺:到2000年,实现工农业总产值翻两番,因当时并不存在国内生产总值的计算。

未必是主观想要规避国家统计部门的监督,但从数据上看却客观游离于国家
正规经济体系之外。因此从这个角度看我国国民经济账户核算问题也构成
了中国影子经济规模增长的一个特殊的内在因素。

3. 制度纵向断裂约束与中国影子经济的发展

制度的横向断裂适用于分析所有类型国家的制度特征,而对转型经济体
而言,制度的断裂不仅表现为横向断裂,而且还特别表现为纵向的断裂。所
谓制度的纵向断裂特指的是两种差异极大的体制之间实现跨越所出现的制
度不衔接、不配套甚至需要重建才能恢复其功能的现象,在转型国家中这主
要表现为计划经济和市场经济这两种截然不同的资源配置方式融合转换所
带来的一系列的制度真空。与制度的横向断裂带来的影响相比,制度的纵向
断裂对影子经济的影响更为明显,它为影子经济的发展制造了更广阔的生存
空间。

改革开放后,我国在不同领域实施的市场化取向改革制度设计层出不
穷,首先在生产资料领域实行价格双轨制,被认为是其中最有特色的制度安
排之一①,这种渐进式的制度安排被广泛认为是中国经济转型成功的原因之
一。但这种安排本质上也是一种为了解决两种资源配置制度衔接问题的特殊
价格控制制度,它带来的直接影响就是加剧了原本即存在的短缺现象。短缺问
题在我国改革史上有着特殊的意义,从中引申出的很多概念至今仍有生命力。
短缺在中国并不是一个新的现象,我国从计划经济时代开始一直到明确提出建
立中国特色社会主义市场经济体制之前都从未摆脱过短缺问题的困扰。世界
研究经济转型问题的权威学者科尔奈在 20 世纪 80 年代所著的《短缺经济学》
曾在当时的中国风靡一时,影响了我国整整一代的经济学者。他认为摩擦和
吸纳是短缺的直接原因,软预算约束是根本原因。在传统体制下企业的预算
具有可伸缩性,这使其具有天然的投资扩张冲动,进而创造出无限的生产资

---

① 1984 年颁布的《中共中央关于经济体制改革的决定》规定,在同一种商品中国家统一定价形
式和市场调节定价形式并存,国有企业仍然可以按照以前的计划价格按照分配的数量购买所需的投
入品,每个企业都可以按照市场价格购买额外增加的投入品并且销售超过定额的产出。

料需求进而是消费资料需求。此时对企业的约束已经不再是我们熟知的需求约束,而是变成了资源约束,短缺具有连锁效应,一个企业或部门的短缺往往会导致一系列部门的短缺,进而影响到整个经济变成普遍的短缺[①]。

在价格双轨制的制度安排中,计划价格低于市场均衡价格水平,因此在计划价格水平上的意愿需求远超意愿供给,从而表现为生产资料正规供给上的短缺。但分析至此,我们可以看到其与计划经济时代长期实行的低生活必需品价格政策所带来的短缺(以及随之而来的排队配给和户籍约束)似乎并无本质区别。但问题在于,在计划经济时代价格控制及其带来的短缺并不会导致影子经济的迅速增加[②]。原因在于在纯计划经济时期,尽管也存在价格控制,但不存在广泛的释放渠道,其所带来的租或(巴泽尔定义的)落入公共领域的资源会通过非牟利性的强制配置或排队配置等方式耗散掉。而在实行价格双轨制制度安排的转型时期,价格控制与计划经济时代本质的区别就在于此时有了市场轨作为释放或转移的渠道,因此双轨制带来的广阔的获利空间会通过隐蔽非法的方式转移到权力寻租者手中。具体表现就是一些掌握分配调拨权力的官员开始非法把计划内资源倒卖给黑市赚取差价,通过这种手段他们轻而易举地获取了惊人的垄断租金,由此产生了独特的“官倒”现象。据马传景(1994)研究,在当时经营许可证、投资许可证、批文批条、提货单等准货币,甚至车皮、军用物资等都成为倒卖对象,涉及资产超过百亿元。[③]

随着向市场并轨的完成,传统意义上的短缺现象基本消失,但新的短缺形式即制度软环境的短缺开始成为主要矛盾,这种短缺主要表现为在法律、规定、政府政策等相关正式制度供给方面存在不足。这些正式制度并非完全自发演化形成的结果,而是可以在吸收自发变革力量基础上进行一定程度的体现能动性的设计。我国制度变迁的供给主体是政府,只有从顶层设计的角度全盘考虑,淡化计划经济时代延续的制度影响,围绕市场经济体制进行相

① 王永兴.中国市场经济体制确立过程的再考察:基于思想引进的视角[J].人文杂志,2010(3).

② 计划经济时代短缺现象的形成还有其他原因,这里我们只分析价格形成机制的影响.

③ 马传景.地下经济研究[M].太原:山西经济出版社,1994:34.

关制度的完善设计才可能有效地缩小影子经济发展的制度空间。

4. 差序格局与中国影子经济的发展

各国影子经济的发展表现出各自的特殊性的重要原因之一就是迥异的初始条件[①],根据丹麦学者诺格德以苏联为例提出的观点,初始条件指的是转型之前就存在的一系列经济、社会和政治资源与约束条件,是一种历史的遗产,无法被政府单独控制。它们既是特定制度路径——可追溯到苏联以前的时代——的结果(二阶初始条件),也是苏联时代社会经济遗产的结果(一阶初始条件)。这种分类也同样适用于我国,这里我们首先从二阶初始条件的角度分析一下我国传统的社会格局对影子经济发展的推动作用。

费孝通(2002)先生曾指出,我们的格局不是一捆一捆扎清楚的柴,而是好像把一块石头丢在水面上所发生的一圈圈推出去的波纹。每个人都是他社会影响所推出去的圈子的中心。被圈子的波纹所推及的就发生联系。每个人在某一时间某一地点所动用的圈子是不一定相同的。在中国乡土社会中,差序格局和社会圈子的组织是比较重要的。同样,在西洋社会中差序格局也是存在的,但比较上不重要罢了。[②] 而差序格局的基础在于"血缘与地缘关系、家长制、等级制度、礼治和人伦"[③],在我们看来这也是中国传统的儒家文化潜在影响的具体体现,它在实际上分别强调了政府和家庭的地位。即使在现代社会,家庭协调机制也发挥着巨大的作用,这使得相对于西方条理清晰的团体格局而言,影子经济在中国特殊的差序格局下更容易获得增长。

王永兴(2010)曾以安徽凤阳小岗村秘密分田到户的事件为例说明了家庭协调在我国影子经济发展中的重要作用,他主要强调了家庭协调的劝导和教育功能对影子经济的治理功能。但这种功能也类似一把双刃剑,我们同样可以观察到家庭在特定条件下会推动影子经济发展,它能够为影子经济活动

---

① 诺格德.经济制度与民主改革——原苏东国家的转型比较分析[M].孙友晋,等译.上海:上海人民出版社,2007:15.

② 费孝通.乡土中国[M].北京:北京出版社,2002:26-37.

③ 卜长莉.差序格局的理论阐释及现代内涵[J].社会学研究,2003(3).

提供基本的微观动力与支撑：一方面,家庭成员的需要(如子女的高额教育费用)可能会促使其中某些成员加入影子经济以维系其需求;另一方面,家庭也为其成员从事影子经济活动本身提供了一定的庇护。这对影子经济的治理提供了一定的政策参考,即应制定恰当政策以引导其有利作用的发挥。

5. 二元经济结构与中国影子经济的发展

在发展中国家发达的现代工业部门与落后的传统部门并存,这就是所谓的二元经济结构问题。中国具有明显的二元经济结构,主要表现就是在农业比较落后的情况下,工业产业超前发展(如中华人民共和国成立后实行重工业优先发展的"赶超"战略),并且从二元向一元的转变远未完成。

在发展经济学家刘易斯提出的二元经济模型中,最重要的假定就是劳动力的无限供给与农村相对较低的工资水平,因此大量农村剩余劳动力会向城市转移。这些假设比较符合我国的事实,但中国的二元经济与其他发展中国家相比也具有显著的特殊性,这主要体现在:一方面,中国的户籍制度限制了农村人口的自由流动;另一方面,农村人口的年龄结构等因素使得符合要求的劳动力数量相对稀缺。由于在当前的制度安排下,我国农村人口尚无法真正在城市立足并获得与城市人相同的教育、医疗、养老等福利保障,农村剩余劳动力的流动频繁,就业也随之表现出短期化和非正规化的特征,这种情况推动了部分类型的影子经济的发展。

二元经济结构推动了我国非正规就业问题的产生[①],从而使我国的就业也呈现出正规就业与非正规就业并存的二元结构。有学者研究表明我国在1999年后非正规就业人数首次超过了正规就业人数,这是各国经济史上非常罕见的现象。进城民工(与下岗职工共同)构成了我国非正规就业的主体[②],其中一部分劳动者以正规方式进入了正规行业工作(这里指在政府有关部门

---

① 国际劳工组织把非正规部门定义为"发展中国家城市地区那些低收入、低报酬、无组织、无结构的很小的生产规模的生产或服务单位"。参见国际劳工组织. 劳动力市场主要指标体系 1999 年[M]. 国际劳工与信息研究所,译. 北京: 中国劳动社会保障出版社,2001: 177-178.

② 李强,唐壮. 城市农民工与城市中的非正规就业[J]. 社会学研究,2002(6).

注册的就业),但也有很多劳动者从事的是非正规职业,或者是以非正规的身份从事正规职业。在后两种就业方式中,前者就业人数的增加直接推动了流动摊贩、制假、走私贩毒等类型影子经济的发展,而后者对影子经济的推动作用则主要表现为雇主对所雇民工应缴税收和社会保障费用的逃避。

第二节　经济代理人参与影子经济的行为分析

对经济代理人(含个人和自然人企业)参与影子经济的行为进行分析是一个新的研究领域,截至目前国内外理论界还不存在成熟的研究成果,推进这一领域的研究具有重要理论意义和现实意义。一方面,对微观经济主体行为的深入挖掘是现代经济学发展的方向,行为经济学、实验经济学等的发展已经昭示了这一现实。另一方面,影子经济治理政策的最终效果也有赖于我们能够对从事影子经济活动的经济代理人行为模式进行恰当判断。本节我们将首先讨论研究影子经济代理人行为所涉及的最基本假定,然后再分别探讨某些要素或约束条件对代理人参与影子经济的行为的影响。

一、经济人假设对研究代理人参与影子经济的行为的适用性

经济人是现代经济学中对经济主体或代理人行为作出的基础假设之一,这一假设被很多经济学流派特别是新古典经济学奉为圭臬。所谓经济人实际上就是自利的、理性的和追求效用最大化的个人,正如亚当·斯密描述的那样,"我们每天所需的食料和饮料,不是出自屠户、酿酒家或烙面师的恩惠,而是出于他们自利的打算。"同时,"他受着一只看不见的手的指导,去尽力达到一个并非本意想要达到的目的。也并不因为事非出于本意,就对社会有害。他追求自己的利益,往往能比在真正出于他本意的情况下更有效地促进

社会的利益"①。经济人的假设尽管很符合人们的直觉,有很强的说服力,但随着经济学的发展,它遭受到了越来越多的挑战②,理论界在这一问题上的讨论已经比较充分,对此我们不再赘述。从本书的研究主题出发,我们这里仅从以下几个方面围绕经济人这一经典假设是否适用于分析代理人参与影子经济的行为问题进行初步的探索。

1. 完全理性、有限理性和非理性

在现代经济学中,理性假设具有举足轻重的地位,一般我们把满足完备性和传递性的偏好关系称为理性偏好。从方法论的角度看,一个研究范式包括两个部分,即不变的硬核和可变的保护带③,主流的新古典经济方法论的内核就包括理性、均衡和偏好的稳定性三个方面。④ 假定影子经济参与人的行为是建立在完全理性的基础上能够使问题的分析大为简化,从这一假定出发我们可以比较容易地通过研究影子经济参与人的个体行为导出宏观层面的规律。完全理性的假设在多数情况下并不会导致严重的问题,但新制度经济学等的发展表明在存在交易成本的情况下有限理性似乎是一个更合理的假设⑤,并且这一变化是边际上的,并没有彻底改变新古典分析的内核。在这一假定下,人们会在信息不完全不对称的情况下注意合理有效地利用稀缺的脑力资源,他们具有的机会主义倾向使其可能进行欺骗、隐瞒活动。近年行为经济学的发展又在经济学中开阔了理性之外的视野,如 Akerlof 等(2009)认为人们具有动物精神,会受到信心、公平、欺诈和听信故事等因素的影响,因而往往会偏离理性决策的期望结果,最终可能会酿成经济危机⑥。

---

① 斯密.国民财富的性质和原因的研究:上[M].郭大力,王亚南,译.北京:商务印书馆,1972:14,27.

② 批评包括:认为人们具有完全的计算能力,随时都在做"快乐与痛苦的微积分",任何时候都是利己的、理性的等。

③ 拉卡托斯.科学研究纲领方法论[M].兰征,译.上海:上海译文出版社,1986:69.

④ 埃格特森.经济行为与制度[M].吴经邦,等译.北京:商务印书馆,2004:11.

⑤ 个人理性会受到处理信息能力的限制,同时也受到让他人理解本人知识和感觉的语言能力的限制。

⑥ 阿克洛夫,希勒.动物精神[M].黄志强,等译.北京:中信出版社,2009:1-30.

当然,非理性因素的分析并非对传统主流经济学理性框架的颠覆,理性分析框架对多数经济问题仍具有适用性,而非理性框架基础上的行为经济学等方法则是前者的有益补充。在分析影子经济问题时非理性的因素在某些情况下也能发挥作用。实验心理学认为,对非理性判断而言,人脑判断依据是综合知觉中的感觉优势,诸如羊群效应、从众心理等非理性现象都遵循感觉倾斜原则,而在现实中一些影子经济活动的产生也可能会受到从众等因素的影响,一些从事正规经济活动的代理人观察到影子经济参与者的获利情况,可能也会受到暴利的强烈吸引而参与其中,尽管如果从理性的角度对预期收益进行风险加权后参与影子经济活动并非最优的选择。

2. 利己主义与利他主义

如前所述,我们常常假定经济人是受利己主义驱动的,但在现实中我们的确处处可见各种具有利他主义倾向的行为,如某些宗教教义会影响一些信众,使其乐于从事带有利他主义性质的活动(如布施),父母可能会为了子女愿意牺牲自己的利益等[①],这与我们刚刚讨论过的理性、非理性问题有直接联系。事实上,利己主义的假定在理性选择模型中最为关键,而在非理性模型中则需要包含利他主义的假定。这里的理性定义应更为精确,按照菲尔德(2005)的观点它应该满足两个标准:首先,一个理性行为者应当让资源和能量最优地去获取或改进相关信息资源,然后运用最易获得的认知法则、逻辑和(或)统计来得出关于世界的事实或可能状态的观念的结论;其次,以形成的理性观念为条件,一个理性行为者就应作出最优(或最大可能性)选择以实现他的或她的愿望或倾向。[②] 一个基本原则是,我们不应该为了减少观念与现实的冲突就无限制地扩展理性的外延,这将陷入逻辑上的无意义循环——

---

① 演化生物学家 W. D. Hamilton(1964)对此做出了开创性的研究,他认为父母为子女做出的牺牲发生在基因层次,父母与孩子分享基因,这是基因的倾向,即使牺牲不符合父母的本质利益。具体论述见 HAMILTON W D. The genetical evolution of social behaviour. Ⅰ[J]. Journal of theoretical biology,1964,7(1):1-16.

② 菲尔德.利他主义倾向:行为科学进化理论与互惠的起源[M].赵培,等译.长春:长春出版社,2005:5-6.

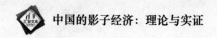

一切行为都是理性的和利己的。

利他主义能够解释税收无关型影子经济存在的部分原因,人们从事影子经济活动的行为不一定完全是出于理性的自利考虑。以当今世界频发的恐怖主义活动为例,恐怖活动所需的资金显然不能以公开的形式运转,其所需要的设备也可能需要通过走私等途径间接获取,诸如此类活动加总就形成了规模巨大的"地下"资金链条。"9·11"事件后美国联合世界多个国家对涉嫌支持恐怖活动的账户进行了清剿以试图切断其资金来源,但由于"地下"资金链的高度隐蔽性和复杂性,清剿活动并没有收到良好的效果,时至今日本·拉登基地组织的资金来源仍然是一个谜团。为恐怖主义筹集资金的活动显然属于影子经济的范畴,同时其代理人的行为也无法简单用理性的利己主义来解释,这既不属于亲缘利他,也不属于互惠利他和纯粹利他,而是一种由特殊利他主义影响引致的行为结果。但就总体而言我们认为假定多数影子经济活动都是基于利己主义的考虑是一个合理的选择,在此基础上也应考虑到有部分影子经济活动的行为动机是由利他主义倾向驱动的。

综合以上讨论我们认为,在多数情况下经济人假设仍适用于对代理人参与影子经济的行为进行分析,但考虑到利他主义行为客观存在并对某些影子经济活动有直接影响,我们实际上并不需要绝对理性的假设,正如 Friedman (1953)指出的那样,我们只要假定人们的行为多多少少是理性的就已经足够了。

二、不同博弈维度下代理人参与影子经济的行为

王永兴(2010)曾使用博弈模型对企业参与影子经济行为选择问题进行了分析,该模型比较了政府法律体制健全和不健全两种情况下的纳什均衡结果,模型结果表明在政府法律体制不健全的情况下企业具有较强的参与影子经济活动的动机,而在法律体制健全的情况下博弈均衡的结果则变为(不参与,不参与),模型通过这一变化反映了政府规制对影子经济活动主体行为的影响。

目前从规制约束角度对影子经济代理人行为的研究尚处于起步阶段,该模型的局限在于仅仅分析了一次博弈的结果,根据一般的企业生存周期推断,更合理的假设应该是博弈会进行多次。如果两个企业均认识到双方的博弈将是长期进行的,也就是进行无穷次重复博弈,均衡的结果可能就会发生变化。这与贴现因子 δ 大小有关(也就是未来收益对参与人双方是否有吸引力),且博弈双方均采取冷酷战略[①]。在充分考虑长远利益的前提下,无穷次重复博弈模型的均衡就可能改变现有研究得到的结论,也就是即使在当前强度的规制下参与人的行为可能仍会倾向于参与影子经济活动[②]。这一发现可能具有较为重要的政策意义,即我们应该充分重视影子经济行为主体长期以来形成的某种共有信念或默契对法律执行效力的影响。

王永兴(2010)的研究隐含假定了参与双方具有对等的实力,且不存在多种均衡的情况,类似经典的囚徒困境,在此类博弈模型中,尽管博弈均衡中每个人都不想改变自己的策略,但却希望其他人改变现有策略以提高自身的收益水平。事实上,影子经济参与主体互相之间的关系类型是多样的,因此在不同的情况下讨论有助于我们更深入地理解影子经济参与人的行为。这里我们引入一种新的被称为"协调博弈"(coordination game)的博弈类型[③],与囚徒困境不同的是,在协调博弈的情形中,参与人间一旦达成均衡,不仅自身没有激励再去改变策略选择,同时还希望其他参与人也不改变策略选择。这种博弈类型可以适用于分析很多特定情况下的影子经济代理人行为,张良桥(2007)曾将协调博弈分为三类,即左右行博弈、最小努力博弈和猎鹿博弈[④],

---

① 冷酷战略指双方从(合作,合作)开始,一直持续下去,直到一方违反,然后双方一直采取(不合作,不合作)策略到永远,也称触发战略(trigger strategy)。

② 需要说明的是,博弈论的适用范围只限于理性与理性之间,即必须假定"参与人是理性的"是共同知识(不太正式的描述就是,不仅假定所有参与人都是理性的,而且所有人都知道所有人是理性的,且所有人都知道所有人都知道所有人是理性的……以至无穷)。而且还要确保进入理性选择和判断的概念系统不可超过一定的复杂指数,这样纳什均衡原则才能体现为有效的科学原则。

③ 库珀等人认为,协调博弈是具有完全信息和对称性的静态博弈,由于其参与人间存在的策略互补性而通常具有可进行帕累托排序的多重纳什均衡。库珀. 协调博弈——互补性与宏观经济学[M]. 张军,李池,译. 北京:中国人民大学出版社,2001:30-36.

④ 张良桥. 协调博弈与均衡选择[J]. 求索,2007(5). 这里左右行博弈也称交通博弈。

根据其适用性我们这里主要引入后两种类型的协调博弈来分析代理人参与影子经济的行为。

这里我们主要利用张熇铭(2009)根据库珀(1988)总结的协调博弈模型来讨论影子经济代理人的行为。为简化问题的分析，模型采用的是 2×2 矩阵的对称博弈结构，首先我们对模型中的参数予以说明。假设存在参与人 $i=1,2$，分别代表同一产业中的两个企业。参与人 i 的策略变量为 $e_i\in[0,E]$，E 是有界的，表示参与人的行动边界，在模型中简化为 $\bar{e}\in S_i$ 和 $\underline{e}\in S_i$。其中，$\bar{e}$ 代表两个企业选择参与影子经济活动，获取额外风险收益；$\underline{e}$ 代表两个企业远离影子经济活动获取正常经营的收益。假设参与人 i 具有同样形式的收益函数 $u_i(e_i,e_{-i};\theta_i)-c_i$，其中，$e_{-i}$ 为其他参与人选择的策略变量，即其他参与人的策略会影响参与人 i 的收益，θ_i 为环境参数，c_i 为协调成本。由于本书讨论的影子经济参与人处于同一产业内，因此可以假设参与人面临相同的 θ_i。假设收益函数为连续可导的，且 $\dfrac{\partial^2 u()}{\partial e_i^2}<0$，$\dfrac{\partial^2 u()}{\partial e_i\partial\theta_i}>0$，即影子经济参与人收益有最大值，且收益水平和参与人本身策略和环境水平成正比。

1. 最小努力博弈中代理人参与影子经济的行为

使用最小努力博弈描述的影子经济代理人的策略互动关系如图 3.2 所示，这个模型描述的是存在紧密联系的两个企业在参与影子经济活动时的策略互动关系，这种类型的参与人在我国经济现实中也比较常见，如家族式企业中的两个子女在独立后分别执掌家族中的两个企业。他们之间具有共同利益，因此希望能一起活动，如果各自为政，二者的效用水平都会降低(譬如来自家长的意志希望二者合作，否则不予支持)，因此不合作的收益为 0。如果两人一起去参与影子经济活动则获取高风险收益 $u(\bar{e})$，而一起正当经营则获取收益 $u(\underline{e})$，模型设定 $u(\bar{e})$ 和 $u(\underline{e})$ 均为正值。从图 3.2 中的收益结构可以看出参与人的策略具有互补性特征，如果博弈双方能够采取相同的行动，那么都能获得高于采取不同策略时的收益，一致性行动带给双方高于没有采取一致性行动的支付水平。在这种类型的博弈中，(地下，地下)与(地上，地上)都是纳什均衡,这种多重均衡的存在削弱了博弈模型对参与人行为策略的预测能力,但在特定的情况下我们可以讨论影响均衡的条件。

代理人B

代理人A		地上	地下
	地上	$u(\underline{e})$, $u(\underline{e})$	0, 0
	地下	0, 0	$u(\overline{e})$, $u(\overline{e})$

图 3.2　最小努力博弈中的策略互动

Sen(1967)将协调博弈称为信心博弈,他指出协调博弈与囚徒困境博弈刚好相反,每个参与者选择策略 A 或 B,仅仅需要确信对方也会相应地选择 A 或 B。他们不像合作博弈那样需要一个有约束力的契约之类的东西,而是更需要在彼此之间确立一种相互信任的信心。张熇铭(2009)也提出在最小努力博弈问题中,一个参与人策略水平的提高将引发另一个参与人选择高水平的策略,两个纯策略纳什均衡能够进行帕累托排序。因此,除参与人对其他博弈对手行为选择的预期外,策略的博弈支付也对参与人的策略选择和博弈均衡产生影响。而博弈最终稳定于哪个均衡水平则取决于各地方政府对采取不同合作水平行动的收益预期,以及在长期博弈过程中形成的有关对手选择策略水平的经验性认知。[①] 因此,在某些情况下如果代理人 A 能够正确地预期代理人 B 的行为,那么在多个纳什均衡中会存在唯一解。譬如根据已有的信息积累,一些实力相对较弱的企业作出参与影子经济活动的选择往往是依据一种跟随策略,实力较强企业的选择对最终哪一个纳什均衡成为现实选择有较大影响。在这个模型里,(地上,地上)的策略组合属于协调失败,但从政府遏制影子经济发展的角度则是一种成功。这一结论给我们的政策启示是必须重视打击一些影子经济活动中的领军型代理人,这可能会起到政策放大的效果,同时还应该尽量遏制那些会促使协调成功的因素发挥作用,详细的治理思路我们在第七章再集中探讨。

---

① 张熇铭.策略互动、协调与区域经济发展[D].天津:南开大学,2009.

2. 猎鹿博弈中代理人参与影子经济的行为

所谓猎鹿博弈(stag hunt game)描述的是这样一种情形：鹿有较高的经济价值，兔子则价值较低。由于鹿较难俘获，因此需要两个人合作才能猎取，而兔子较容易俘获，每个人都有单独猎取的能力。如果两个参与人共同猎鹿则都能够获取较高的收益，而各自猎兔则分别获取较少的收益。当其中一个人选择猎鹿，而另一个参与人选择猎兔时，猎鹿者将一无所获，而猎兔者仍获取较小收益。考虑在分析影子经济代理人行为时引入这一博弈结构，如图3.3所示。假定从事某些影子经济活动存在较高风险，因此无法由一家企业单独完成。当两家企业合作从事影子经济活动时，能够获取较高的收益$u(\bar{e})$，都选择从事正规经营则获取正常收入$u(e)$，当一家企业选择选择从事影子经济而另一家企业从事正规经济时，后者仍能获取正常收入，而前者则因无力承担风险等原因而一无所获。

<table>
<tr><td></td><td></td><td colspan="2">代理人B</td></tr>
<tr><td></td><td></td><td>地上</td><td>地下</td></tr>
<tr><td rowspan="2">代理人A</td><td>地上</td><td>$u(e), u(e)$</td><td>$u(e), 0$</td></tr>
<tr><td>地下</td><td>$0, u(e)$</td><td>$u(\bar{e}), u(\bar{e})$</td></tr>
</table>

图3.3　猎鹿博弈中的策略互动

该猎鹿博弈存在两个纯策略纳什均衡(地上，地上)和(地下，地下)，但最终形成何种均衡较难预测。这里存在两种可能：假定参与人博弈前没有进行预先交流则易知，尽管后者是帕累托优势均衡[①]，但前者风险小于后者，最终可能两个代理人均选择收益较低但收益有保障的保守策略。某些经验研究已经部分验证了这一推论，如Copper等(1990)进行的试验中，97%的参与者选择了缺乏效率的均衡；而如果两个代理人之间存在预先交流(信号传递)的

[①]　在二人博弈中，单个对手以不小于1/2的概率猎鹿，猎鹿就是更好的选择，但随着参与人人数的放松，则根据概率保证猎鹿是最优的条件很难满足。

情况,那么他们则可能会由于能够保证采用帕累托优势均衡策略的风险较低而协同到帕累托优势的均衡上,从而选择共同参与影子经济活动①。因此在这种类型的博弈关系中,博弈前的信息沟通机制是很重要的,这一结果同样也具有明显的政策意义。

三、金融发展阶段约束与代理人参与影子经济的行为

金融对经济发展具有巨大的影响早已成为理论界的共识,如其中的代表性人物麦金农和肖分别在 20 世纪 70 年代初提出的金融压抑理论就认为发展中国家金融市场广泛存在的利率管制、信贷配额、汇率低估降低了资源配置效率,因此应进行金融深化,这一理论已经成为部分国家推行金融自由化的理论出发点。② 但探讨金融发展与影子经济发展特别是它能够在多大程度上影响影子经济参与人行为的理论分析尚不多见,Straub(2005)曾建立了一个模型考察代理人决定是否参与正规和非正规信贷市场,但模型的局限在于严格限定了代理人必须进行非此即彼的选择,并且一旦从事非正规活动就会损失所有正规活动的收益。Blackburn(2012)等的研究则突破了这一局限,他们发展了一个简单的模型考察了逃税活动、影子经济与金融发展之间的关系,其研究结果表明收入披露的边际净收益与金融发展阶段呈现正相关关系,也就是说金融发展的阶段越低,避税等情况就越多。这说明金融发展程度对影子经济代理人的行为可能产生重要影响。这里存在两种方式来思考金融市场对影子经济规模的影响,第一种思考方式是认为金融发展不足创造了一种促使人们只在非正式部门进行经营的激励,做这种选择的人逃避了正式规则和规制的束缚(如各种繁文缛节和纳税义务);第二种思考方式是认为金融发展不足创造了一种促使人们利用非正式部门的激励(类似前者),但同时他们

① 弗登伯格,梯若尔.博弈论[M].黄涛,等译.北京:中国人民大学出版社,2002:1-17.
② 麦金农.经济发展中的货币与资本[M].卢骢,译.上海:上海三联书店 & 上海人民出版社,1997;肖.经济发展中的金融深化[M].邵伏军,等译.上海:上海三联书店 & 上海人民出版社,1997.英文原版均于 1973 年出版。

仍在正规部门做生意。

四、时间约束与代理人参与影子经济的行为

从马克思开始,时间这一范畴就已经成为经济学中的一个重要研究内容,从传统的政治经济学到当代宏观经济学的最新发展都不难看到时间变量的重要影响[1]。时间变量对研究影子经济代理人的行为同样具有重要意义,一个明显的事实是,经济代理人从事影子经济活动必然要耗费时间,而影子经济代理人愿意投入或分配多少时间到影子经济活动之中部分地反映了他们的行为模式。

卡塞尔(1993)比较全面地讨论了居民在参与影子经济活动时间上的分配原则,但该模型并未明确涉及居民(代理人)行为方面的因素,并且他的分析范围过于宽泛,同时包含了家务劳动等自我雇佣类型的影子经济内容。我们在现有研究的基础上对该模型进行进一步的精炼和拓展以解决这一问题[2]。

首先,我们把总的劳动时间 $\overline{L}$ 划分为正规经济劳动时间 L^{OW} 和非正规经济劳动时间 L^{SW} 两部分,这里的 L^{SW} 不同于卡塞尔(1993)的定义,而是集中于本书所定义的影子经济活动范围之内。显然,在总的劳动时间 $\overline{L}$ 固定的情况下(隐含上限为 24 小时), L^{OW} 和 L^{SW} 存在此消彼长的关系。如图 3.4 中所展示的,根据边际生产率理论,正规经济中的劳动需求曲线 DL^{OW} 展示了正规劳动需求 L^{OW} 与实际工资率 W^{OW} 的关系,图中表现为一条向下倾斜的曲线。同理,影子经济的劳动需求曲线 DL^{SW} 表示居民对从事影子经济劳动的自身需求与其边际收益的关系,该曲线同样是向下倾斜的(注意该曲线采用图中的右坐标轴)。这里可以分两种情况对居民在影子经济和正规经济两类经济活动中的时间分配行为进行讨论。

---

① 例如马克思的价值理论就与各种时间因素相关,如剩余劳动时间、社会必要劳动时间等。此外,贝克尔的时间价值理论、弗里德曼的持久收入假说以及各种跨期问题等也都蕴含了时间的因素。

② 卡塞尔.影子经济[M].丁安新、杨才秀,译.武汉:武汉大学出版社,1993:26-29.需要注意的是,卡塞尔是从较为宽泛的角度考虑影子经济问题,包含了自我雇佣形式的未观测经济成分和影子经济。

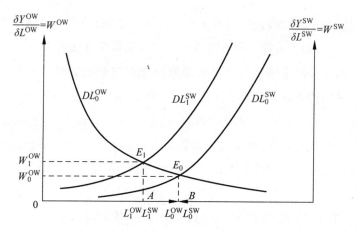

图 3.4　影子经济代理人的时间分配行为

我们首先讨论第一种情况,即居民从事正规经济的劳动时间是可伸缩的,例如居民在采用弹性工作制的单位工作或者其本身是自由职业者等。在这种情况下,当在两类经济活动中投入的劳动边际生产率相等时就会实现对全部劳动时间 $\bar{L}$ 的最优分配。这种关系在图 3.4 中就表现为曲线 DL_0^{OW} 和曲线 DL_0^{SW} 的交点 E_0,这一交点表明居民在正规经济中分配的劳动时间为 L_0^{OW},而在影子经济中分配的劳动时间是 L_0^{SW}。居民在正规经济中的劳动时间可变的情况在世界各国中所占比例较少,但可以作为比较分析的一个基准。

我们要讨论的第二种情况是假定居民在正规经济中投入的劳动时间是固定的 L_1^{OW}(或正规经济中的实际工资固定为 W_1^{OW}),这种情况在多数国家更为普遍,即多数居民从事的正规经济活动缺乏时间弹性。这意味着如果劳动资源没有处在最优的分配位置,我们也不能通过调整正规经济中的实际工资来利用浪费的劳动力。在此情形中我们只能通过居民在影子经济活动中自发地调整劳动时间来实现劳动资源的最优分配,即居民通过加大在影子经济活动中的投资和技术升级来提高影子经济的自身劳动需求 DL^{SW},图 3.4中表现为曲线 DL_0^{SW} 向左上方移动形成新的影子经济劳动需求曲线 DL_1^{SW}。该曲线与正规经济的劳动需求曲线相交于新的点 E_1,在这一点上居民的全部劳动时间 $\bar{L}=L^{OW}+L^{SW}$ 重新实现了最优分配,这同时意味着影子经济活动的扩大,居民获得了更多的来自影子经济活动的收入。卡塞尔(1993)认为这种转移实际上是一种防止生活水平恶化的生存策略，当正规经济中的劳动力需求下降时，人们就可能从影子经济中获取收入以弥补损失。

以上两种情况下居民在全部劳动时间分配问题上表现出来的差异从侧面反映了时间约束条件对影子经济代理人行为的影响，代理人参与影子经济的行为上的变化实际上是对时间约束（转化为劳动力需求）条件的适应性反应。但无论是哪种情况，驱动居民在影子经济活动与正规经济活动中进行时间最优分配的根本因素还是来自理性的经济利益度量[①]。

五、阶层差异与代理人参与影子经济的行为

这里我们使用广义的阶层概念，即不仅指社会分层，还包括种族、收入、性别等差别导致的阶层。根据维克尔（1992）的研究，在美国参加工会的蓝领家庭中，拥有地下收入的占 29％，白领阶层为 44％。家庭中夫妇为大学毕业的，拥有地下收入的比率是非大学毕业的比率的两倍以上。[②] 可见，是否是某种社会组织的成员、职业分工、教育层次等都会对参与影子经济的行为选择造成巨大影响。这与中国的情况部分类似，王小鲁（2007，2012）对中国灰色收入发展的研究成果部分证明了这一点，即高收入阶层有更高的机会获取与影子经济相关的收入。

本章我们主要从理论模型的角度对影子经济的微观基础进行了推演，这项工作对深刻理解影子经济的内在演化机制尤为重要，同时也为探索影子经济的治理问题奠定了政策基础。需要强调的是，作为探究影子经济微观基础的初步尝试，我们的研究目前还只是停留在逻辑上的总结论证阶段。这里我们总结了分析影子经济代理人行为的一些可能的研究方向，实际上每个方向都可以看作是一个分析的基点，但要在此基础上延展成面形成体系还需要大量的基础性工作。

---

① 其中也包含少量的其他因素的影响，如格兰诺维特（1988）就认为经济行为是嵌入社会关系网络之中的，并且与许多非经济动机紧密地联系在一起。

② 维克尔. 地下黑经济[M]. 黄小平，邱梅，译. 成都：四川人民出版社，1992：36.

中篇：实证篇

第四章
中国影子经济总体规模估测

　　国外理论界经过 40 多年的不断探索已经开发出一系列的影子经济规模估测方法,其中绝大多数方法已被我国学者引入和应用,数量研究的不断进步加深了对我国影子经济发展程度的直观理解。这些估测方法均依据影子经济某一方面的特点进行建模,它们在适用范围、可操作性、稳健性等方面存在诸多差异,其中一些方法已经被淘汰,一些方法在应用中发现了新的问题。迄今为止,对影子经济规模估测方法的构建和修正仍然是这一研究领域的核心方向。

第一节　影子经济规模估测方法及选择

　　本节我们首先对现有的代表性研究方法进行归纳,对不同方法的优缺点进行全面的讨论有助于寻找更适合我国影子经济发展特征的模型。

一、基于货币模型的影子经济规模估测[①]

影子经济规模估测方法起源于对货币供需中某些异常关系的观察和推测，最早从事这一工作的是 Cagon(1958)，尽管他只是通过对税收—现金需求关系的研究间接地切入这一领域，但对货币方法的发展具有很强的基础性作用和引领作用。货币模型估测方法的发展可以划分为四个阶段。

1. 现金面值估测模型

现金面值估测方法由 Henry(1976)首先提出，这一方法的逻辑非常简单朴素。因为现金交易在逃避监测方面具有不可替代的优势，影子经济行为(如走私、贩毒等)多以现金为媒介。特别是 100 美元的大额现金可以最大限度地提高交易的便利性和隐蔽性，因此可以通过观察经济中 100 美元现钞发行量的变化推测影子经济的相对发展情况。这种方法的缺陷是很难有效剥离那些影响大额现钞需求的其他因素，因此很难精确测算出因影子经济交易需求而增加的大额现钞需求。此外，如果在一个较长时期内进行考察，此方法还必须考虑名义变量与实际变量之间的关系对估算结果的影响。由于限制因素较多，现金面值估测模型在现实中较少使用。

2. 原始现金比率估测模型

Guttman(1977)观察到了近年(指 20 世纪 70 年代)流通中的现金增速显著大于存款增速的现象。这一方法的基本思想是：鉴于现金是唯一适合未记录和逃税交易的媒介，现金增速与存款增速的差别就反映了影子经济或非法经

[①] 本节侧重对多种影子经济估测方法的核心思想和特点以及新近产生的技术方法进行讨论，多数方法的详细技术过程已在早期研究中完成，这里不再赘述。王永兴. 国外地下经济问题研究综述 [J]. 经济学动态，2008(2).

济的增长。他集中考察了货币存量 M1(现金和活期存款)的变化,假定美国
1976 年用于正规经济的现金—存款比率与 1937—1941 年相同(均为 21.7%),
然后再计算此比率与实际现金—存款比率的差额,于是可分别得到用于影子
经济和正规经济的货币供给量①。假定(无论来自影子经济还是来自正规经
济)货币供给与经济总量存在稳定对应关系,在已知官方 GNP 的情况下即可
推出影子经济的对应规模。这种方法的逻辑比较严谨,但一些假定条件的设
定可能与现实情况存在一定差异,特别是推广到其他国家时需仔细考察条件
的适用性。事实上,Tanzi(1980)就通过分析美国现金—活期存款比例的历史
数据否定了 Guttman(1977)模型的关键假设,他提出的方法可归纳为简单现
金比率法或现金(货币)需求方程法,实际上可以视为 Guttmann(1977)货币
方法的一个绝妙变体。

3. 简单现金比率估测模型

Tanzi(1980,1983)发现,现金—存款比率(C/D)在 1945—1961 年呈下降
趋势随后即缓慢上升(图 4.1),同时期"现金与狭义货币比率"(C/M1)变化与
C/D 比率变化基本相同。而另一个重要指标"现金与广义货币比率"(C/M2)
则从 1945 年至 20 世纪 70 年代早期持续下降,此后则几乎保持不变,斜率近
似常数,这说明 C/D 的上升趋势也许仅能说明个人在把活期存款转换成其
他类型的金融资产(M2 中的),其趋势主要不是由现金增加引发,而是主要由
活期存款的下降造成。因此 C/M2 是一个更好的代理变量,用它对税收、工
资收入比例、利率、人均收入等控制变量进行回归,通过控制税收变量为零估
算用于正规经济和影子经济的货币数量,再利用官方 GNP 估算货币流通速
度,进而推算出影子经济规模。与原始现金比率模型相比,简单现金比率模
型更为复杂和演进,模型引入了计量经济学的估算方法,纳入了更多的影响
因素,具有更广泛的适用性。

---

① 这里实际上还隐含了 1937—1941 年不存在影子经济的假设,选择这个时间点的原因是此后
收入税急剧上升。

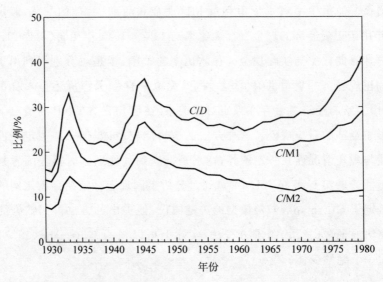

图 4.1　美国流通中现金占活期存款、M1、M2 比例（1930—1980 年）[①]

4.　一般现金比率估测模型

　　虽然简单现金比率模型推进了影子经济规模估测方法，但也存在很多比较严重的问题。比较明显的问题就是 Tanzi 在文中强调边际税率提高逃税动机，但实际计量模型却因缺少数据而选用了平均税率。Tanzi(1983)提出的简单现金比率模型在当时的理论界引起了较大的争论，Acharya(1984)批评 Tanzi 的方法没有弄清最终要估测的对象，并对其假设提出了质疑，但并未给出一个可接受的替代性方法。Zilberfarb(1986)则对 Tanzi 的方法进行了改进，他使用税收引致的现金需求变量对原货币需求方程中的被解释变量进行了校正，提出了一个有上界估计量，其估算结果平均比 Tanzi(1983)要高 12.5%。Feige(1986)则更进一步地发展了新的一般现金比率模型，他声称该方法具有足够的一般性，可以涵盖此前所有的现金比率模型，其中包括对 Tanzi 模型的一个矫正版本。Feige 的研究认为 Tanzi 的模型设定形式与变量选取（如选取

---

　　①　TANZI V. The underground economy in the United States：annual estimates，1930—1980 [R]. Staff Papers-International Monetary Fund，1983：283-305.

了不能反映税收激励的加权平均利息税指标)均存在严重问题,估算结果显著低估了影子经济的规模,并借此指出了简单现金比率模型的缺陷。

一般现金比率模型的基本思想是把所有因素划分为地下和官方两部分,这些要素包括经济总量、现金、活期存款、现金比率、货币周转速度以及周转速度比率,通过求解包含这些变量的方程得出影子经济 Y_u 的一般表达式。为方便求解模型,模型施加了与前述模型类似的假定条件以简化表达式,即假定现金是影子经济唯一交易媒介、官方经济与影子经济的收入流通速度一致等。然后再通过建立关于现金比率的计量经济模型对其动态路径进行估算,最后再代入 Y_u 的简化表达式求出影子经济规模估测值。一般现金比率模型也存在明显的局限,Feige(2009)本人也发现美国的现金大约有 30% ～ 36% 被海外持有,并且 20 世纪 90 年代中期金融产业的显著技术进步减少了支票账户的数量,这些事实意味着必须改进模型。王永兴(2009)几乎与 Feige (2009)同时认识到了类似问题,对此我们在第二节结合中国的实际运用情况再进行讨论。

二、基于实物投入模型的影子经济规模估测

古典经济学和新古典经济学均认为,从长期看,货币是中性的,对实体经济没有影响,其改变的只是商品的价格。这种观点对影子经济的研究也产生了一定影响,一些学者决定抛开货币因素,试图从一些关键的实际变量自身的变化入手寻找影子经济发展的规律,进而对其规模进行测算,这种方法可归纳为实物投入模型。

出于对广泛存在的统计数据准确性的质疑,即使是一些国家的投资大鳄和高层领导也开始逐渐尝试用新的视角来观察实际的经济发展状态。如“股神”巴菲特就把铁路货运量作为一个重要的衡量经济景气程度的指标,而美联储前主席格林斯潘则把“废钢”的价格作为经济景气的风向标。我国国务院总理李克强也非常看重一些实体经济的指标,如英国著名的财经杂志《经济学人》就据此编制了“克强指数”(Li Keqiang index),其中包括了新增工业

用电量、新增铁路货运量和新增银行中长期贷款三类指标，甚至还认为这一指数比中国现行的 GDP 指标体系更为可靠。事实上，这种观点尽管有失偏颇，但的确能够反映出国内外各界对中国统计数字真实性的质疑和担忧。在中国 2014 年十二届全国人大二次会议上，李克强总理在《政府工作报告》中首次引入了全社会用电量和货运量这两个先行指标，指出"社会用电量增长 7.5%，货运量增长 9.9%，主要实物量指标与经济增长相互匹配"①。事实上国外学术界早在 20 年前即开始引入实物变量的方法对实际经济规模进行估测，早期的研究主要围绕电力消费展开，后期则转向货运量、能源消耗量等其他方面，向多元化方向发展。

1. 宏观电力消费估测模型

电力消费模型的研究主要沿着两条路径展开，第一条路径是宏观电力消费模型，利用全社会总体的电力消费数据作为关键变量。第二条路径是微观电力消费模型，主要利用来自家户调查的微观电力消费数据作为关键变量。从实践应用上看，后者的数据更难获取，且很多国家缺乏此类数据，宏观电力消费模型的应用更为广泛。

1) Kaufmann 电力消费模型

电力消费模型的早期研究对象是苏东巨变后一些面临从计划经济向市场经济转型的国家，最早使用宏观电力消费模型进行研究的是 Kaufmann 和 Kaliberda (1996)，他们提出的模型的关键假定是：首先，全社会的电力消费量与总体经济（包括正规经济与影子经济）之间存在稳定的弹性关系；其次，假定存在某个影子经济为零的基年，或者是存在一个我们确切了解影子经济与官方经济实际比率的基年②。在这两个假设满足的条件下，容易估算出总体经济的规模，再减去官方公布的经济总量就可以计算出影子经济的规模。此后，Johnson，Kaufmann 和 Shleifer(1997)使用同样的方法对"独联体"各国

---

① 李克强. 政府工作报告[R]. 北京：人民出版社，2014.

② 实际上我们不可能做到这一点，通用的做法是采用一个其他方法估算的某年结果作为基准。Kaufmann 和 Kaliberda (1996)把这一基准数值确定为 12%。

和 6 个中东欧国家 1995 年的影子经济规模进行了测算。Johnson、Kaufmann、Zoido-Lobaton(1998)，P. Friedman（2000），Rosser（2000)等也进行了类似的相关研究。然而，Alexeev(2003)等学者对这种处理方法提出质疑，他们使用 Berkeley-Duke 调查项目的数据进行了重新估测，结论是 Kaufmann(1996)等的研究显著低估了"独联体"各国的平均影子经济规模。王永兴（2010）发现，Kaufmann(1996)以及 Alexeev（2003）等的研究还隐含了一个关键假定，即"这些国家 GDP 下降幅度快于电力消费消耗下降幅度（或 GDP 增速慢于电力消耗增速）"，而对这种隐含设定的违背会导致测算结果不可解释，这表明宏观电力消费模型的使用必须谨慎关注其适用条件。[①]

2)"盖本塔-米塔"电力消费模型

"盖本塔-米塔"电力消费模型由两位印度学者提出，他们认为用电量与国民产品之间存在长期稳定联系，通过考察官方正规经济的增长在多大程度上可被电力消耗解释可以推断出影子经济的发展情况。与 Kaufmann 电力消费模型相比，该模型使用了线性回归方法估计所需参数，由于可在计量模型中引入更多的控制变量，从而能够考虑技术变迁（用时间 T 代表）和产业结构等因素对电力消费的影响。然而，该模型也需要选择一个不存在影子经济的基准年份从而简化模型参数，并且对时间变量函数形式的处理也较为随意[②]，缺乏足够依据，因此其适用性也受到限制，在各国实践中并未得到广泛应用。

2. 微观电力消费估测模型

微观电力消费估测模型（也可称为"家户电力消费"模型）的研究数据样本基于微观的家庭单位，这一模型由 Lacko(1996,1997,1998,1999,2000)提出并发展。该模型首先假定影子经济中的某些方面与家庭电力消费相关，其中包括家庭生产、自我雇佣活动以及某些未注册的生产和服务活动等。然后再假设家庭电力消费不仅取决于一些明显可观测因素（如人口数），还取决于

---

① 王永兴. 中国转型进程中地下经济的演进与治理[M].北京：经济管理出版社,2010：69-74.

② 他们采用的方法是利用不同时间变量及其幂的线性组合进行试错。印度国家公共财政及政策研究所.黑色经济活动分析[M].黄兵,赵荣美,胡和立,等译.北京：经济管理出版社,1995：31.

影子经济的参与程度。Lacko(1998)的模型以人均家庭电力消费为响应变量,考察其与影子经济人均产出量之间的联系,同时加入了家庭人均电力消费、不考虑电力消费的人均实际消费①、单位电力的价格、年供暖月份数的相对频率、家庭年消费的其他种类能源(电力消费除外)占所有能源用量的比重、个人收入指标、公司利润和税收占 GDP 的比例、社会公共福利支出占GDP 的比例以及劳动参与率指标作为控制变量。通过数据拟合可得到每个国家与影子经济相联系的人均电力消费占家庭总消费的比例,再以单位电量消耗制造的影子经济产出数值作为基准(此变量取值需从其他模型中获取)即可计算出其他国家的影子经济经济规模。使用 19 个经济合作与发展组织(OECD)国家 1989—1990 年的面板数据集进行了测算,具体结果将在本书第六章的国际比较部分再进行介绍。

3. 综合能源消耗估测模型

为避免单一实物的局限,也有学者尝试采用某种综合型的实物变量对影子经济规模进行测算。王永兴(2010)就曾用能源消耗模型代替电力消费模型对中国的影子经济规模进行估测,该模型的核心思想和技术路线与宏观电力消费模型基本相同,但放松了 Kaufmann 和 Kaliberda (1996)模型中对实际 GDP—能源(电力)消耗弹性关系的先验假定,而是利用实际数据对弹性进行了估算,但由于模型的设定存在天然局限,仅适用于"GDP 下降幅度快于电力消费消耗下降幅度(或 GDP 增速慢于电力消耗增速)"的情况,因此该模型并未得到合理的估测结果。尽管如此,这个模型的设计思想非常具有借鉴意义,有必要在后续研究中进行改进以适应某些非典型转型国家的实际情况。

4. 货运量估测模型

货运量估测模型的设计逻辑与电力消费模型本质上并无差别,只是认为货运量可能是一个比电力消费量更好的代理变量。与其他模型不同的是,这

---

① 此处用购买力平价方法计算的美元表示。Lacko(2000)又引入了一些新的解释变量,如劳动收入、资本收入等,但基本逻辑未变,这里不再赘述。

一模型由我国学者率先使用,这代表我国影子经济研究已经从单纯的模仿阶段进入初步创新的阶段(王永兴,2009)。根据夏南新(2002)和赵黎(2006)的研究,货运量估测模型的基本逻辑可以简单概括为"如果通过用货运量的增长拟合 GDP 的理论数据,进而与官方统计值比较,就可以从中得知,其差额由影子经济活动导致。如果货运量变化能够反映国民经济发展状况,按理说经济增长与货运量增长应当是基本同步变化,那么货运量弹性系数就应当大致稳定在同一水平线上"[①]。也就是,尽管很多影子经济活动能够逃避官方统计机构的核查,但最终却依然会如实地反映在货运量的变化上,于是可以根据货运量的变化估算真实的经济规模。这一模型的缺陷是没有考虑到很多影子经济活动并不会以物流的形式表现出来。

通过对比货币估测方法与实物方法不难发现二者存在某些相通之处,无论哪种方法,其逻辑起点实际上都是假设影子经济行为会导致某种资源的超额使用,只不过前者是把货币看作一种资源,而后者则把电力看作一种资源,这一特点使两种方法获得了某种可比性。电力消费模型的一个显著内生缺陷是,不是所有的影子经济活动都与电力消费有关,特别是就微观电力消费模型而言,也不是所有影子经济活动都能从家庭单位观察到。此外,对某些转型国家和发展中国家,如何确定一个可信的影子经济基准值也是一个难题[②]。

三、基于收支差异模型的影子经济规模估测

收支差异模型不像货币模型和实物模型那样需要比较复杂的公式推导,它仅需从比较简单的账户平衡角度出发进行逻辑推理即可提炼出关于影子经济规模的重要信息,正因如此,模型的结果也比较粗糙。此类模型也可以归纳为总体和家户两种技术路线,但它们的基本原理相同,前者基于对国民

---

① 夏南新.从全社会货运量估测我国地下经济规模[J].统计研究,2002(2);夏南新:地下经济估测[M].北京:中国财政经济出版社,2002:91-94.

② 如 Lacko 把美国影子经济规模作为基准值的做法就广受质疑,他使用 Morris(1993)的估测把基准值确定为 GDP 的 10.5%。

经济核算方法的比较,后者则依赖详细的家户收入—支出微观数据。

1. 总体收支差异模型

如前文所述,目前国际上通行的国民经济核算以联合国 SNA 体系作为标准,标准宏观经济学教科书中总会提供三种不同的 GDP 核算方法,即收入法、支出法和增加值法(或生产法),前两种方法也常被称为 GDI(gross domestic income)和 GDE(gross domestic expenditure)。目前世界多数国家采用支出法为主进行核算,一般社会科学文献中引用的 GDP 如无特别指明均指支出法核算的 GDP。但各国在实际核算中也存在诸多差异,年度核算与季度核算也各不相同,这给收支差异模型的应用带来了实际困难。如俄罗斯国家统计局就没有明确发布关于支出法 GDP 的数据,日本主要公布支出法的季度 GDP 数据,巴西和印度等国家则会公布生产法和支出法季度数据,我国的 GDP 核算也是以生产法为基础,每年也会公布支出法的 GDP 数据,但并未公布收入法 GDP,因此只能通过近似手段进行研究。

总体收支差异模型的基本逻辑是,由于经济主体具有较强的隐瞒动机,所以国民经济核算在收入端取得的数据往往少于实际值,这部分差值却往往能够在支出端得到比较完整的反映。英国在使用收支差异模型方面起步较早,Macafee(1980)最早注意到这种差异,他指出,"(相对于支出测估值)收入测估值却更大程度地依赖于提供给国内税收机构的收入统计资料,这就有可能造成申报收入的水平低于实际收入水平。"[1]Higgins(1989)也认识到"国民收入的收入角度测估值通常比支出测估值要小,这种差异从规范的意义上来讲主要反映了如下事实:尽管某些收入可能没有申报或申报不足,但由此引致的很多的支出在官方统计中却都显示了出来"[2]。尽管国民经济核算方法的差异早已引起研究影子经济的学者的关注,但时至今日并未得到广泛应用,主要原因就是当收入法 GDP 和支出法 GDP 都出现同方向的系统性偏误

---

① MACAFEE K. A glimpse of the hidden economy in the national accounts[M]. New Brunswick: CSO,1980:81.

② 法伊格.地下经济学[M].郑介甫,等译.上海:上海三联书店,1998:207.

时,二者之间的差异难以反映真实的影子经济规模,甚至在某些年份会出现收入法核算的 GDP 大于支出法 GDP 的现象。同时,总体收支差异模型受不同国家或地区统计制度的完善程度影响较大,某些国家可能只核算或公布某一种方法的 GDP 数据,在这种情况中就无法应用这种模型。

从实践上看,这种方法应用在英美等国家也存在同样问题。譬如中央统计局(CSO)基于总体收支差异模型计算得到的影子经济数值相当于 GDP 的 2%~3%,大大低于国内税务局(IR)作出的 6%~8% 的估测。[①] 美国也同样如此,其支出法国内生产总值与收入法国内生产总值的年度差异和季度差异一般均在 1% 左右。[②] 国内学者的研究同样印证了这一点,戴炳源(2000)较早发现了该模型的缺陷,他认为支出法 GDP 可靠的隐含假定并不可靠。夏南新(2002)和王永兴(2010)曾分别使用总体收支差异模型对中国不同年份的影子经济规模进行实际测算,他们通过与其他模型方法结果进行对比发现总体收支差异模型比较严重地低估了影子经济的实际规模。出现这种问题的原因之一是该模型并未考虑非法类型的影子经济活动,从而容易导致低估。此外,如果通过影子经济活动获得的收入并未花费出去,或已经转移到国外,则此方法也无法准确反映影子经济的规模。尽管在实践应用中存在诸多问题,但考虑到这种方法在逻辑上的确能够反映一些影子经济存在的痕迹(理论上 GDP 核算的三种方法应该得到一致的结果),仍可作为影子经济规模评测的一个有益参考。

2. 家户收支差异模型

总体收支差异模型尽管简单易行,但由于天然存在的一些限制,实践应用的效果并不理想。相对而言,家户收支差异模型实施难度较高,但如果设计合理则有可能获取关于影子经济发展情况的重要信息[③]。与多数基于宏观

---

① 法伊格.地下经济学[M].郑介甫,等译.上海:上海三联书店,1988:207-211.

② 毛盛勇.部分国家季度支出法国内生产总值核算方法与数据发布情况及启示[J].统计研究,2012(7).

③ 这一推断的逻辑比较自然,即某些偷逃税人员虽然会极力隐蔽其收入来源和数额,却很少限制自身的消费水平。一般而言,人们的支出水平往往更真实地映射了其收入水平,因为如果不考虑资助、继承等特殊情况,一个月收入仅略超个人所得税起征点的居民很难随意消费豪车豪宅,于是支出中不能被收入解释的部分很可能就来自影子经济。

数据的影子经济估测模型不同,家户收支差异模型依靠微观调研数据。实际上 Dilnot 和 Morris(1981)就曾在英国的一项家庭预算支出情况调查数据集的基础上对此进行了研究,其逻辑是从数据中筛选出支大于收的家庭,通过计算此类家庭占比以及收支差异平均数近似得到影子经济估计值。Paglin(1994)基于美国劳工部的一项消费者支出调查(CES)数据进一步实践了这一方法,他利用调查样本家庭中的总支出与总收入差额估算了美国 1984—1992 年的影子经济相对规模。

　　由于多数国家并不存在此类微观数据,我们在这里仅提供一个关于家户收支差异模型如何从零开始实施的简单设想。第一个阶段的任务是对全国总体进行恰当的分层随机抽样,在此基础上,微观经济主体在某个时期内的收入信息可以从税务等官方途径获取①。在这一阶段我们只需要确定这些数据是通过科学的统计方法获取的即可,而无须考虑这些数据的准确性;第二个阶段的任务是对这些样本采用各种可行的调查方法进行追踪,主要关注其在某一个时期内(可以设计为某年)的支出情况,包括投资和消费等方面;第三个阶段是需要连续跟踪几个时期(时期数越多越好),并根据可获得资料尽量消除原有存量资产(财富)和跨期消费因素对支出的影响。通过这几个步骤的处理就可以近似获得不能被收入解释的支出部分,这部分收入可视作影子经济的重要组成部分。从处理步骤可知,这种方法实施的条件非常苛刻。不仅需要部门间的有效协调,而且连续跟踪同一主体的支出活动难度也很高,我国暂时还不具备使用这种方法的必要条件。相对成本更低的方法是定期组织问卷调查获取微观收支数据,直接利用样本的总收入与总支出进行计算,这种方法即随后要讨论的问卷调查法。

---

① 这一阶段任务的完成需要两个关键前提:第一个前提是必须具有官方调查背景,这样才能获得授权使用一些敏感数据进行研究,大学和科研院所的研究人员很难单独推动此类研究;第二个前提是我国已经建立比较完备的税收体系,全国税收信息已经联网,能够掌握多数经济活动人口的应税收入情况(尽管不一定准确)。

四、基于问卷方法的影子经济规模估测

问卷调查的方法被广泛应用于社会科学研究领域,然而单纯以研究影子经济规模为目的的调查尚不多见,多数研究围绕影子经济的某种表现形式展开。从分类学的角度看,用问卷方法估测影子经济规模属于直接方法,而其他方法则多属于间接方法。根据 Hansson(1982)的研究,瑞典的民调机构(SIFO)早在 1966 年即开展过与逃税问题相关的调查研究,结果表明有 12% 的样本承认存在逃税行为,其中 71% 的人未申报数额不超过 85 美元。Warneryd 和 Walerud(1981)也进行过类似的调查研究,他们发现有 19% 的人高报扣除项。Isachsen 和 Strom (1982,1985)的研究直接针对所有类型的影子经济活动,他们通过访谈发放问卷的方式要求受访者回答诸如"您是否参加过影子经济活动(无论作为买者还是作为卖者)?"这样的问题,进而推算影子经济的比重。McCrohan 和 Smith(1986)通过分析全国性的家庭消费抽样调查数据计算了家庭消费当中来自影子经济商品和服务的价值,这一调查的优势是作为影子经济产出的消费者家庭一般没有隐瞒消费此类商品的动机(非法商品除外),因此可以得到比较真实的数据。在 2007 年的"欧洲晴雨表"调查中,也设计了对"未申报工作"的调查,要求受访者回答在非正规经济中工作的理由。此外,Renooy(2004)、Feld 和 Larsen (2009)以及 Haigner(2011)等也分别使用调查法对个别国家或地区的影子经济发展情况进行了研究。

用问卷调查方法研究影子经济规模的优点是可以根据研究者想要实现的目的设计调查方式与问题,能够获取一些其他模型方法难以攫取的细节,特别是定性方面的信息。另外,在样本足够大的情况下,可以直接根据问卷计算出总体的近似影子经济规模(前提是问卷中设计了此类问题)。这种方法能够发挥作用是基于这样的推断:在保证绝对匿名的前提下,受访者往往

更容易报告自己的真实信息。[①] 这些信息包括参与影子经济活动状态[②]、来自影子经济活动的收入水平、参与影子经济的动机、参与影子经济活动的类型等。可见，问卷调查方法得到的信息具有多层次性和可分性，这一特点对于制定合适的影子经济治理政策具有特别重要的意义。我国学者近年也曾做过类似的研究，如李建军（2005）、田光宁（2008）等对地下金融问题的全国性抽样调查以及王小鲁（2007，2012）对灰色收入问题的全国性抽样调查就与影子经济存在一定联系。但需要强调的是，我国迄今为止还没有针对影子经济问题进行的全国性抽样调查研究项目，这一方面是因为我国影子经济研究尚处于起步阶段；另一方面更重要的原因是预算存在硬约束，大规模的且需持续数年的抽样调查研究成本过高[③]，民间非营利性的研究机构和个人难以承担，目前国内外对影子经济的研究多数只能通过间接的计量模型方法完成。

五、基于结构方程模型的影子经济规模估测

Zellner(1970)最早使用结构方程模型进行经济学研究，但早期此类模型多围绕顾客满意度等问题构建，直到 20 世纪 80 年代才有学者把这种模型引入影子经济研究领域（Frey，Hannemann，1984），此后 Aigner、Schneider 和 Ghosh(1988)、Giles(1999)、Loayza(1997)、Giles 和 Tedds(2002)、Dell'Anno 和 Schneider(2003)、Bajada 和 Schneider(2005)、Dell'Anno (2007)、Brambila (2008)、Bühn 和 Schneider(2008)以及 Schneider(2010，2012)等推动了结构方程模型在影子经济中的应用，特别是 Bajada 和 Schneider(2005)使用面板数据结构方程模型对世界 100 多个国家和地区的影子经济规模进行了估测，这一工作可视作该模型发展的一个高潮。从国内外研究文献的发展情况来

---

① 譬如在 Isachsen 和 Strom (1981)对挪威的研究中就发现调查方式对结果具有重要影响，通过当面访谈方式调查时受访者承认参与黑市活动的比例是 26%，而通过投递等匿名方式进行调查时这一比例则攀升至 40%。

② 包括是否参与，年龄段、性别、所处地域等标志变量。

③ 为减小敏感问题的拒答率，可能需要结构化的访谈法来使受访者习惯于调研的主要目的。这显然需要耗费更多的人力、物力。

看,结构方程模型代表了影子经济规模估测技术的最新进展,目前已经取得了与传统货币模型基本相同的地位。

在影子经济研究中实际使用的是结构方程模型中的一种特殊类型,一般称为多指标多因素模型(MIMIC 模型)。这种方法虽然出现时间较早,但我国引入较晚,2000 年以后才出现使用结构方程模型的应用研究成果。[①] 结构方程模型独特的优势在于可以用来研究一些无法直接观测的变量,具有这种特性的变量被定义为潜变量,而 MIMIC 模型就是模型中只有一个潜变量的零 B 模型。使用 MIMIC 模型估测影子经济规模的基本逻辑就是把影子经济的规模(或对应变化率)视作一种潜变量(latent variable),虽然影子经济规模无法直接观测(参见定义),但可以通过建立和指标变量与原因变量的联系间接反映其变化。根据可观察的样本数据拟合模型中的参数,在满足对应识别条件的前提下很容易借助相关软件估算出来参数,进而确定影子经济的相对规模。这种方法也需要引入第三方模型的估计值作为基准值,基准值的选择对最终估算结果影响较大,必须谨慎选择。[②] 此外,基准方法的选择也非常重要,正如 Dell'Anno(2007)等所强调的:"在当前的结构方程模型研究阶段,具体应该使用哪种基准计算方法仍然是不确定的。"[③]可见,使用结构方程模型估测影子经济规模的方法需要结合不同国家的实际情况进一步探索和完善。

六、基于模糊数学模型的影子经济规模估测

模糊数学(fuzzy)是精确数学和随机数学之外的一个新的数学分支,可以作为研究某些概念外延界限不清(或模糊)问题的工具。而很多影子经济现象在某些方面符合界限模糊的特点,如夏南新(2004)就认为"从某种程度上

---

① 侯杰泰,温忠麟,成子娟.结构方程模型及其应用[M].北京:教育科学出版社,2004.

② 例如,假如使用货币方程模型作为"第三方"结果,那么货币流通速度等关键假设就会对 MIMIC 模型产生潜在影响。

③ DELL'ANNO R. The shadow economy in Portugal:an analysis with the MIMIC approach [J]. Journal of applied economics,2007,10(2):253-277.

讲,影子经济规模的估测更适合于采用灰色系统或模糊数学等计量方法"①。从实践应用上看,Draeseke 和 Giles(1999)最早把模糊数学方法引入影子经济研究领域,他们据此估算了新西兰的影子经济规模。蔡玉荣(2004)最早把该模型引入国内,他使用模糊逻辑法估算了中国影子经济的规模,拓展了国内研究这一问题的思路。HK Yu、DHM Wang 和 SJ Chen(2006)还使用这一模型对中国台湾地区的影子经济进行了估算。另外,也有学者使用类似的灰色系统模型研究影子经济问题,夏南新(2004)最早使用灰色系统模型对中国的影子经济进行了初步测算,他选择使用能源生产消费总量作为与 GDP 建立联系的关键变量。李炳林和刘洪(2006)则在此研究的基础上选择使用居民定期储蓄存款和单位定期存款替代能源消耗指标重新估算中国影子经济的规模。② 但此后国内外影子经济相关文献中使用模糊数学和灰色系统模型的研究逐渐减少,模糊数学模型在多种估测方法中处于"非主流"地位。

模糊数学模型和灰色系统模型的优点是从概念上即能直接把握影子经济的某些特性③,后者还适用于处理小样本和贫信息问题。但从实践应用层面,该模型的局限也很明显,Elkan 和 Berenji(1994)等学者就指出,"尽管模糊逻辑方法在许多应用中取得了成功,但模糊逻辑的基础仍广受质疑,理论与应用处理的问题不一致。"④由于模糊数运算和模糊值函数难以解析表达,目前的研究还仅局限于在理论上进行构造性描述,难以满足实践应用日益增长的需要。

除以上六大类模型以外,我国学者还通过不断摸索构造出了一些新的估测模型,这些模型包括何华芹和郑少智(2005)提出的 GDP 分割模型、李金昌和徐蔼婷(2005)提出的居民消费储蓄边际倾向—弹性系数估算法和预期与分布滞后模型估算法、徐蔼婷(2006)提出的"居民消费储蓄边际倾向—弹性

①　夏南新.灰色系统模型在估测地下经济规模中的应用[J].学术研究,2004(1).

②　模糊数学和灰色系统模型存在密切联系,但也存在重要差别。前者研究对象具有"内涵明确,外延不明确"的特点,后者研究对象具有"外延明确,内涵不明确"的特点。但此处我们把两种模型合并,均作为一种处理不确定性问题的模型看待(不同于概率研究的"随机不确定"问题)。

③　影子经济的别称之一就是"灰色经济"。

④　ELKAN C,BERENJI H R,CHANDRASEKARAN B,et al. The paradoxical success of fuzzy logic[J]. IEEE expert,1994,9(4): 3-49.

系数估算法"等,但由于这些模型尚未发展到成熟阶段,影响和应用范围较小,这里不再详细展开。

第二节 中国影子经济总体规模估测(1978—2016 年)

一、对现有研究的简单评述

中国的影子经济研究起步于 20 世纪 80 年代,但早期的研究多局限于对事实、现象等进行直观的描述。比较有代表性的研究包括:林其屏(1989)对投机倒把、偷税漏税、倒买倒卖外汇、走私等问题的研究;胡运鸿(1990)对双轨制弊端的批判以及与之相关的"官倒"问题的研究等。这些成果对中国影子经济研究的进一步发展客观上起到了重要的引领作用,但受到时代的局限,还不可能特别深入。[①]

夏兴园(1993,1994)使用近似的收支差异法以及交易法等多种方法对我国的影子经济规模进行了量化研究,这是我国学者使用定量方法估算影子经济规模的初次尝试,摆脱了以往研究中多仅凭主观感觉进行推断的局限。综合文献的发展脉络可以发现,正是从这个时间点开始,在数学逻辑推导上相对比较严谨的实证模型方法逐渐成为中国影子经济研究的主流方法。[②]

梁朋和梁云(1999)使用 Gutmann(1977)设计的货币需求方程模型(简单现金比率模型)估算了中国 1985—1995 年的影子经济规模,这项研究成果标志着我国国内学者在这一领域开始与国际主流方法正式接轨,对推动影子经济研究的快速发展具有重要意义。该文的局限是,尽管已经清晰地意识到了

---

① 作为对比可以发现即使是西方经济学这门显学在当时也居于非主流地位。

② 所谓严谨是指这种研究具有被证伪的可能,他人也可重复验证其研究过程。

现金比率模型的假设条件存在局限，但在技术上并未进行细致讨论并作出相应调整。此后，很多国内学者开始直接套用 Tanzi(1983)、Feige(1986)等发展的货币模型来研究中国的影子经济规模，由于篇幅所限，我们对此类研究得到的详细结论不再赘述。与此同时，国内也有很多学者在原始模型的基础上不断深入探索，做出了不同程度的创新。

朱小斌和杨缅昆(2000)把影子经济分为浮现地下 GDP 与流通地下 GDP 两个部分，后者与其他学者使用的通常口径相对应。该文对流通中现金的范围做了进一步细化，具有一定的创新性。夏南新(2000)放松了现金比率模型的关键假定，并对这些假定的可能影响方向作出了预测，但在实际估算中仅对影子经济中的现金—活期存款比率(K_u)进行了放松，并未对所有的假设均进行验证。此后，夏南新(2004)又根据中国国情对 Tanzi 模型中的货币需求方程进行了修正，加入了零售价格指数等控制变量，同时他还发现利率变量对中国货币需求的影响并不显著。罗磊(2005)也认识到现金比率模型的假设条件与现实存在差异，但仅对第一个条件进行了放松，允许官方现金—存款比率随各自增长率变动，但并未对其他假设进行调整。针对同一问题，刘华、张伟伟和廖福刚(2007)采取的方法是，分别用现金和存款变量对时间变量进行回归，进而推导官方现金—存款的比率，但他们对影子经济中的现金—活期存款比率(K_u)的处理过于简单，同时也保留了正规经济与影子经济货币流通速度相同的假设。王永兴(2009)对现金比率模型的三个假设条件均进行了放松，讨论了不同情况下放松假设对估测结果影响的方向（提高或降低），他注意到 Acharya(1984)和 Feige(1986)等学者对原始 Tanzi 模型的各种批评，根据我国的实际情况对货币方程模型的解释变量进行了重新筛选。特别是，该文首次发现了实体经济的虚拟化问题对影子经济模型的估计结果会产生重要影响。他认为"M0 相对比例的下降反映了这样一个事实：即货币的虚拟化程度越来越高，现金作为传统流通手段的地位正在被电子货币、电子支付等逐渐挤占"[①]。迄今为止，我国已经有数十位学者先后使用现金

---

① 王永兴.中国地下经济规模估测——基于 GCR 模型的修正[J].统计研究,2010(11).

比率模型及其多种变形对我国的影子经济规模进行了测度,货币模型成为国内学者最常使用的影子经济估测模型。[①]

在货币模型以外,国外曾经使用过的另外一些估测方法也均在我国得到了不同程度的应用和发展。如夏南新(2002)和赵黎(2006)在 Kaufmann 和 Kaliberda(1996)提出的电力消费模型基础上构造了货运量模型估计方法,具有一定的创新意义。夏南新(2002,2004)、李炳林和刘洪(2006)分别使用灰色系统模型对我国影子经济规模进行了估测。王永兴(2009)则使用了能源消耗模型、收支差异模型等多种方法对我国地下经济规模进行了估算。然而从总体上看,无论是在国际还是在国内,这些方法的应用范围都非常有限,仅电力消费模型在转型国家曾经得到过比较广泛和持续的应用。纵观国内外目前流行的影子经济估测方法,除传统的货币模型以外,另外一种就是结构方程模型的方法,我国学者近年来对这一模型的运用也取得了很大进步。

徐霭婷和李金昌(2007)最早使用 MIMIC 模型对我国 1985—2005 年的影子经济规模进行了测度,他们选用直接税总额/GDP、间接税总额/GDP、失业率、政府实际消费/GDP、自我雇佣人数/15～64 岁人口数和个人可支配总收入/GDP 作为内生指标变量(cause),选用人均实际 GDP、现金占 M1 比重作为外生指标(indicator)。这是中国学者应用这一模型估测影子经济规模的首次尝试,具有引领意义,但在直接税指标的理解和使用上存在一定争议。此后徐正云(2009)也使用这一模型进行了研究,但模型中选用 2004 年我国第一次经济普查数据推算的影子经济占 GDP 比重作为基准值,这种处理方式实际上假定普查方法能够准确反映影子经济规模,然而实际上目前尚没有足够的经验研究结果能够支撑这一假定。王永兴(2009)对此的处理方法是选用第三方货币模型的估测均值作为基准,这种处理方式参考了国外流行的处理方法,相对前者具有更强的经验理论依据,限制性也更小。此外与前述研究相比,他还额外选择了犯罪率相关指标(用法院一审结案数作为代理变量)与通货膨胀水平指标作为外生指标变量,增强了模型的解释力。杨灿明和孙群

---

① 因列表过长,此处仅部分列举了相关学者的研究。

力(2010)首次使用面板数据对我国省际层面的影子经济规模进行了测算,其研究具有一定的开创意义。他们选择使用李金昌、徐蔼婷(2005)所提出的居民消费储蓄边际倾向弹性系数估算法来计算2000年的省际影子经济规模,并以此作为MIMIC的计算基准。这种处理方式主要存在的问题是选用了一个罕见的第三方模型结果作为基准,事实上在国内外现有的研究中,该基准模型仅被应用过一次,由于没有像货币模型那样经历过各国学者的反复检验,其可靠性尚有待验证。刘国风和王永(2011)则使用EMIMIC模型分别从长期关系和短期关系的角度测算了我国影子经济规模,其选用的指标与徐蔼婷等(2007)基本相同,但引入了误差修正理论的思想。需要指出的是,该文的计算过程并未提及对模型最终估算结果有至关重要影响的基准值选择问题,这使我们无法对其结论的稳健性进行验证。

二、对影子经济规模估测模型的筛选

近年各国学者对影子经济估测模型的研究并未突破货币模型与MIMIC模型的框架,主要工作还是围绕如何处理这两种模型的缺陷来展开。由于计量经济学技术的发展,我们发现早期使用的货币模型在数据处理上存在天然缺陷,比如未考虑变量的内生性问题,对时间序列数据的平稳性、对是否存在协整关系等问题也未进行考虑。一些学者试图用误差修正理论、自回归分布滞后模型等方法处理此类问题,并取得了一定进展。然而,这些改进并未解决传统货币模型隐含的根本性问题。

首先,外在假设条件的合理性问题。传统货币模型建立在三个基本假设基础之上,即假定现金是影子经济活动的唯一交换媒介、存在一个影子经济为零的基年(正规部门的现金/存款比率不变)、影子经济与正规经济的收入流转速度相同。王永兴(2009)发现基于这些假定进行计算会出现异常值,Kholodilin和Thießen(2011)使用38个OECD国家1991—2007年的面板数据的研究也发现影子经济对货币流通速度的假定非常敏感。王永兴(2009)的解决方法是对这些假定条件依次进行修正,最终通过对"现金/存款"比率的动态化模拟初步解决这一问题。然而,该研究对第一个和第三个假设条件的讨论仍然是不充分的,仅就"高于、低于"两种情况进行了初步的模拟,尽管获得了理论意义上的启示,但却无法提供具体的量化结果。作者没有进行深入讨论的原因具有客观性,受到当前该领域的研究水平限制,我们还无法在诸如"有多大比例的影子经济活动最终基于现金的形式来完成""影子经济货币流通速度与正规经济差异大小"等问题上提供更多的指引。回答这些问题的最直接有效的方法可能是依据大规模的微观调查数据,但如前所述,我国在这方面的工作仍处于空白阶段。

其次,隐含假设条件的合理性问题。货币需求模型实际上还隐含了一些可能会对结果产生全局性影响的关键假设。我们在这里讨论的第一个隐含假设是激励人们从事影子经济活动的唯一原因是税收,这一假设是一个简化模型的现实选择,但却可能带来致命问题。[①] 事实上,越来越多的实证研究表明在不同的国家或同一国家的不同发展阶段税收发挥的作用可能是各不相同甚至截然相反的,税收结构、税收道德等方面的因素在模型中完全没有反映。更重要的一点是,在少数国家税收甚至不是影子经济形成的最重要原因,这些发现提示我们不能脱离一个国家或地区的特殊背景来使用模型。这里需要讨论的第二个隐含假定是基年之后现金比率的变化是由影子经济的发展引发的。然而,现实中现金比率的变化原因可能是多元的,特别是随着虚拟经济的发展,现金本身地位的下降已经成为一种内生性的趋势。如图 4.2 所示,我国改革开放以来的现金—存款比率变化趋势明显呈"倒 U"形,即在 1990 年以前快速上升,此后则不断下降并一直持续至 2016 年。这种情况的出现可以有两种解释:一种解释是这表明我国影子经济相对规模也表现为先升后降的规律;另一种解释则是这反映出现金在我国货币体系中的重要性发生了系统性变化。目前研究的难点之一在于无法确认现金—存款比率的变化在多大程度上是由于影子经济的变化引起的,二者相关性的强弱对模型解释力会产生至关重要的影响。从模型结构上看,简单地作出二者之间完全相

---

① Pickhardt(2011)的研究尽管解决了原始现金比率模型的主要问题,但他也同时强调这并不能减少对这一模型的批评声音,特别是关于它的夸张假设、随意性和不能解释影子经济行为的原因等。

关的假定在 20 世纪 90 年代以前不会产生严重的问题,但在电子化交易手段高速发展的今天则有可能产生严重误导。再进一步思考,尽管现金在世界各国的货币体系中的重要性普遍下降,但在我国的情况可能更特殊,即由于货币超发问题的存在,现金地位的变化有可能偏离了世界各国平均的自然趋势。[①] 截至 2016 年底,我国的广义货币(M2)供给量已经超过 155 万亿元人民币,超过同期 GDP 的两倍,而美国当年 M2 的发行量也仅相当于 65 万亿元人民币,仅相当于其 GDP 的 2/3。这一事实表明我国的广义货币供给路径并不符合通常的轨迹,由此也使得相关货币模型中的现金—存款比率等指标解释力下降。

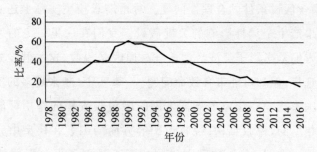

图 4.2　中国现金—存款比率变动趋势(1978—2016 年)

由此可见,使用货币模型估测中国影子经济的规模目前还存在一些难以回避的问题。特别是,由于目前国内外学术界对这些问题的研究尚不深入,暂时还难以对我们的实证模型提供有力支撑。在这种情况下,为了对中国影子经济规模进行合理估测需要转换模型构建的思路,适当淡化货币因素的影响。使用实物估测模型能够最彻底地避免货币非常规波动的影响,但其缺陷在于仅能反映与实物存在密切联系(如电力、货运量)类型影子经济的发展。事实上,无论是货币方法还是实物方法都隐含了一个天然缺陷,即假定用单一指标即可捕捉到所有影子经济活动的影响。这一假定显然与我们前文讨论的影子经济多样性特征相矛盾,现实中的影子经济与产品市场、货币市场乃至劳动市场都是直接相关的,如果模型未考虑到这些市场之间的关联而仅

[①]　尽管国内学术界对我国当前是否存在货币超发的问题尚存争议,但我国货币发行量世界第一已成为不争的事实。

单独考察其中一个市场就可能产生片面认识。此外,根据王永兴(2009)的研究,尽管电力消费模型在转型国家的应用相对比较成功,但该模型的原始版本并不适合直接在我国经济超高速发展的特殊背景下使用。[①]

多指标多因素模型可以最大限度地避开上述障碍,从而更全面地反映我国影子经济的发展状态。根据我国的具体情况,使用这一模型可以有两种选择:第一种选择是沿着王永兴(2009)的路径从全国整体层面入手使用这一模型,但由于我国在很多指标上缺乏连续的月度数据,仅适用于年度数据样本容量较小,需要仔细检验其统计特征的适用性的情形;第二种选择是沿着杨灿明(2010)的路径采用面板数据(省际数据)进行估计,这样做的好处是可以扩大样本容量,同时还可以得到省际水平的影子经济估测结果。然而,沿着这一路径出发会遇到两个难以回避的问题。首先,MIMIC模型的计算需要以第三方模型计算出的某年影子经济规模作为基础,但实际上在省级水平上我国尚不存在比较可靠的影子经济规模估测结果。[②] 相对而言,全国水平上的影子经济规模研究已经比较充分,对基准年份第三方估测结果的选择空间就比较充分。其次,受到统计层次以及数据可得性的限制,使用省际水平的数据必然要舍弃一些重要的指标变量,如货币指标等,而全国水平的数据此类问题相对较少。基于以上原因,我们仍选择从全国整体的层面进行研究,但在指标选择等方面需要根据理论的进展进行调整,使之与中国经济转型时期的特殊初始条件和制度背景更加契合。

三、影子经济规模估测模型的方法说明

多指标多因素模型实际上属于结构方程模型(structural equation modeling,SEM)的一种,SEM至少在三个方面有别于传统的计量经济模型:

---

① 从实物模型出发研究我国的影子经济规模尽管并不全面,但也是非常有意义的工作。因为这种方法从逻辑上分析非常自然,对其原始模型进行改进使之适用于经济周期中的高涨阶段是一项有挑战性的工作,可以作为我们今后研究的一个方向。

② 第三方估测模型首选是货币需求模型,但省际层面的数据无法使用这一模型。

第一,可以同时处理多个被解释变量;第二,可以对潜变量(latent variable)进行测度[1];第三,既可以处理变量间的直接影响,也可以处理间接影响。[2] 就影子经济规模估测的目的而言,MIMIC 模型可以直接把影子经济视作潜变量或不可观测变量,然后利用可观测变量的样本协方差矩阵来分析二者之间的关系,由此可以利用一套系统化的方法对其参数进行估计。更重要的是,MIMIC 模型可以同时考察多个(引致影子经济发展的)原因变量和多个指标变量,从而突破了传统方法的局限。一般化的结构方程模型由测量方程[方程(4.1)、(4.2)]与结构方程[方程(4.3)]两部分构成:

$$x = A_x \xi + \delta \tag{4.1}$$

$$y = A_y \eta + \varepsilon \tag{4.2}$$

$$\eta = B\eta + \Gamma\xi + \zeta \tag{4.3}$$

式(4.1)~式(4.3)中各种符号的含义如表 4.1 所示。

表 4.1 结构方程模型中各种符号代表的含义

符号	代 表 含 义
x	外生变量 ξ 的观测指标组成的向量
y	内生变量 η 的观测指标组成的向量
η	"内生"潜变量
$\mathbf{\Delta}_x$	外生指标与外生潜变量之间的关系,是 x 在 ζ 上的因子载荷矩阵
$\mathbf{\Delta}_y$	内生指标与内生潜变量之间的关系,是 y 在 η 上的因子载荷矩阵
B	内生潜变量的系数矩阵,描述内生潜变量之间的关系
Γ	外生潜变量的系数矩阵,描述外生潜变量之间的关系
δ	外生指标 x 的误差项
ξ	外生潜变量
ε	内生指标 y 的误差项
ζ	结构方程的残差,反映了式(4.3)中 η 未能被解释的部分

---

[1] 潜变量也称为隐性变量,它是无法被直接观察和测量(譬如好感、满意度、社交能力以及本文所研究的影子经济规模等)的变量,但可以通过其他可观测变量进行推断。

[2] 目前世界上比较流行的结构方程软件包括 AMOS、LISREL、EQS 和 Mplus 等,这些软件各有特色,本书选用的是 IBM 公司的 AMOS(analysis of moment structures)软件对模型进行拟合估算。

MIMIC 模型是结构方程模型的一种特殊形式,即外生变量都是可测变量,但存在一个或多个内生潜变量。我们研究的影子经济模型就是仅包含一个内生潜变量的 MIMIC 模型,所以该模型的一般形式可以做如下表示:

$$\eta_t = \gamma' x_t + \xi_t \tag{4.4}$$

$$y_t = \lambda \eta_t + \varepsilon_t \tag{4.5}$$

其中,式(4.4)度量了潜变量 η 与原因变量 X_q 之间的关系,式(4.5)则把潜变量 η 与内生指标变量 Y_p 连接起来。两个方程的误差项均需要满足零均值假定、联合正态分布和独立性等条件,其简化形式如下:

$$y_t = \Pi x_t + v_t \tag{4.6}$$

其中 $\Pi = \lambda \gamma'$,$v_t \sim (0, \Omega)$,这里 $\Omega = \lambda \gamma' + \Theta$。为了保证结构方程模型整体是可识别的,必须符合如下条件:

$$t \leqslant \frac{1}{2}(p+q)(p+q+1) \tag{4.7}$$

其中 p 是外生指标变量(或测量变量)的数量,q 是内生指标变量的数量。判别规则是当小于号成立时,模型为过度识别,当等号成立时,模型为充分识别。当模型中不存在结构关系时(即没有内生变量影响其他内生变量),B 矩阵为 0,模型符合 Bollen(1989)所说的"零 B"规则(null B rule),此时整体模型自动可识别。此外,测量方程也必须满足识别性原则,这主要涉及量尺的设定问题(scaling),为方便处理,对于内生潜变量一般指定其所影响的一个测量变量的因子载荷为 1(或 -1)。图 4.3 展示了 MIMIC 模型的总体结构。

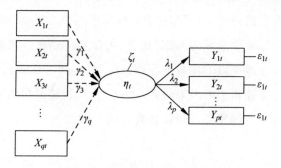

图 4.3 MIMIC 模型的总体结构

根据 MIMIC 模型的基本原理，我们把影子经济视作内生潜变量，模型估测第一个阶段的首要问题是选择理论上可接受的内生指标变量和外生指标（原因）变量进入模型，再根据一系列评价指标进行筛选。

四、影子经济规模估测模型的指标筛选

传统的因子分析方法是在数据收集完成之后，通过提取合适的因素再赋予潜变量内涵，因此也称为探索性因子分析。而结构方程模型则首先基于理论假设潜变量与可观测变量之间存在某种逻辑关系，再根据实际数据验证该假设的合理性，所以是一种验证性因子分析。因此在 MIMIC 模型构建初期必须首先从理论和逻辑上对指标的选择进行说明。从国内外文献发展情况上看，学者们已经尝试了数十种内生指标变量和外生原因变量，由于理论认知上的分歧，也由于各国的国情存在巨大差异，不同学者在指标选择的数量、类型等方面各不相同。为了得到有说服力的模型结果，选择有一定理论或应用基础的、具有逻辑说服力的指标变量尤为重要，为此必须首先对每个进入模型的变量进行充分讨论，在此基础上再根据模型的拟合情况进行筛选以确定最终选用的外生原因变量和内生指标变量。

1. 外生原因变量[①]

根据国内外现有文献，MIMIC 模型中对外生原因变量的选择相当宽泛，如果用集合的概念进行概括，那么这个指标集已经包含了 20 多个元素。其中使用频率较高的是税收总量占 GDP 比重、失业率等指标。我们总结 MIMIC 模型指标选取应该遵循以下步骤或原则：首先，必须考察该指标与影子经济发展之间是否存在逻辑上的因果联系，这一要求比较容易得到满足。其次，考察该指标在目标样本国家是否能够获取有效的对应数据，这一步骤常常会遇

---

① 这里的内生指标变量指的是模型中会受到其他变量影响的变量，在路径图中表示为被单箭头所指的变量。而外生原因变量则是指对其他变量有影响但不受其他变量影响的变量，在路径图中表示为指向其他变量，但不被其他变量以单箭头所指的变量。

到困难。实际建模过程中常常只能通过寻找近似的替代性指标来解决,甚至很多时候不得不直接放弃一些理论上非常符合要求的指标。最后,应结合目标国家的具体国情进行指标筛选。以税收相关指标为例,由于各国的税制结构、税收传统、税收道德等情况迥异,不同类型的税种与影子经济的关联程度也必然存在差异。

具体来看,国内外学者经常使用的外生原因变量包括:劳动参与率;名义汇率;劳动力实际人均可支配收入(或其占 GDP 比重);营业税占 GDP 比重;间接税占 GDP 比重;直接税占 GDP 比重;福利和转移支付支出占可支配收入比重;失业率;税收总量占 GDP 比重;政府消费占 GDP 比重;政府实际消费(或其对数);通货膨胀率;犯罪率;自我雇佣者数量占劳动力总数比重;电力消费数量;公务人员占劳动力总数比重;劳动市场弹性;政府应对逃税问题的对应支出等。这些指标均满足第一个筛选原则,但实际数据整理过程中发现存在大量问题,主要问题包括:很多指标在我国缺少对应口径的数据;部分指标尽管能找到对应数据,但由于统计口径经过多次调整合并,可比性存在一定问题;还有一些指标缺乏改革开放初、中期的数据[①]。结合我国自身的数据特点,我们初步选择如下指标作为外生原因变量。

(1)名义汇率(NE)。人民币汇率的波动对资本流动和对外贸易造成影响,这会对走私等形式的影子经济造成影响,这里使用人民币兑美元汇率作为代理变量。

(2)直接税(DTAX)、间接税(ITAX)、营业税和税收总量(TTAX)占 GDP 比重。税收是影子经济形成的重要原因,现有文献中对各种税种均有所侧重,因此我们把各主要税种均分别纳入模型,再根据判别指标进行筛选。

(3)社会保障支出占 GDP 比重(SS)。社会保障水平越高,人们出于

---

① 例如我国 1980 年才颁布《中华人民共和国个人所得税法》,1985 年才开始征收企业所得税。实际演进过程更为复杂:1986 年又开征了城乡个体工商户所得税,1987 年开征个人收入调节税,直到 1994 年 1 月 1 日才合并征收,此后我国的个人所得税制度又进行过多次重要调整,最新一次修正于 2019 年正式实施。

生存目的而参与影子经济的动机越弱。但高水平社会保障如果建立在过高的税收基础上，则可能间接推动影子经济的增长。由于我国的社会保障体系建立较晚，这方面的样本数量不足，因此用医疗卫生机构个数作为代理变量。

（4）政府规制（GC）。政府规制的程度往往与影子经济密切相关，规制程度过高、过低都有可能促进影子经济的发展。具体可采用公务人员占劳动力总数和政府消费占 GDP 比重来代表规制程度，一些文献也用政府实际消费（对数）来替代。

（5）城镇登记失业率（UER）。较高的失业率往往意味着实体经济出现某些问题，部分失业者会被迫从事与影子经济有关的工作。由于我国调查失业率的数据并未公开，只能用准确度和代表性较差的城镇登记失业率进行替代。

（6）通货膨胀率（IF）。较高的通胀水平预示宏观经济不稳定，其影响可能是双向的。严重通货膨胀引致的正规经济崩溃会刺激影子经济的发展，但通货膨胀引起的收入分配效应也会同时缩小与现金交易相关的影子经济规模。

（7）自我雇佣比率（SER）。部分影子经济的从业者往往具有自我雇佣的特征，自我雇佣的比率越高，往往意味着影子经济规模越大。由于数据限制，我们采用城镇个体就业人数作为代理变量。

（8）电力消费总量（EC）。电力消费是反映实体经济运行情况的重要变量，某些影子经济虽然逃避了统计部门的监督，但其与电力消耗相关的部分却无法隐藏，较高的电力消费水平往往也反映出影子经济规模的增加。

（9）犯罪率（CR）。政府致力于降低犯罪率的努力会使从事影子经济活动的收益减少，因此二者可能存在正向联系，Eilat 和 Zinnes（2000）的实证研究也发现犯罪率提高会导致影子经济更快增长。由于我国缺少犯罪率的直接数据，我们采用人民法院审理一审案件收案数作为代理变量。

2. 内生指标变量

内生指标变量的选择标准与外生原因变量基本相同，但选择空间相对较小。这里需要强调的是,正如 Buehn 和 Schneider(2012)所认识到的,内生指标变量与外生原因变量并没有绝对的界限,某些内生指标变量在特定情况下也可以作为外生原因变量。从国内外文献的发展情况来看,常用的指标主要包括:实际 GDP(或对数);公众持有的现金量(或对数);人均实际现金持有量对数;现金比率;人均实际 GDP(或对数);现金占 M1 比重;实际 GDP 与适龄劳动力总量比率;劳动力参与率;M1 与 M3 比率;实际 GDP 指数;流通中实际现金持有量等等。这些指标可以归纳成三大类,即反映产品市场发展情况的指标、货币市场指标和劳动市场指标。

(1) 实际 GDP(或对数)。实际 GDP 是用来指示产品市场发展情况的常用指标,选用此类指标的逻辑是影子经济与官方正规经济之间存在密切联系。但需要指出的是,影子经济对正规经济的影响方向尚存争议,Bajada(2005)等认为影子经济的增长可能意味着要素从正规经济中流出,从而降低正规经济的增长潜能。而 Tedds (1998),Giles (1999),Giles 和 Tedds (2002)则发现二者之间存在某种正向联系。

(2) 现金—存款比率(CD)。现金—存款比率是代表货币市场变化的重要指标,选用此类指标的逻辑是影子经济的发展往往会产生额外的货币需求,特别是某些影子经济交易是以现金为媒介完成的。不过随着虚拟经济的发展,电子化交易日益替代现金成为交易的主要媒介,这会对传统的影子经济交易手段产生深远影响。鉴于此,我们也引入"现金—M1"比率(CM)和"M1—M2"比率(M12)作为竞争模型。如前所述,国内外学者已经基于这一假设做了大量经验研究,此处不再赘述。

(3) 劳动力参与率(LR)。选用此类指标的逻辑是影子经济的发展意味着参与影子经济活动的劳动力(或劳动时间)增加,这会导致参与正规经济的劳动力(或劳动时间)相应减少。不过需要注意的是,如果个人只是在下班后或周末从事影子经济活动,那么劳动参与率指标就无法全面反映影子经济的发展情况。

五、对中国影子经济规模的实证研究

1. 数据的描述性统计

本书的数据主要来自国内外公开的数据库和统计年鉴，具体的数据来源及口径说明如下。

（1）名义汇率的数据来源于美国联邦储备银行。

（2）营业税、间接税、直接税的数据来源于《中国税务年鉴》，其中1993年的各项税收数据来自《中国财政年鉴》。间接税的口径有较大变化，1994年至模型样本期末包括增值税、消费税、营业税、关税、资源税、城市维护建设税；1985—1993年包括产品税、增值税、营业税、工商统一税、关税、资源税、盐税、城市建设维护税、集市交易税；1978—1984年包括工商税、盐税、关税。

（3）自我雇佣者为个体就业人员。

（4）电力消费数据来自《中国统计年鉴》中的电力平衡表。

（5）公务人员来自《中国劳动统计年鉴》国有经济单位中的国家机关、政党机关和社会团体。

（6）人民法院审理一审案件收案数（件）代替法院立案数。

（7）公安机关刑事案件立案数的数据来源于《中国法律年鉴》。

（8）由于缺乏直接对应指标，犯罪率我们采用人民法院一审审理案件数/总人口数近似替代。

（9）城镇年末个体就业数来源于国家统计局网站年度数据库。

（10）卫生保障水平用医疗卫生机构总数/总人口数近似替代。

（11）M1与M2、社会保障支出的数据来源于中经网统计数据库。

（12）中国15岁以上的人口数来自《中国人口统计年鉴》。

（13）其他未做说明的数据都来自国家统计局网站以及历年《中国统计年鉴》和世界银行数据库。

我们首先对这些数据的基本统计特征进行分析，为下一步的计量模型做好准备。通过表4.2可以对变量的基本统计特征形成初步的认识。由于改革开放以来,我国经济出现了超高速的增长,因此部分经济指标变异较大。

表 4.2 外生原因变量和内生指标变量的描述性统计

变 量 名	均值	标准差	最小值	最大值
名义汇率	5.74	2.55	1.50	8.64
总税收/GDP	0.15	0.03	0.10	0.23
政府消费/GDP	0.14	0.01	0.13	0.16
城镇失业率	3.37	0.99	1.80	5.40
实际政府消费对数	7.79	0.98	6.17	9.51
通货膨胀率	0.05	0.06	−0.01	0.24
城镇个体从业人员	1 880.47	1 691.62	15.00	6 142.3
个体雇佣数/总劳动力	0.03	0.02	0.00	0.08
卫生机构数	877 822	258 384	169 732	1 078 131
电力消费	16 019	14 903	2 566	53 500
犯罪率	32.28	16.68	4.65	65.24
实际 GDP	26 898.64	26 796.60	3 645.22	95 636.38
实际 GDP 指数	7.38	7.35	1.00	26.24
劳动力参与率	77.24	3.84	70.70	82.83
现金/存款比率	0.37	0.12	0.20	0.61
现金/M1	0.27	0.06	0.17	0.38
M1/M2	0.49	0.16	0.30	0.81

注:所有数据实际计算均保留小数点后 7 位,但此处为显示方便仅保留小数点后两位。

2. 对数据可用性的验证及基年的选择

MIMIC 模型属于发展中的模型,目前尚未形成标准化的程序,出于谨慎考虑,我们仍然对原始数据以及差分数据进行了适当的检验以供参考。一些学者(如 Giles,1995)认为应该对数据的平稳性、多重正态性等问题进行检验,应考虑是否存在协整关系、数据中心化是否合理等问题,另一些学者则认为这些问题不会产生严重影响,即使不存在协整关系也不影响最终估计结果。由表 4.3 可知,多数变量的水平值是非平稳数据,且多数一阶差分后平稳,但实际 GDP 序列为二阶平稳序列,由于我们使用的并非通常的经典计量经济模型,这种情况带来的影响仍存在争论。目前国外多数使用 MIMIC 模型的论文均不同程度地忽略此类问题,我们这里对这一问题也采取同样处理方式。

表 4.3　原始数据和差分数据的平稳性检验

变　　量	检验形式	水平值			检验形式	一阶差分		
	C&T	ADF	PP	KPSS		ADF	PP	KPSS
名义汇率	C&T	0.993 7	0.993 5	0.171 3**	C&T	0.000 3	0.000 3	0.140 3*
营业税/GDP	C&T	0.734 1	0.671 8	0.093 8***	C&T	0.000 0	0.000 0	0.100 8***
直接税/GDP	C&T	0.641 5	0.484 1	0.081 5*	C&T	0.005 4	0.007 4	0.072 0*
间接税/GDP	C&T	0.641 5	0.484 1	0.081 5*	C&T	0.005 4	0.007 4	0.072 0*
总税收/GDP	C&T	0.577 7	0.720 3	0.134 8**	C	0.047 8	0.000 0	0.130 0*
政府消费/GDP	C&T	0.301 7	0.064 1	0.101 5***	C	0.001 1	0.000 0	0.105 9***
城镇失业率	C&T	0.096 8	0.096 8	0.151 0*	C	0.060 1	0.054 9	0.313 5***
通货膨胀率	C&T	0.040 8	0.275 2	0.119 8*	C	0.000 5	0.000 0	0.341 5*
自我雇佣比率	C&T	0.999 9	0.999 5	0.169 1*	C	0.022 6	0.024 2	0.435 7**
卫生机构数	C&T	0.309 6	0.112 7	0.157 4*	C	0.000 2	0.000 2	0.320 0***
电力消费	C&T	1.000 0	1.000 0	0.207 9*	C	0.997 6	0.768 0	0.598 5*
犯罪率	C&T	0.514 5	0.719 6	0.093 9***	C	0.012 1	0.012 5	0.103 2***
实际 GDP	C&T	0.731 0	1.000 0	0.205 5		0.875 6	0.342 6	0.170 7
实际 GDP 对数	C&T	0.208 6	0.718 7	0.185 8*	C	0.003 7	0.035 4	0.373 1**
劳动力参与率	C&T	0.564 9	0.728 7	0.166 5**	C	0.001 4	0.010 0	0.084 3**
现金/存款比率	C&T	0.679 3	0.791 3	0.161 4*	C	0.005 9♀	0.004 7	0.376 3**
现金/M1	C&T	0.801 1	0.796 7	0.167 8*	C	0.003 8	0.004 0	0.440 5**
M1/M2	C	0.144 7	0.097 1	0.637 0**	C	0.000 5	0.000 5	0.557 2**

注：ADF 检验和 PP 检验原假设是存在单位根，表中直接给出概率值；KPSS 检验的原假设是趋势平稳；* 代表在 1％水平平稳，** 代表在 5％水平平稳，*** 代表在 10％水平平稳。

　　由于 MIMIC 的测算需要引入一个第三方模型某年的估算结果，一些学者选择样本起始年份的第三方值作为基准，但考虑到不同学者对同一年份的估算结果可能会存在差异，另外一些学者则以"该年度可引用测算结果"多少作为选择标准，再对该年份结果取均值。为了保证第三方估计结果更具有权威性和可信性，我们对现有文献的模型估计结果进行了分析，计算每一年份估算结果的标准差，最终选择标准差最小的年份的均值作为基准。具体筛选过程见表 4.4。根据上述判别标准，可选择 1991 年的估算值均值进入模型，通过计算得知该年影子经济规模相当于官方 GDP 的 14％。

表 4.4　第三方估算值筛选

年份	梁朋 1999	朱小斌 2000	夏南新 2000	周婵 2002	刘洪 2003	张志超 2004	徐象取 2004	张志超 2004	罗磊 2005	刘华 2007	王永兴 2009	标准差
1978	n. a.	0	0	0	0	0	0	0	n. a.	n. a.	0	0
1979	n. a.	39	31	31	1 976	31	32	31	n. a.	n. a.	32	735
1980	n. a.	100	110	110	7 097	110	110	110	0	n. a.	110	2 477
1981	n. a.	65	83	83	13 482	65	65	65	1	n. a.	65	4 745
1982	n. a.	27	55	55	9 236	55	57	55	9	n. a.	55	3 250
1983	n. a.	121	167	167	7 620	167	171	167	34	n. a.	169	2 644
1984	n. a.	234	479	479	6 010	479	479	479	94	n. a.	484	1 993
1985	785	896	946	946	3 183	946	927	946	410	n. a.	922	798
1986	769	879	953	953	5 317	953	946	953	786	n. a.	574	1 494
1987	1 011	1 336	1 229	1 229	5 148	1 229	1 210	1 229	825	n. a.	912	1 353
1988	2 272	3 351	3 134	3 134	7 352	3 134	3 087	3 134	1 410	n. a.	2 637	1 644
1989	3 139	4 046	3 898	3 898	5 079	3 898	3 796	3 898	3 176	n. a.	2 069	821
1990	3 231	4 483	4 762	4 762	6 188	4 762	3 542	4 762	3 898	n. a.	4 079	870
1991	4 590	5 240	5 018	5 018	4 943	5 018	4 940	5 018	4 712	n. a.	5 284	221
1992	5 726	6 916	6 263	6 263	6 038	6 263	6 081	6 263	5 434	n. a.	7 638	649
1993	6 809	9 027	7 516	7 516	9 847	7 516	7 487	7 516	6 912	n. a.	10 367	1 300
1994	8 702	12 050	9 671	9 671	11 832	9 671	9 657	9 671	8 643	16 916	13 788	2 635
1995	8 067	13 344	9 350	9 350	10 405	9 350	9 355	9 350	9 533	17 018	13 387	2 775
1996	n. a.	13 040	8 571	8 571	9 298	8 571	8 627	8 571	8 374	16 340	15 634	3 295
1997	n. a.	10 894	7 484	7 476	11 124	7 484	7 496	7 484	6 984	15 019	19 488	4 335
1998	n. a.	n. a.	7 414	7 307	12 113	7 283	7 345	7 283	5 702	14 973	25 263	6 570
1999	n. a.	n. a.	n. a.	8 407	13 252	8 381	8 443	8 381	5 628	16 802	29 683	8 270
2000	n. a.	n. a.	n. a.	6 729	16 086	6 702	6 698	6 702	6 361	14 707	33 381	9 921
2001	n. a.	n. a.	n. a.	n. a.	15 994	n. a.	5 429	n. a.	4 568	12 971	34 510	12 101
2002	n. a.	n. a.	n. a.	n. a.	n. a.	n. a.	n. a.	n. a.	2 928	10 020	32 544	15 464
2003	n. a.	n. a.	n. a.	n. a.	n. a.	n. a.	n. a.	n. a.	9 403	33 761	17 224

注：表头标注年份为文献发表时间，表格第一列为估测结果所在年份。

3. 模型的拟合结果及评价

我们最终选择"9-1-3"形式的 MIMIC 模型作为基础模型进行估算,再根据拟合指标进行模型竞争,逐步淘汰不合意的模型,最后确立最合适的模型

形式。由于税收、GDP 等变量存在多种代理，为便于展示最终结果，我们预先
对其多种组合方式进行了拟合筛选，确定使用实际 GDP 和税收总量(占 GDP
比重)作为对应变量的代理。表 4.5 展示了模型估测的主要结果，其中模型 1
为基础模型。由于内生指标变量中的货币变量存在多个代理变量，我们逐一
进行了迭代拟合(基于最大似然法)，然后根据各变量的显著性水平以及
RMSEA(近似误差均方根)、GFI(拟合优度指标)以及卡方等常用的模型修正
指标进行筛选，最终确定使用模型 8 进行测算。

表 4.5　模型估测的主要结果

变量	模型 1	模型 2	模型 3	模型 4	模型 5	模型 6	模型 7	模型 8
NE	−0.232 (0.178)	−0.231 (0.179)	−0.245 (0.154)	−0.264 (0.130)	−0.274 (0.126)			
TTAX	7.297 (0.157)	7.260 (0.159)	6.803 (0.186)	4.811 (0.355)				
SS	−0.031 (0.733)	−0.031 (0.738)	−0.034 (0.711)					
GC	23.297 (0.107)	23.219 (0.108)	23.032 (0.111)	20.350 (0.164)				
UER	−0.147 (0.602)	−0.144 (0.282)	−0.168 (0.551)					
IF	−0.762 (0.684)	−0.796 (0.671)	−0.347 (0.853)					
SER	91.721 (0.017)	91.695 (0.017)	90.558 (0.019)	115.527 (0.004)	103.312 (0.011)	101.221 (0.038)	101.201 (0.038)	97.461 (0.046)
EC	0.001 (***)	0.001 (***)	0.001 (***)	0.001 (***)	0.001 (***)	0.001 (***)	0.001 (***)	0.001 (***)
CR	0.058 (0.177)	0.058 (0.181)	0.052 (0.230)					
GDP	1	1	1	1		1	1	1
CD	−0.003 (0.228)					−0.004 (0.188)		
CM		−0.002 (0.165)					−0.002 (0.130)	
M12			0.003 (0.088)	0.003 (0.081)	0.003 (0.078)			0.003 (0.056)

变量	模型 1	模型 2	模型 3	模型 4	模型 5	模型 6	模型 7	模型 8
LR	83.711 (***)	83.710 (***)	84.076 (***)	84.426 (***)	85.011 (***)	85.119 (***)	85.107 (***)	85.425 (***)
RMSEA	0.095	0.100	0.124	0.139	0.216	0.026	0.023	0.110
GFI	0.769	0.765	0.756	0.823	0.836	0.957	0.957	0.937
IFI	0.890	0.891	0.843	0.919	0.912	0.999	1.000	0.990
CFI	0.893	0.883	0.832	0.915	0.909	0.999	1.000	0.989
CMIN/df	1.307 (0.065)	1.342 (0.048)	1.523 (0.008)	1.662 (0.032)	2.593 (0.005)	1.023 (0.394)	1.018 (0.396)	1.413 (0.227)

注：结构方程模型的评判需要参考多个标准，表中仅列出一部分。其中 RMSEA 低于 0.1 代表拟合情况较好(Steiger,1990)；GFI、IFI(增量拟合指数)、CFI(比较拟合指数)如果高于 0.9 代表拟合效果较好(Bentler,Bonett,1980)；CMIN/df 对应的 p 值如果低于 0.05 即表示拒绝方程拟合效果理想的原假设，因此对应 p 值大越好；*** 表示表格中的指标变量在 0.1% 水平上显著。

由于 MIMIC 模型还处于发展中阶段，目前尚不清楚哪种校准方法是最优的。本书采用 Shneider(2006)所提出的校准方法，具体过程如以下方程所示：

$$\frac{\hat{\eta}_t}{\text{GDP}_{\text{base}}} \left[\frac{\eta^*_{\text{base}}}{\text{GDP}_{\text{base}}} \middle/ \frac{\text{GDP}_{\text{base}}}{\hat{\eta}_{\text{base}}} \right] \frac{\text{GDP}_{\text{base}}}{\text{GDP}_t}$$

其中第一项为模型估算指数序列，第二项为第三方模型某特定基年估算值，第三项为模型估算的特定基年估算结果，最后一项可以把一个影子经济相对基年 GDP 的指标序列转化为影子经济与当年 GDP 的比值。通过以上程序，我们对 1979—2016 年中国影子经济相对于同年 GDP 的规模进行了测算，得到的结果如图 4.4 所示。

从估算结果上看，改革开放以来，我国影子经济的规模波动较大。其中 1990 年相对规模最小，仅相当于当年 GDP 的 3.53%，而 2003 年规模最大，达到了 18.81%。从总体上看，20 世纪 80 年代中期左右、90 年代早期以及 2003—2009 年这三个阶段我国影子经济活动比较活跃，而在 2010 年后总体呈现趋势性下降特征，特别是最近几年影子经济发展变缓，与上一个周期相比，下降到了 5% 以下的水平(相对同期 GDP)。通过比对中国历年 GDP 增速可以发现，我国的 GDP 相对规模与中国经济的发展周期高度相关，其背后的

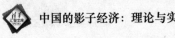

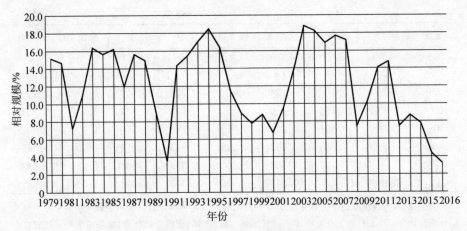

图 4.4　中国影子经济的相对规模（1979—2016 年）

联动机制主要通过电力消费、非正规劳动力市场等中介因素发生作用。由此可见，考虑到影子经济的影响，中国的真实经济规模一直存在系统性的低估。随着近年统计制度的逐步完善，低估的程度呈现降低趋势，即官方的统计核算反映真实经济活动的能力日益增强。但必须正视的一点是，虽然近年影子经济的相对规模并不突出，但 2007—2016 年的绝对量却始终处于 2 万亿元到 7 万亿元人民币的区间，可见影子经济客观上已经成为我国经济社会中潜藏的一股不可忽视的重要力量。①

与王永兴（2009）、杨灿明（2010）以及刘国风和王永（2011）等的研究相比，我们的研究进展主要体现在以下一些方面。

第一，在标尺选择方面，我们选择了国际流行的货币模型估算结果作为计算的基准，该方法相对比较成熟，更适合作为校准依据。同时，在选取基准年份时，首次使用了方差标准，很大程度上避免了基准选择的随意性。

第二，在数据处理筛选方面，我们吸纳了国内外学术界近年对这一问题研究的最新进展，极大地拓展了指标筛选的范围。在现有使用 MIMIC 模型估算中国影子经济的相关文献中，我们选用的原因变量和指标变量数量最

---

① 例如，考虑到影子经济规模部分，2015 年和 2016 年的实际经济规模将分别调整为 71.9 万亿元人民币和 76.8 万亿元人民币。

多,能够最大可能地避免遗漏变量导致的模型偏误。

第三,我们使用的是全国总体的宏观数据,因此在数据可得性方面具有一定优势,可以引入一些在省际层面无法获取或使用的变量,如反映税收、外汇市场、货币市场发展等方面的变量。

第三节　当前影子经济度量方法的局限及可能的发展方向

影子经济问题研究是一个远未成熟的研究领域,我们对中国影子经济规模的研究不可避免地存在各种不足。一方面,研究方法本身尚存在一些暂时无法弥补的天然缺陷;另一方面,研究也面临着数据可得性、样本获取等方面的制约。

一、样本容量问题

结构方程模型的稳定性通常会随着样本容量的增加而增强,但对具体需要多少样本尚未形成一致的认识。Anderson 和 Gerbing(1988)认为最低需要 100 个样本,多多益善。Hu 和 Bentler(1992)等学者甚至提出对某些研究来说,即使 5 000 个样本也不一定能够得到满意结果。但在实际运用这一模型的过程中,样本容量往往受到客观条件的限制。对于心理学等领域的研究而言,即使相对小范围的微观调研抽样数据也比较容易满足样本数量的要求,但很多基于宏观数据的研究则较难达到理想中的状态。一般规律是年度水平上可资利用的变量最为丰富,半年度水平的数据次之,季度和月度数据最少。这种情况在统计制度相对不完备的发展中国家更为普遍,很多重要宏观经济变量缺少对应的季度、月度统计,或仅从近年才开始统计,这样在样本容量上无法满足建模的需要。从目前影子经济的研究情况来看,多数学者选择使用年度水平数据进行研究，如 Giles 和 Tedds（2002）、David Han-Min（2006）、徐蔼婷和李金昌（2007）、Brambila Macias 和 Jose（2008）等的研究均是如此，他们使用数据的样本容量多处于 20～40 个左右的区间。从国内外现有文献的发展情况来看，只有极少数使用季度数据的研究以及使用跨国面板数据的研究获得了较高的样本容量，因此在国内外的影子经济规模估测研究中选择有限的年度数据仍然是现有条件下的一个现实且可行的选择。

尽管存在诸多困难，但可以预期的是这一问题有希望通过两种途径得到解决。第一个途径是在将来关于我国省际水平的影子经济规模估测的研究形成系列性的、比较成熟的成果后，就可以为基于面板数据的 MIMIC 方法建立基础；第二个途径则有赖于统计制度的完善发展，随着我国未来半年度、季度以及月度统计数据的丰富，样本容量问题也可以通过使用季度、月度等频率较高的数据得到部分的解决。

二、微观数据缺乏问题

本书所使用的计量经济模型基于宏观数据[①]，这不可避免地会产生一些缺陷。尽管我们已经对影子经济的微观基础进行了比较广泛的探讨，但还只是限于理论上的推演，尚缺乏扎实的微观数据对其结论形成有效的支撑。直接调查法在影子经济研究中具有不可替代的意义，我们预计至少应采取分层随机抽样的方法在全国范围内以户或个人为单位抽取 5 000 个左右的样本[②]。在理想的情况下，直接调查法甚至可以直接推算得到地区级的影子经济规模，这又为基于省际数据的 MIMIC 模型提供了基础。[③]

---

① 事实上绝大多数的影子经济估测模型都基于宏观经济数据。

② 在近年活跃度比较高的调研项目中，西南财经大学中国家庭金融调查与研究中心近年开展的"中国家庭金融调查"（China household finance survey，CHFS）在非官方抽样调查中比较有代表性，他们设定的抽样数是 8 000～8 500 户。

③ 在缺乏持续的大规模资金投入的情况下，很难按年度持续展开调查进而得到连续的相关数据。我国现有的多数常用微观数据库，如中国健康与营养调查（CHNS）、中国家庭收入调查（CHIP）等均间隔不等年份展开调查，甚至一些调查项目仅开展过一次就因各种原因中断。

在下一步的研究中,我们需要获取更多的微观调研数据进行补充,这样才能对某些理论问题提供经验上的检验和支撑。譬如,只有通过大量微观调研或行为实验才能更精确地描述影子经济参与人的行为动机,是纯经济利益考虑还是包含了其他的复杂因素,是纯利己主义驱动还是包含了某些利他主义因素等。同时,这也能够为影子经济治理政策提供最直接的决策依据。

三、研究对象的分类问题

严格地看,当前所使用的模型方法只能得到关于中国影子经济规模的总体估算结果,但无法获知其中合法类型的影子经济与非法类型的影子经济各自占有多大比重,而这一点对中国影子经济的有效治理具有较强的政策意义。更重要的是,由于 MIMIC 模型自身的特点,我们无法完全排除某些非市场型影子经济活动的影响,因此也无法确切地计算基于市场的影子经济活动的规模。

在今后的研究中,我们的长期目标是对中国影子经济规模的估测范围做进一步细化,譬如对狭义的影子经济(如逃税)规模单独测量、分别考察合法和非法类型的影子经济规模等,甚至还可以进一步对腐败寻租、走私、贩毒等活动的规模进行测度,这些研究均具有比较重要的理论和现实意义。此外,厘清非市场型的影子经济活动规模也很重要,它可以让我们对我国经济发展的潜力形成更清晰的认识。中国的人口红利效应不仅来自农村剩余劳动力的大规模转移,原本较少进入劳动力市场的女性也是一个重要的增长来源,从广义的视角来看,这也意味着影子经济与正规经济之间的转换。

四、全国经济普查带来的思考

经济普查是各国统计实践中的普遍做法[①],对提高统计数据的质量、指导

---

① 如美国的经济普查活动最早可追溯到 19 世纪初期。

国民经济实践非常重要。由于历史条件所限，我国在 1992 年首先对第三产业的发展情况展开普查。一直到 2004 年我国才开始组织进行全国性的经济普查，普查的目的是"为了全面掌握我国第二产业、第三产业的发展规模、结构和效益等情况，建立健全基本单位名录库及其数据库系统，为研究制定国民经济和社会发展规划，提高决策和管理水平奠定基础"[①]。不难发现，根据普查结果调整后的我国 GDP 规模与调整前相比存在明显差别，我国 2004 年第一次经济普查得到的经济总量数据要比常规公布的 GDP 多 23 002 亿元。徐蔼婷（2007）等学者认为这部分差额可用影子经济活动来解释，王永兴（2009）也曾使用普查数据及历史数据修订值的对比来计算影子经济规模。尽管这种方法无法全面地反映影子经济的真实水平，但对厘清影子经济的产业分布情况有重要作用。由于普查年度的 GDP 差异 90% 以上来自第三产业，我们有理由推断我国的影子经济在第三产业中的发展较快。我国第三次全国经济普查时点是 2013 年 12 月 31 日，这次普查与以往相比手段更为规范，程序和工具也更现代化。可以预计的是，随着我国经济普查工作的深化，我国的统计数据质量将大为提高，由此可为中国影子经济问题的研究提供更好的参考。

最后，如前文讨论，影子经济估测方法是多元的，尽管 MIMIC 模型具有不可替代的优势，但也存在很多局限。从学术研究的视角来看，许多学者（Anno，2007；Buehn，Schneider，2012）都曾多次强调在使用此模型估测结构的同时必须注意其局限性。虽然使用该方法得到的中国影子经济规模估测结果具有重要的参考意义，但不宜把结果绝对化。

---

① 国务院第 415 号令：《全国经济普查条例》，第一章第二条。参见中华人民共和国政府网站 http://www.gov.cn/. 根据《全国经济普查条例》规定，全国经济普查以 5 年为周期，尾数为 3 和 8 的年份为普查年（2004 年除外），普查时点为普查年份的 12 月 31 日。

第五章
中国影子经济的区域分布特征

影子经济的深入研究不能仅着眼于总量层面的讨论,而是应该从不同的角度对其进行"切分",以结构化的视角进行解析。本章我们试图从"区际"的角度对中国影子经济的发展进行解构,挖掘总量数据无法直接揭示的信息。

第一节 现有研究评述及模型选择

一、现有研究的评述

以 Henry(1976)使用现金面值法对美国影子经济规模进行计算为开端,国内外理论界对影子经济问题的研究迅速发展并不断深化,目前已经开始进入主流初、中级宏观经济学教科书的视野。然而,近 30 年相关文献的发展多集中于对各国影子经济的绝对规模和相对规模进行实证估测,关于其形成机制、宏观影响以及分布特征等方面的讨论严重不足。正如王永兴(2010)所指出的,特别是对大国而言,研究影子经济的区域分布特征具有明显的政策意义。我们认为，对这一问题的研究有助于形成差别化的治理策略，从而为影子经济的有效治理奠定基础。

从文献发展情况来看，尽管影子经济研究始于国外，但一直到 2012 年，国外学者研究最多的仅局限于跨国比较，如 Dell'Anno 和 Schneider(2003)对 OECD 国家影子经济规模的研究就是其中的代表。这种情况引起了一些学者的关注，Wiseman(2013)使用 MIMIC 模型对 1997—2008 年美国 50 个州的影子经济发展水平进行了比较研究。不过值得注意的是，在此之前我国学者早已开始在这一研究领域进行开拓。王静波(2005)使用聚类分析方法分析了我国各省区市的影子经济区域分布特征，但由于仅采用"人均 GDP"和"税收收入占 GDP 比重"两个指标来度量影子经济规模，代表性较差，并且也无法解释影子经济区域差异的形成原因[1]。李建军(2005)和田光宁(2008)曾在 2004 年至 2006 年间两次就中国地下金融的发展问题组织全国性的调研，该调查部分地反映了样本省份影子经济发展的差异，但由于问卷并非直接针对影子经济问题设计，获得的信息有限，同样无法反映分类特征[2]。解梁秋和张延辉(2008)对不同类型影子经济的区域聚集情形进行了简单讨论，但并未进行量化研究。杨灿明和孙群力(2010)使用 MIMIC 模型分别度量了 1998—2007 年我国 30 个省区市的影子经济规模，估算结果显示我国各省区市平均隐性经济规模在 1998—2007 年期间介于 10.5% 和 14.6% 之间，但该方法计算量较大，并且无法得出具有区域分类指示意义的结果。[3] 王永兴(2010)使用 Q 型系统聚类分析的方法对我国 30 个省区市 2008 年影子经济发展水平进行了分类，最终把各省区市的影子经济发展水平划分为轻微、中等和严重三个层次，其分析结论对照聚类指标能够追溯差异形成原因，因此具有较好的解释力，但截面数据反映的信息量相对有限，仅能观察某一时点的特征。

使用截面数据进行的聚类分析由于没有纳入时间维度，不能反映时段蕴

---

① 王静波.中国影子经济现状及核算方法研究[D].大连：东北财经大学，2005.

② 李建军.中国地下金融规模与宏观经济影响研究[M].北京：中国金融出版社，2005：5-20；田光宁.未观测金融与货币均衡研究[M].北京：中国金融出版社，2008：8-15.

③ 杨灿明，孙群力.中国各地区隐性经济的规模、原因和影响[J].经济研究，2010(4).

含的信息。而面板数据由于同时考虑截面和时间两种维度,可以在一定程度上克服这一缺陷,使研究从静态走向动态,提供的信息量也更为充分。鉴于此,本书沿着王永兴(2010)的研究路径进行拓展,使用多指标面板数据聚类分析方法对中国影子经济的区域特征进行研究。

二、研究方法的选择和设定

面板数据已经在计量经济模型得到广泛应用,但理论界对它的统计性质问题则较少关注,只是在最近 10 多年才受到重视。Bonzo 和 Hermosilla(2002)开创性地把面板数据引入统计分析领域并利用概率连接函数对经典聚类分析方法进行了改进。Moucharta 和 Rombouts(2005)使用逐步回归的方法讨论了如何有效利用有瑕疵(这里指时序较短和包含大量缺失值)的面板数据进行预测的问题,解决思路就是把聚类方法引入面板数据模型。然而,此后国外学者对这一问题的研究陷入停滞。相对而言,国内学者对面板数据聚类的研究则发展迅速,从 2007 年开始我国在这一研究领域的文献出现爆发式增长。朱建平和陈民垦(2007)首次把面板聚类分析方法引入国内,他们对面板数据的相似度指标和统计描述问题进行了初步的探索,但仅限于单指标面板数据的聚类。肖泽磊、李帮义和刘思峰(2009)则利用主成分分析的方法对面板数据进行降维处理,并把聚类分析拓展到了多指标面板数据领域。李因果和何晓群(2010)比较深入地对面板聚类方法进行了研究,他们基于可测量型变量设计了面板数据的相似性指标,但对三种距离权重的合理赋值问题有待进一步探讨,模型结果对权重系数高度敏感。任娟(2013)进一步根据 Fisher 有序聚类理论提出了一个针对多指标面板数据的融合聚类分析方法。彭非(2014)使用条件概率度量个体之间的相似度,通过把面板数据的聚类问题转化为对相似矩阵的聚类问题降低了面板聚类分析的复杂性。除了方法上的讨论,很多学者利用这一工具对中国区域发展中的城市化、产业发展等诸多问题进行了研究。如涂正革和谌仁俊(2012)使用 1995—2010 年的省际面板数据,选取碳排放相关的多个指标构建了多指标面板数据聚类分析框架,该文分别对时间变量和速度变量进行处理,也属于一种降维的策略。

综上所述,从总体相关文献的发展情况来看,尽管面板数据的聚类分析方法出现时间较短,但已经得到比较广泛的应用。

聚类分析是一种基于数据自身信息来进行分类的统计方法,它的基本思想就是按照距离(或相似度)远近把数据分成若干组别,最终保证组内差异尽可能小,而组间差异尽可能大。不同于单指标面板数据和截面数据,多指标面板数据的统计分析需要同时考虑样本数量(N)、指标数量(P)和时间(T)三个维度。设$(X_1,X_2,\cdots,X_p)$表示每个样品的特征,$X_{ij}(t),(t=1,2,\cdots,T)$表示第$i$个样品的第$j$个指标在时间$t$的取值。

当$X_{ij}>0,i=1,2,\cdots,n,j=1,2,\cdots,p$时,样本$m$和样本$n$的欧式距离定义为

$$D_{mn}=\sqrt{\sum_{t=1}^{T}\sum_{j=1}^{p}\left[X_{mj}(t)-X_{nj}(t)\right]^2} \tag{5.1}$$

当取退化策略时有

$$X_{ij}^*=\frac{\sum_{t=1}^{T}X_{ij}(t)}{T} \tag{5.2}$$

于是距离函数可简化为

$$d_{mn}=\sqrt{\sum_{j=1}^{p}(X_{mj}^*-X_{nj}^*)^2} \tag{5.3}$$

此时可采用经典聚类分析的方法对数据进行处理,经典聚类分析的算法可分为非层次聚类、层次聚类和智能聚类三种,其中层次聚类法是比较常用的方法,而非层次聚类法一般适用于可指定类别个数的情况,智能聚类一般用于对海量数据的数据挖掘。使用层次聚类法进行聚类分析首先要使用式(5.3)计算降维后的各数据点距离(或使用欧氏距离平方),然后按照距离最近的原则依次合并,并计算新类别与其他各类的距离,直到最终合并成一个类别为止,通过常用统计软件中的聚类模块可以迅速完成这一过程[①]。

---

① 由于标准聚类属于比较成熟的统计技术,故具体计算方法不在这里展示,朱建平.应用多元统计分析[M].北京:科学出版社,2012.

目前的应用研究主要依循四种思路处理多指标面板数据的聚类问题：第一种思路是按照经典的聚类分析方法对不同时间维度上的截面数据分别聚类，这种方法容易带来分类的混乱，难以得到有实践指导意义的结果；第二种思路是对多个指标在不同时间维度的取值进行退化处理，常见方法是取均值，缺陷是会损失一部分纵向信息；第三种思路是先固定住截面维度，构造一种刻画各指标随时间变化的动态指标（如增长速度），在此基础再进行一般聚类，这种方法实际上也是一种退化策略；第四种思路是试图同时从时间和截面两个维度出发，构建新的距离变量，但该方法尚不成熟，尚未形成一致的解决方案，同时还需要利用 Matlab、SAS 等软件进行编程。特别是如果从对实证结果的解释角度出发，这种方法难以得出有实际应用意义的结论或政策指引（单指标面板数据除外）。基于本书的研究目的，我们认为尽管第二种思路会损失一部分动态信息，但避免了由个别年份财政刺激计划、区域发展规划等利好或利空政策出台而导致的数据非常规波动，这种波动可能会显著影响聚类结果的稳定性，不利于对各地区稳态特征形成正确判断。此外，第二种思路在方法的成熟性以及可解释性方面具有明显的优势，因此本书主要采用这种退化策略对面板数据进行处理。

三、聚类指标变量的选取

这一问题的研究重点和难点在于选取合适的指标变量对我国省级层面的影子经济的发展程度进行刻画，王静波（2005）和王永兴（2010）的研究分别选取了两个和七个指标度量影子经济的发展，但并未对指标选取的依据进行充分说明，导致结论缺少坚实的理论支撑。鉴于此，在中国相关数据的可得性约束限制下，我们首先根据既有的理论和经验研究结果对本书相关指标的选择进行说明。

1. 税负指标（tax）

如前所述，几乎所有类型的影子经济相关文献都把税收变量作为最重要的影响因素进行考察，在常用的现金比率模型（CD 模型）以及多指标多因素模型（MIMIC 模型）中均把税收作为重要解释变量。现有的研究多使用直接税、间接税占 GDP 比重作为税收指标。一般而言,相对于简单的流转税而言,所得税的征收难度较高,纳税人逃税动机较强,因此以地方财政个人所得税占地方生产总值比重和地方财政企业所得税占地方生产总值比重作为税收指标较为合理。但同时考虑到中国财税制度存在特殊性,即在税收收入之外还存在大量非税收入,其中各种费在影子经济中的作用近似于税,因此我们考虑加入"地方财政行政事业性收费收入"这一变量,最后取个人所得税、企业所得税与地方财政行政事业性收费收入之和占地方 GDP 比重来度量经济主体的实际负担。

2. 政府干预程度指标（governance）

从影子经济的定义上看,其发展与政府活动直接相关,如果政府放弃所有规制活动,则通常意义上的影子经济甚至将不复存在。Aigner,Schneider 和 Ghosh(1988)指出二者之间具有双向作用。Kaufmann(1998)等对劳动市场规制的研究也证明了这一点。由于我国目前尚不存在能够直接度量省市一级地方政府干预程度的连续性量化指标,因此这里我们使用公共管理和社会组织城镇单位就业人员占城镇就业总数来间接代表政府对社会、市场的干预程度。

3. 失业指标（unemployment）

Giles 和 Tedds(2002)曾指出失业可能会促使劳动力转移到影子经济生产之中。但由于影子经济与正规经济往往同向变动(Alanon,Antonio,2005),而正规经济与失业水平往往反向变动,所以失业上升也可能意味着影子经济规模的缩减。然而,更多的学者对影子经济与正规经济之间的关系持相反观点,根据王永兴(2010)的研究,我国影子经济与正规经济之间呈现周期互补特征,二者往往反向变动。而 Dell'Anno(2003)和 Vuletin(2006)等也发现二者之间呈现负向关系。因此我们倾向于认为失业水平与影子经济发展呈现正相关关系。值得注意的是,尽管失业率可能是衡量失业水平的最佳指标,但我国的失业率数据仅包括城镇登记部分,其代表性广受质疑。如蔡昉和王美艳

(2004)就指出我国国家统计局发布的城镇登记失业率指标显著低估了中国城镇失业的真实水平,Solinge(2000)也曾对该指标的真实性提出质疑。西南财经大学中国家庭金融调查与研究中心于2012年发布的基于较大范围的样本调查得到的中国城镇失业率为8.05%[①],远高于官方公布的失业率水平,北京大学社会科学调查中心类似的调查项目也得到了一致结论[②]。实际上,我国早在2005年即开始统计更为合理的调查失业率,但仅供内部使用,迄今为止我国仅在2013年通过高层领导人在英国《金融时报》杂志的撰文非正式透露了2013年上半年的调查失业率数据[③]。此外,我国也尚不存在类似美国等国发布的多种类型的失业率,如经季节因素调整的失业率等。在缺乏更合适的省际连续替代变量的情况下,我们目前只能采用城镇登记失业率这一指标来代表失业水平。

4. 收入指标(income)

Kolev和Morales(2005)认为工资水平与影子经济呈现负相关关系,正规部门提供的工资水平越高,经济主体参与影子经济的机会成本就越高,因此会减少进入影子经济的激励。但从另一个角度看,工资水平越高,在累进所得税的条件下需要缴纳的税收就越多,从而可能提高经济主体的逃税动机。实际上这两种观点并不冲突,前者主要符合低收入群体的行为特征,而后者则符合中高收入群体的特征。目前我国的收入分配结构呈"金字塔"型,中高收入群体在我国所占比重偏少,平均工资水平对低收入阶层的代表性更强,因此我们倾向于认为对多数群体而言,提高工资水平会减少其参与影子经济活动的动力。国外一项微观调研数据结果支撑了这一观点,欧洲晴雨表(Eurobarmeter survey)2007年的调研数据表明26.1%的受访者参与影子经济是由于正规经济中的工资过低,这一比例甚至高于传统的税收因素(16.7)。[④] 需

① 西南财经大学.中国城镇失业报告[R/OL]. http://chfs. swufe. edu. cn/.
② 谢宇,张晓波,李建新,等.中国民生发展报告[M].北京:北京大学出版社,2013.
③ LI Keqiang. China will stay the course on sustainable growth[EB/OL]. http://www. ft. com/home/asia.
④ European Commission Special Eurobarometer 284:undeclared work in the European Union[M]. Brussels:European Commission,2007.

要注意的是,由于工资为税前收入,因此与所得税指标高度相关,计算二者样本相关系数大于 0.8,且在 0.01 置信度上显著。根据聚类分析的基本规则,不宜采用工资变量作为收入指标的代表,因此我们选用城镇居民可支配收入作为衡量收入水平的指标,鉴于腐败寻租、走私贩毒、逃税等类型的影子经济活动主要发生于城市,对应的农民纯收入指标可暂不考虑。

5. 物价指标(price)

一般认为,宏观经济不稳定意味着国家治理能力的削弱,可能会为影子经济的发展提供空间。通货膨胀水平是衡量宏观经济稳定性的常用指标,现有的实证研究结果表明其与影子经济存在密切联系。王永兴(2010)发现我国影子经济规模扩大时点与通货膨胀产生时点之间具有强相关性。David Han-Min Wang (2006)和 Brambila Macias(2008)等也发现通货膨胀率对影子经济具有重要影响,并选用这一指标进入影子经济估测模型。需要说明的是,我国公布的消费者价格指数(CPI)数据尽管在产生过程和方法上比较规范,但至今未明确公布篮子商品的权重及其调整细节,因此数据本身存在一定争议,但由于暂无更好的替代指标,本书只能采用这个指标来衡量我国各省区市的通货膨胀水平。

聚类分析变量筛选的首要原则是必须依据现有的经济理论或经验研究成果挖掘其经济含义,此外还应该考虑变量之间的相关性问题,如果变量之间存在强相关关系,则会使权重远高于其他变量,从而影响聚类结果的区分度。这里我们已经对变量按照相关性原则进行过滤,根据这一原则我们没有把地方政府一般预算支出占 GDP 比重、地方财政社会保障和就业支出占GDP 比重、人均 GDP、城镇单位就业人员平均工资等理论上与影子经济发展相关的变量放入模型。本书最终选择上述 5 个变量来度量各省区市的影子经济发展水平,如表 5.1 所示,各变量间仅存在弱相关或中等程度的相关关系,可以用于聚类分析。[①]

表 5.1 各聚类变量相关性预检验

变 量		unemployment	price	income	tax	governance
unemployment	Pearson 相关性	1	0.146	−0.437	−0.450	0.122
	显著性(双尾)		0.433	0.014	0.011	0.513
	N	31	31	31	31	31
price	Pearson 相关性	0.146	1	−0.540	−0.349	0.339
	显著性(双尾)	0.433		0.002	0.054	0.062
	N	31	31	31	31	31
income	Pearson 相关性	−0.437	−0.540	1	0.758	−0.563
	显著性(双尾)	0.014	0.002		0.000	0.001
	N	31	31	31	31	31
tax	Pearson 相关性	−0.450	−0.349	0.758	1	−0.307
	显著性(双尾)	0.011	0.054	0.000		0.093
	N	31	31	31	31	31
governance	Pearson 相关性	0.122	0.339	−0.563	−0.307	1
	显著性(双尾)	0.513	0.062	0.001	0.093	
	N	31	31	31	31	31

第二节　中国影子经济的省际聚类分析

一、数据说明

为便于与王永兴(2010)等的研究进行比较,本书使用 2008—2012 年间我国 31 个省区市的面板数据,数据均来自《中国统计年鉴》(2009—2013)。需要

---

① 限于篇幅,其他变量相关系数计算结果略,如有需要可向作者索取。

说明的是,中国国家统计局未公布2008年西藏自治区失业率数据,但根据西藏自治区统计局和国家统计局西藏调查总队发布的《2007年西藏自治区国民经济和社会发展统计公报》,西藏自治区2007年城镇登记失业率为4.3%。这里我们采用常见的缺失值插补方法进行处理,即用2007年和2009年的均值替代2008年失业率数据。表5.2对本书各指标的描述性统计特征进行了说明。

表 5.2　各聚类变量的描述性统计

变　　量	有效样本	截面数	最小值	最大值	平均值	标准差
unemployment	155	31	1.30	4.60	3.58	0.62
income	155	31	10 969.40	40 188.30	18 622.27	5 691.80
price	155	31	97.70	110.10	103.51	2.47
tax	155	31	0.93	6.27	2.23	1.15
governance	155	31	3.69	46.57	12.50	6.36

二、聚类分析的实证结果

本书使用 IBM SPSS Statistics 22 软件的聚类模块对此进行计算,具体处理方法是采用层次聚类中的 Q 型聚类,个体距离用欧氏距离平方计算,类间距离使用 Ward 法(离差平方和法)计算。此外,由于本书选取的指标存在量纲差异,我们采用了 Z 得分方法对原始数据进行标准化处理。图 5.1(a)展示了本次聚类的过程及所有可能的聚类结果,图中显示各组间距离较大,而组内距离较小,聚类效果比较理想。从图中较容易看出北京和上海显著不同于其他省区市,但各省级单位的具体类别归属还需要根据聚类数量决定。

聚类分析的关键步骤之一是确定聚类的数量,但这一数量的确定并没有绝对标准,根据 Demirmen(1972)提出的分类原则,各类必须在邻近各类中突出,并且各类中包含元素不宜过多,分类的数量应符合应用的目的。经验一

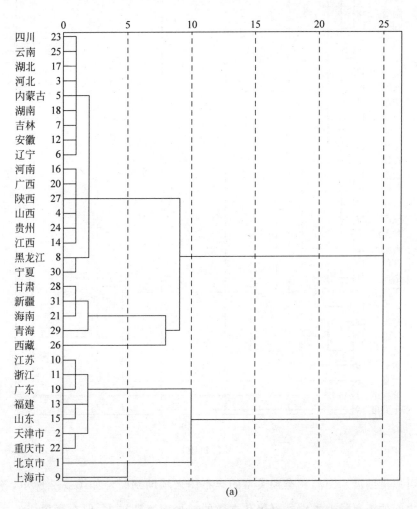

(a)

图 5.1　我国 31 个省区市影子经济特征变量聚类分析龙骨图

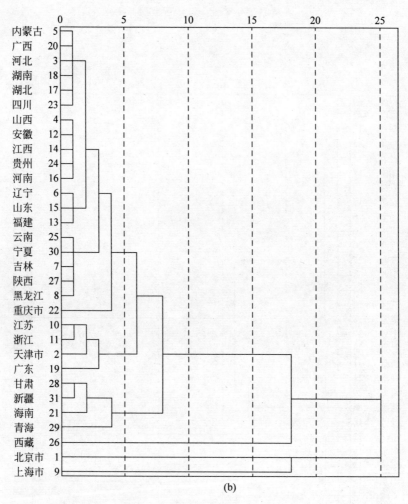

(b)

图 5.1（续）

般可以借助展示距离和类别关系的碎石图来辅助判断。如图 5.2 所示，各类别之间的距离随着类别的凝聚和类数的减少而逐渐扩大，但在凝聚成 6 类之前各类别间的聚类幅度扩大速度缓慢，之后则迅速扩大，据此可以判断聚类数目确定为 5～7 类较为合适。类别确定后，即可对我国各省区市各自所属类别作出判断。

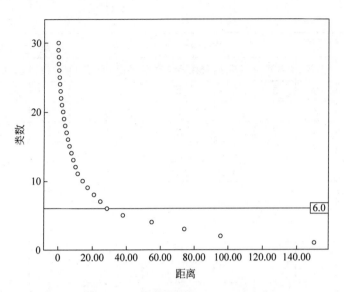

图 5.2　我国 31 个省区市聚类分析碎石图（Ward 法）

　　表 5.3 第 2～4 列全面展示了我国 31 个省区市分别凝聚成 5～7 类时各自所属类别，观察数据不难发现聚成 7 类时与 6 类相比仅青海省存在差异，因此最终可以选择聚为 6 类。其中，北京、上海和西藏三地自成一类；天津、江浙、福建、广东、山东和重庆相似度较高，凝聚成一类；青海、甘肃等地相似度较高，凝聚成一类；其余河北、山西、四川、云贵等地凝聚成一类。

表 5.3　我国 31 个省区市影子经济特征的聚类分布（均值聚类）[①]

省区市	Ward 法					组间平均连接法		
	5 类	6 类	7 类	替代 A（6 类）	替代 B（6 类）	5 类	6 类	7 类
北京市	1	1	1	1	1	1	1	1
天津市	2	2	2	2	2	2	2	2
河北	3	3	3	3	3	2	3	3
山西	3	3	3	3	3	2	3	3

---

　　①　表 5.3 中不同列的数字属于名义变量而非定距或有序变量，仅描绘本列所属类别，不同列之间不能简单根据数字序号比较。

续表

省区市	Ward 法					组间平均连接法		
	5类	6类	7类	替代 A(6类)	替代 B(6类)	5类	6类	7类
内蒙古	3	3	3	3	3	2	3	3
辽宁	3	3	3	2	4	2	3	3
吉林	3	3	3	3	3	2	3	3
黑龙江	3	3	3	3	3	2	3	3
上海市	1	4	4	4	2	3	4	4
江苏	2	2	2	2	4	2	2	2
浙江	2	2	2	2	4	2	2	2
安徽	3	3	3	3	3	2	3	3
福建	2	2	2	2	4	2	3	3
江西	3	3	3	3	3	2	3	3
山东	2	2	2	2	4	2	3	3
河南	3	3	3	3	3	2	3	3
湖北	3	3	3	3	3	2	3	3
湖南	3	3	3	3	3	2	3	3
广东	2	2	2	2	4	2	2	2
广西	3	3	3	3	3	2	3	3
海南	4	5	5	5	5	4	5	5
重庆市	2	2	2	2	4	2	2	2
四川	3	3	3	3	3	2	3	3
贵州	3	3	3	3	3	2	3	3
云南	3	3	3	3	3	2	3	3
西藏	5	6	6	6	6	5	6	6
陕西	3	3	3	3	3	2	3	3
甘肃	4	5	5	5	5	4	5	5
青海	4	5	7	5	5	4	5	7
宁夏	3	3	3	3	3	2	3	3
新疆	4	5	5	5	5	4	5	5

　　以上分析解决了我国各省区市各自的类型归属问题，在此基础上我们可以通过分析各类别之间在影子经济相关变量上的表现差异，进一步提取出关

于我国影子经济区域发展特征的信息。表 5.4 按照各省区市所属类别对各个影子经济特征变量的信息进行了汇总,据此可以对各类影子经济发展的程度进行判别。由于目前尚无充分信息对各指标的相对重要性进行判断,本书采用等权的方法处理。第 1 类的税负指标排在最末,但其余指标均居于第 1、第2 位,影子经济发展程度相对最轻,该类别各省区市影子经济发展的主要原因是微观主体承担的税费负担较重;第 2 类的各指标排位比较平均,除物价指标外均处于中游水平,说明影子经济发展程度相对较轻,该类别中各省区市影子经济发展的主要原因也是税负水平较高;第 3 类的多数指标排位比较靠后,仅税负指标排第 2 位,判断影子经济发展程度相对较为严重,主要原因在于较高的失业率与较低的收入水平;第 4 类的失业指标与税负指标排位处于下游,但收入指标和政府干预指标均排第 1 位,物价指标处于中等水平,综合判断其影子经济发展程度较轻。该类别中各省区市影子经济发展的主要原因是失业水平较高和税费负担过重。

表 5.4   我国 31 个省区市影子经济特征指标的分类汇总

类别归属	unemployment		income		price		tax		governance	
	均值	位次	均值	位次	均值	位次	均值	位次	均值	位次
1	1.46	1	29 981.62	2	2.98	1	5.84	6	0.06	2
2	3.36	3	23 090.36	3	3.02	2	2.5	4	0.08	3
3	3.85	5	16 444.68	4	3.49	4	1.81	2	0.13	4
4	3.9	6	32 753.92	1	3.3	3	5.78	5	0.04	1
5	3.27	2	14 579.23	6	4.63	1	1.69	1	0.15	5
6	3.53	4	15 046.06	5.	3.56	5	2.46	3	0.41	6

注:由于各变量对影子经济的影响方向不一致,此处为便于分析在排序时统一进行了转换,表中各列的位次为逆指标,排位越高代表越不利于影子经济发展。

为部分地弥补退化策略导致的动态性损失,我们对比了王永兴(2010)得到的前期研究结果,本书可以视作是对该文的进一步拓展,二者具有部分可比性。通过对比 2007 年的聚类结果容易发现,北京、天津、福建等地的影子经济发展程度未出现变化,仍处于相对较轻水平。而上海、江浙等少数地区的影子经济发展程度从原来的较重转为较轻,这主要得益于税费和失业问题的相对改善(但仍较高)。其余多数地区没有明显变化,仍处于中等水平。从总体上看,我国影子经济发展的区域分布仍然呈现明显的不均衡特征,并且多数省区市 2008—2012 年的影子经济发展没有受到明显遏制。

三、聚类结果的稳健性检验

一般聚类分析的结果往往对变量选择、聚类方法等的变化比较敏感,特别是多指标面板数据的聚类分析还会涉及对其中包含的时间信息选择合适的方法进行处理等问题,因此有必要对前文聚类结果的稳健性进行检验。

本书首先采用中位数替代平均数对面板数据进行降维处理,中位数替代平均数可以减少极端值对聚类结果的影响。聚类过程如图 5.1(b)所示,与图 5.1(a)比较可发现二者的差异较小[①],通过分别对比表 5.3 和表 5.5 的第 2 列至第 4 列容易进一步验证这一发现。具体来看,使用中位数的结果与前述使用平均数处理后聚类分析的结果并未出现明显差异,仅在重庆市的归属上存在差别,由此可以推断本书的聚类分析结果比较稳健,并且这一结果进一步确认了以上我们对中国影子经济发展区域分布情况的判断。

表 5.5　我国 31 个省区市影子经济特征的聚类分布(中位数聚类)

省区市	Ward 法					组间平均连接法		
	5 类	6 类	7 类	替代 A(6 类)	替代 B(6 类)	5 类	6 类	7 类
北京市	1	1	1	1	1	1	1	1
天津市	2	2	2	2	2	2	2	2
河北	3	3	3	3	3	2	3	3
山西	3	3	3	3	3	2	3	3

---

① 　相关分析、聚类数量确定等过程略,最终结果与采用平均数的结果并无显著差异,具体可向作者索取。

续表

省区市	Ward法					组间平均连接法		
	5类	6类	7类	替代A(6类)	替代B(6类)	5类	6类	7类
内蒙古	3	3	3	3	3	2	3	3
辽宁	3	3	3	3	3	2	3	3
吉林	4	4	4	3	4	2	3	3
黑龙江	4	4	4	4	4	2	3	3
上海市	1	5	5	5	5	3	4	4
江苏	2	2	2	2	2	2	2	2
浙江	2	2	2	2	2	2	2	2
安徽	3	3	3	3	3	2	3	3
福建	2	2	2	3	3	2	3	3
江西	3	3	3	3	3	2	3	3
山东	3	3	3	3	3	2	3	3
河南	3	3	3	3	3	2	3	3
湖北	3	3	3	3	3	2	3	3
湖南	3	3	3	3	3	2	3	3
广东	2	2	2	2	2	2	2	2
广西	3	3	3	3	3	2	3	3
海南	4	4	6	4	4	4	5	5
重庆市	3	3	3	3	3	2	3	6
四川	3	3	3	3	3	2	3	3
贵州	3	3	3	3	3	2	3	3
云南	4	4	4	4	4	2	3	3
西藏	5	6	7	6	6	5	6	7
陕西	4	4	4	4	4	2	3	3
甘肃	4	4	4	4	4	4	5	5
青海	4	4	6	4	4	4	5	5
宁夏	4	4	4	4	4	2	3	3
新疆	4	4	6	4	4	4	5	5

其次,本书还采用了替代变量的方法对本书聚类结果的稳健性进行验证,本书分别使用"地方财政税收总收入占地方生产总值比重"替代原方法中

采用的"所得税与地方政府行政与事业性收费之和"变量,用"人均地方生产总值"替代原方法中采用的"城镇居民人均可支配收入"变量。然后再对各方案重新进行聚类,聚类方法同本节第二部分,最终得到的结果如表5.3和表5.5的第5、第6列所示。比较替代变量前后的变化容易发现虽然聚类次序发生变化,但总体上看并未对最终聚类结果产生重大影响,因此可以进一步推断本书的聚类分析结果比较稳健。

最后,我们使用组间平均连接法替代 Ward 法重新进行聚类,通过图5.3判断仍然选择聚为5～7类比较合适,具体结果如表5.3和表5.5的第7～9列所示。Ward 法的特点是使聚类时导致的类内离差平方和增量最小,从聚类结果上看两种方法形成的差异并不显著,但应注意到组间平均连接法的第3类中包含的个案相对较多,可能影响聚类的意义,从本书的聚类结果上看效果劣于 Ward 法[1]。

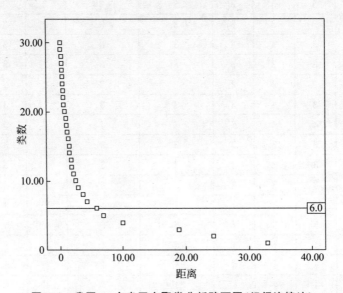

图 5.3　我国 31 个省区市聚类分析碎石图(组间连接法)

---

① 此处为避免重复叙述,相关系数矩阵和龙骨图等分析过程省略。

四、中国影子经济区域分布特征的动态演进及其启示

与王永兴(2010)以 2007 年的截面数据进行聚类分析得到的结论相比,我们发现 2008—2012 年期间我国影子经济的区域发展状态发生了不同程度的变化。由于 2007 年西藏的多数数据难以获取,2008 年以后西藏的统计数据逐渐完善,因此本书增加了 1 个样本单位。王永兴(2010)曾把中国影子经济的相对发展程度分为比较严重、中等和比较轻微三个级别。但根据上文对 31 个省区市 5 年时间的面板数据聚类分析的结果不难发现,与 2007 年相比,我国各地区影子经济发展呈现明显的分化趋势,中间地带逐渐模糊,原本归属于中间地带的地区分别向比较严重和比较轻微两个方向聚集,因此本书在此只划分比较严重和比较轻微两个级别。需要强调的是,由于方法、样本和变量选取的差异,本书的研究与前述研究并不具有绝对的可比性,只能在相对宏观的意义上进行比较[①]。在 2007 年,仅北京、天津和福建是我国影子经济问题相对较轻的地区,而此后 5 年我国可列入较轻微地区的省级单位明显增加,从 3 个增加到 9 个,其中包含北京、上海和天津 3 个直辖市。另外值得注意的是,山东、江浙的变化较为明显,从原来的较严重地区转换为较轻微地区。但相对而言,影子经济发展趋向严重的地区增加更多,从 2007 年的 12 个省区市发展到 2012 年的 22 个。从我国整体的区位分布上看,东南沿海区域表现较好,而中西部和东北地区则较为严重。尽管同属比较严重地区,但它们各自内部的主导因素也各有差异,具体可参见前文对聚类结果的解释。这种变化反映出的问题是我国多数省区市的影子经济发展水平在 2008—2012 年并未得到有效控制,这种情况出现的共性原因是居民收入水平较低,可能会使一部分经济主体被迫从事影子经济活动获取补贴。从政策制定的角度来看,必须避免"一刀切"的治理政策,而应该首先从大类明确本地的影子经济发展程度,再具体分析其发展的主要推动因素,进而提出有针对性的解决方案。

---

① 譬如,某省从中等水平转入严重水平并不一定意味着该省影子经济规模的绝对量在增加,而是只反映出该省相对其他省区市出现状态下滑。

五、当前研究的局限及未来可能的研究方向

本书从影响影子经济发展的基本特征指标出发，借鉴聚类分析的基本思想，通过降维法把该方法引入面板数据类型的分析之中，通过失业指标、物价指标、收入指标、物价指标和政府干预指标刻画各省区市影子经济发展相对水平。本书的基本结论是我国影子经济的发展呈现明显的区域差异，这些差异由 5 个不同的指标共同驱动形成，这一结论有助于寻找和把握影子经济治理的关键环节。与现有的研究相比，本书在聚类方法选取、指标筛选等方面进行了较大改进，实证结果也更为稳健，但仍存在明显不足，我们认为未来的研究可在以下三个方面进行拓展。

首先，进一步整理影子经济的特征指标。由于数据缺失或存在瑕疵等问题，本书指标选取受限，影响了研究的深入。除前文已经讨论的 CPI 和失业率等数据存在的瑕疵问题，还有很多问题有待进一步讨论。譬如本书无法选取在国外研究中常用的劳动参与率指标，研究表明劳动参与率的下降往往表明劳动力从正规经济转移向影子经济（Bajada，Schneider，2005），但我国并未公布劳动参与率的官方指标，部分学者如蔡昉和王美艳（2004）根据其他公开资料间接计算的指标从样本数量上看也无法满足本书研究的需要。再如，本书无法使用恰当的收入分配指标，Rosser（2000）的研究表明收入分配问题与影子经济之间存在密切联系，但我国尚未有省际层面的收入分配差距数据，即使是我国整体的基尼系数也仅在 2013 年才重新恢复公布。另外，本书也无法使用犯罪率指标。Eilat 和 Zinnes（2000）研究发现犯罪率的提高能导致影子经济的增长速度加快。David Han-Min Wang（2006）提出政府约束犯罪行为的努力越多，参与影子经济活动的回报就越低，因此犯罪率可能是影响影子经济行为的因素之一。但我国尚缺乏省际水平的相关数据，《中国检察年鉴》提供的数据精度尚无法满足研究需要。这些问题可以随着我国统计制度的完善逐渐得到解决。

其次，使用直接调查法对影子经济的区域特性进行研究。具体可采用发

放问卷等方式直接在全国范围内开展抽样调查,在确保调查程序科学合理的前提下这种方法能够直接反映各省区市影子经济发展的微观特征,包括形成机制、影响渗透程度等诸多方面。但这种方法的局限在于需要耗费的资金、人力较多,特别是为保持研究的连续性,往往需要持续投入,因此需要时机成熟才能展开。

最后,进一步加强微观层面的研究,如企业或个人的行为等对影子经济分布的影响问题等方面,这种分布不仅是地理意义上的区域分布,还可以包括在不同群体之间的分布。譬如 Carillo 和 Pugno(2002)的研究就揭示了影子经济在社会经济总体中并非均匀分布,其在欠发达的领域分布更广。企业家精神在解释低效率的小企业雇用非正规劳动力时具有重要意义,而企业家精神取决于个人能力以及马歇尔意义上的外部性,这种外部性在企业分布达到临界密度的时候能够加速经济发展。他们证明了在这种情况下同时存在好的和坏的两种稳定均衡,其中坏的均衡可以被视为一种不发达陷阱。当参与影子经济活动非常便利的时候就比较容易陷入这种陷阱,而减少影子经济最好的办法就是使注册成为正规劳动力的过程变得更为简便。我们在下一步的研究中可以结合中国的实际情况进一步研究影子经济在我国社会不同阶层、群体之间的分布状态。

下篇：策略篇

第六章

全球视角的影子经济：比较与借鉴

在上一章我们从国内区域分布的角度对中国影子经济进行了"切分"，本章则上升到全球的视角，基于比较的方法对影子经济的全球分布特征进行解析，这一研究有利于进一步从宏观层面加深对影子经济的理解。

第一节　比较对象的分类及处理方法

影子经济的不断发展已经成为世界各国普遍面临的问题，但其在不同国家的具体表现却存在巨大差异。一些国家的影子经济规模仅相当于其正规经济的 10％甚至更少，而某些特殊国家的影子经济规模则超过其总体经济规模的 50％，即使是影子经济相对规模近似的国家，其背后的形成机制和影响也可能迥然不同，探究隐藏在这种差异背后的作用机制对更深入地理解影子经济的性质、发展规律乃至制定有效的治理政策具有重要的现实意义，因此值得我们给予特别的关注。

对不同国家的经济问题进行比较属于比较经济学的研究范畴，但传统的比较经济学多局限于对正规经济诸种属性、特征的分类和比较,从这一角度看我们的研究进一步拓展了比较经济学的研究对象。经过几十年的探索,国内外理论界早已认识到了影子经济国际比较的必要性,我国学者在这一影子经济分支领域的研究也起步较早。

夏兴园(1993)较早认识到了影子经济国际比较的重要性并进行了精辟的概括,他认为"通过影子经济的国际比较,我们可以从中发现制度、体制经济发展水平与影子经济的关系,进而探寻影子经济规律性的特征;通过比较,还可以推动影子经济规模测估、范围界定等影子经济理论研究的深化"[①]。他把影子经济比较的对象划分为发展中国家和发达国家两大类。戴炳源(2000)则认为"'经济体'比'国家'概念覆盖更广,更具解释力,也能避免误解",因此他把研究对象进一步划分为发达国家、发展中国家和转型国家三类[②]。Schneider(2005)又进一步把世界主要国家划分为发展中国家、转型国家、社会主义国家、高度发达国家(OECD国家)四类。王永兴(2010)认为从理论的角度分析,市场经济发展阶段相同国家的影子经济发展可能会表现出某些共性特征,这些共性特征可以作为分类和比较的基础。因此他把影子经济国际比较的研究对象划分为新兴工业化国家(地区)、转型国家和成熟市场经济国家三大类。

以上系列研究把影子经济的国际比较研究推进了一大步,但也存在一些不足,主要体现在现有的研究成果在比较对象分类方面缺乏公认的依据,因此可比性和稳定性较差。例如上述分类中涉及的转型国家范畴已经随着多数国家从计划经济向市场经济转型的完成而逐渐淡化,一些国家已经成为高收入国家,尽管目前继续使用这种分类进行研究仍然可行,但从长期看我们需要更具有包容性的分类体系。

为避免此类问题,本书采用世界银行按收入水平对国家层面数据的归类方法进行分类,这种分类由于其简单易行而被世界各国的研究团体广泛使用。但为了简化分析,我们在此基础上进行进一步精简,即舍弃对中低、中高收入、重债穷国(the heavily indebted poor countries,HIPC)等细类的考察,只关注低收入

① 夏兴园.中国地下经济问题研究[M].郑州:河南人民出版社,1993:264.
② 戴炳源.地下经济理论与实证的若干问题研究[M].武汉:武汉工业大学出版社,2000:130.

国家或地区、中等收入国家或地区以及高收入国家或地区三大类国家的影子经济发展情况。世界银行每年7月1日根据对上一年人均国民总收入(GNI)的估计修改对世界各经济体分类①，这里我们采用的是2013年的分类标准。根据这一标准，人均国民收入小于975美元的国家属于低收入国家，人均国民收入在976～11 905美元之间的国家属于中等收入国家，其余为高收入国家。

同时需要特别指出的是，由于涉及的国家或地区数量众多且在该领域研究的成熟度上存在巨大差异，从全球的视角观察影子经济问题首先必须要解决可比性的问题。从相关文献的发展情况来看，一些国家的影子经济研究持续时间长、成果丰富且还在不断发展②。而有些国家的本土化研究则甚至尚未起步，很多国家的影子经济规模估测尚依赖于纳入其他国家学者研究的样本范围，多属于一种附带性研究成果。鉴于当前的研究状况，为既能比较全面地反映世界各国影子经济的演进情况，又能兼顾精确性和客观性的要求，我们采取的是折中的处理方法③。为保证国家间的横向可比性，对多数国家我们将主要采用 Schneider(1997,2010,2012)等的跨国研究结果进行分析；同时，为了反映特定国家影子经济发展的更多细节及纵向变化，我们也在文献材料条件允许的情况下引入其他学者的国别研究成果进行补充。

第二节　主要高收入国家影子经济的演进与发展趋势

按照世界银行2013年的分类，归属于高收入分组的国家或地区共有69个（包含 OECD 国家和非 OECD 国家两类），总人口约13亿，总体经济规模

---

① 在早期的文献中，分类的指标是国民生产总值。

② 美国是其中的代表性国家，值得欣慰的是我国也属于此类国家，对我国影子经济问题的研究成果综述可参见王永兴(2010)。

③ 相对于使用跨国面板数据进行的研究，单独针对某个特定国家影子经济发展进行研究能够使我们关注更多的细节和特殊性，也容易得出更有针对性的政策性结论，这也是本书的主要工作。

(GDP)超过 49 万亿美元，人均 GNI 更高达 37 653 美元，城镇化率高达 80%。[①] 高收入国家或地区普遍具有较高的教育水平和科研实力，当今世界主流经济学的重镇也同样集中于此，因此对这部分国家或地区影子经济的研究相对比较充分。这里我们主要选择美国和其中一些具有较大影响的代表性国家(主要是 OECD 成员国)进行考察。

一、美国影子经济的演进与发展趋势

对影子经济问题的研究起步于美国，以 Gutmann(1977)的研究为开端，关于美国影子经济规模的估测一直是世界影子经济研究领域中的最活跃部分。从可获得的文献上看，其早期研究多使用货币模型，但几乎所有类型的模型均有相对的应用研究，并且其规模估测的样本时间起点可以追溯到 1946 年，这是其他国家均不具备的条件[②]。

我们通过表 6.1 比较全面地概括了这一时期比较有影响力的学者对美国影子经济规模的估测结果，其中主要使用的方法是货币模型和结构方程模型。从表中数据可知，美国早期影子经济的规模存在多种估测结果，并且不同学者表现出较大的分歧，这些分歧可以从不同估测方法的特点中得到解释[③]。通过对比不同作者得到的时间序列可以发现，尽管同一年份的具体估算结果可能存在较大差异，但从时间序列的角度上看不同估测结果的趋势性表现基本相同，即呈现出明显的倒 U 形趋势。在 1946 年也即第二次世界大战结束初期美国的影子经济规模较大，此后则迅速下降并趋于平稳，多数学者的估算结果小于 10%。这一趋势一直持续到 20 世纪 70 年代初期，随后影子经济规模又开始迅速攀升，进入 10%～25% 的高位区间。

---

① 数据来自世界银行数据库：http://data.worldbank.org/. 数据采用世界银行 Atlas 方法(现值美元)计算。

② 这一设定源自货币模型的关键假设，具体可参见前文讨论。

③ 参见本书第四章第一节。

表 6.1　美国影子经济规模的早期估测结果汇总（1946—1980 年）①　　%

年份	Gutmann	Feige-A	Tanzi	Feige-B	Feige-C	Aigner
1946	10.8	9.5	4.5	14.5	22.0	48.0
1947	7.2	11.0	5.2	12.0	15.5	40.0
1948	6.8	12.0	5.3	11.0	9.0	34.0
1949	6.2	13.0	5.0	10.0	8.0	29.0
1950	4.7	10.0	5.1	8.0	3.0	24.5
1951	4.5	12.0	4.7	6.5	3.5	21.0
1952	4.4	14.3	5.2	6.0	7.0	23.0
1953	4.7	15.8	4.8	7.5	7.0	20.5
1954	3.6	15.0	4.6	6.5	6.0	17.5
1955	3.5	13.5	3.2	5.5	2.0	15.5
1956	3.5	13.5	4.3	5.5	2.5	13.0
1957	3.8	14.0	4.1	5.5	2.5	12.5
1958	3.0	13.0	4.4	5.5	1.5	10.5
1959	3.3	12.5	4.0	5.0	1.2	11.0
1960	3.2	14.5	4.1	5.0	1.0	8.0
1961	2.9	13.0	4.2	4.5	1.0	7.0
1962	3.2	14.0	3.9	4.7	1.0	8.0
1963	3.9	14.3	4.0	5.5	1.0	8.5
1964	4.1	13.0	3.8	6.2	1.5	8.0
1965	4.5	13.0	3.8	6.5	2.0	9.0
1966	5.3	13.5	4.1	7.5	3.0	9.0
1967	5.0	14.0	4.5	8.0	4.0	7.7
1968	5.0	13.7	4.3	7.5	4.5	8.0
1969	5.7	14.5	4.5	8.0	9.5	11.5
1970	6.2	17.5	4.6	9.3	8.5	13.5
1971	6.3	17.0	4.7	9.5	9.5	17.0
1972	6.0	15.5	4.7	9.5	10.0	16.0
1973	6.8	13.7	4.4	10.0	15.0	19.5
1974	8.6	16.0	4.9	12.3	23.0	22.0
1975	10.0	20.0	5.0	14.7	23.5	22.5

①　表格中数字单位为百分比,具体表示美国历年影子经济规模相当于同年 GNP 的百分比(一些研究也常选用 GDP),本章其余表格如未特别申明则与此相同,后文不再赘述。在表 6.1 第一行的各单元格中展示的是提供本列数据的学者。

续表

年份	Gutmann	Feige-A	Tanzi	Feige-B	Feige-C	Aigner
1976	11.0	20.2	5.5	17.0	20.5	22.0
1977	11.7	20.2	5.2	18.0	18.5	20.0
1978	12.4	19.7	5.3	19.0	20.0	22.0
1979	13.1	19.5	5.4	19.8	21.0	28.0
1980	14.2	19.8	6.1	22.3	39.0	26.5

资料来源：Gutmann(1977)；Tanzi(1986)；Feige(1989)；Aigner,Schneider,and Ghosh(1988)。

结合这一时期的现实经济背景和影子经济的内在演进机制,美国最初影子经济规模较大的可能原因之一是第二次世界大战刚刚结束,社会政治经济生活各个方面秩序比较混乱,尚未全面恢复正常状态。而随着各项强有力稳定措施的出台,美国的制度体系不断完善,制度的横向断裂得以修补,适度的政府规制以及税收方面的优惠政策等使得美国迅速巩固了世界经济霸主的地位。这些举措同时也压缩了影子经济生存的空间,于是美国的影子经济规模一直到 20 世纪 70 年代初第一次石油危机爆发之前都处于较低水平。第一次石油危机爆发后美国陷入滞胀状态,正规经济中失业率的上升使得一些从业者转向从事影子经济活动,而通货膨胀水平的上升也能够刺激影子经济的发展,于是在 20 世纪 70 年代中后期,美国的影子经济规模开始扩大。

20 世纪 80 年代初期,面对日益突出的滞胀问题,供给学派的主张开始引起美国政府的关注,里根在执政伊始就宣布与过去的需求学派决裂,转而向供给学派寻求理论支持。供给学派的代表性人物就是拉弗,他提出的拉弗曲线我们已在前文介绍,这一理论恰恰映射了税率与影子经济的联系。这一时期大幅度的减税计划大大降低了居民参与影子经济活动的激励,同时也促使影子经济向正规经济回归。如图 6.1 所示,根据 Paglin(1994)基于直接调查法的研究,美国的影子经济在 20 世纪 80 年代中期以后开始出现下降趋势[①]。这一估测结果也得到了 Schneider(1998)的支持,他根据电力消费法估算美国 1989—1990 年的影子经济相当于 GDP 的 10.5%,根据现金需求法得到的同

---

① 尽管不同方法的估测结果不具有完全的可比性,但从趋势意义上仍可以得出有用的推论。

期估计值是 6.1%，1994—1995 年的估计值是 9.4%，1996—1997 年的平均估计值是 8.8%，这一结果与 Paglin(1994)的估计值比较接近。根据 Schneider(2010)使用 MIMIC 模型得到的估测成果，美国的影子经济在 1999—2007 年增长表现比较平稳，均值是 8.6%，并一直维持在低于 9% 的低水平状态。

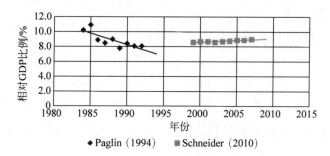

◆ Paglin（1994）　■ Schneider（2010）

图 6.1　美国的影子经济规模（1984—2007 年）[①]

二、德国影子经济的演进与发展趋势

德国是欧洲经济发展最好的国家之一，经济规模在欧洲首屈一指，2013 年的人均 GNI(世界银行口径)达到了 46 100 美元，其影子经济发展趋势比较有代表性。图 6.2 中展示的是 Pickhardt 和 Sarda(2011)利用修正的现金比率模型计算的德国影子经济规模。通过对原始模型进行修正，图中共提供了五种结果，尽管不同修正模型提供的结果存在一些差异，但表现出来的影子经济规模总体演进趋势是一致的，即德国的影子经济规模从 1960 年开始上升，这一过程一直持续到 20 世纪 80 年代末，随后又开始持续下降，总体呈现与美国类似的"倒 U"形状。图中 G0 曲线展示的是基于现金比率模型计算的影子经济百分比(作者对原始模型进行修正以保证得到"正值")，容易发现其中的 G0 曲线在 2001 年出现非常突兀的变化，这种情况与德国在这一年引入欧元从而导致银行外的流通现金急剧下降有关。G0-2 曲线考虑到了这一因

---

① 1984—1992 年的估测结果来自 Paglin(1994)，基于家户收支差异法；1999—2007 年的估测结果来自 Shcneider(2010)，基于 MIMIC 模型计算。

素的影响并进行了修正，G3曲线是在此基础上进一步考虑到现金储藏、通货膨胀、国外持有的德国马克存量等因素影响后的最终修正结果。从 G3 曲线中可以观察到德国影子经济规模在 1987 年的时间点出现转折，原因是开始实施代扣所得税政策。同样，1990—1991 年两德统一也对影子经济规模变化产生了一定影响。

从模型的总体估算结果上看，德国的影子经济规模 1990 年以后基本在相当于官方 GDP 的 10% 左右的区间小幅度波动，这与根据其他模型得到的结果基本一致。如 Schneider 和 Buehn(2010)使用 MIMIC 模型对德国 1999—2007 年影子经济规模的估测结果均值为 16.1%，特别是标准差仅为 0.32%，略高于 Pickhardt 和 Sarda(2011)的最终估计值，但从趋势上看几乎完全一致。

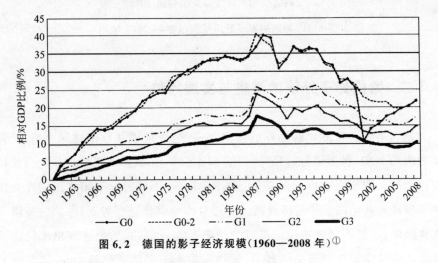

图 6.2　德国的影子经济规模(1960—2008 年)[①]

三、意大利影子经济的演进与发展趋势

意大利的影子经济在欧洲国家中属于另类，很多经验研究都显示该国的影子经济发展程度较为严重，甚至高于某些市场化程度不高的国家。

①　PICKHARDT M,SARDA J. The size of the underground economy in Germany: a correction of the record and new evidence from the modified-cash-deposit-ratio approach[J]. European journal of law and economics,2011,32(1):143-163.

Castellucci 和 Bovi(1999)使用 Tanzi 模型对意大利的影子经济规模进行了测度,他们使用了几种替代策略进行估算,表 6.2 第 4 列中使用的是其中一种方法得到的结果(1970—1997 年),这种方法要求较强的零税率假设进行处理。结果显示意大利的影子经济规模在 1997 年以前一直在 15%～22%的区间波动,但趋势不是特别明显。而 Ardizzi,Petraglia 和 Piacenza(2013)使用修正的现金需求法对意大利 2005—2008 年未观测经济的估算结果平均为 27.4%。由于不同结果存在较大差异,为得到比较可信的认识,我们还需要进一步讨论。

表 6.2 意大利的影子经济规模(1970—2008 年) %

年份	非法经济	非法经济	影子经济
1970	n. a.	n. a.	21.4
1975	n. a.	n. a.	22.0
1980	n. a.	n. a.	15.7
1985	n. a.	n. a.	18.4
1990	n. a.	n. a.	16.8
1995	n. a.	n. a.	18.1
1996	n. a.	n. a.	17.3
1997	n. a.	n. a.	17.0
2005	14.5	10.2	24.7
2006	15.0	9.6	24.6
2007	18.0	11.3	29.3
2008	18.5	12.6	31.1
平均(2005—2008)	16.5	10.9	27.4

注:原文中"未观测经济"一栏对应的口径实际上与本书定义的影子经济相同,为避免歧义统一按本书定义转换。1970—1997 年数据来自 Castellucci 和 Bovi(1999),基于 Tanzi 发展的货币模型计算,因原始时间序列数据过多,为方便展示我们仅以 5 年为间隔选取部分数据。其余数据来自 Ardizzi,Petraglia 和 Piacenza(2013)。

Schneider(2010)基于 MIMIC 模型的研究发现,意大利的影子经济规模在 1999—2007 年平均相当于 GDP 的 27.2%,并且波动幅度非常小,这一结果与 Ardizzi 等(2013)的估计比较一致。Orsi,Raggi 和 Turino(2013)使用动态随机一般均衡(DSGE)模型对意大利 1982—2006 年的影子经济规模进行了模拟,结果如图 6.3 所示。由图可知,20 世纪 80 年代意大利的影子经济规

模波动不大,约相当于 GDP 的 17％～20％,进入 90 年代以后出现增长趋势,
2000 年以后呈现高位平稳状态,约相当于 GDP 规模的 27％,这一结果也与多
数研究一致。因此我们倾向于认为意大利的影子经济发展情况比较严重。
Castellucci 和 Bovi(1999)倾向于认为意大利影子经济发展的原因更多是结构
性的,即认为意大利存在一种自然的影子经济比率,这是一种全新的认识。
而 Ardizzi 等(2013)的研究证明了犯罪活动在意大利影子经济中的重要性,他
同时也观察到意大利的影子经济在 2006—2007 年间出现短暂跳跃,原因是世
界金融危机引起欧元区出现周期性下降,经济主体开始谋求进入地下劳动市
场,甚至从事犯罪活动。

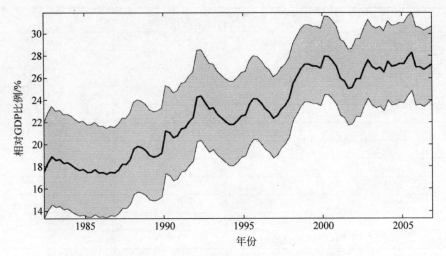

图 6.3　意大利的影子经济规模(DSGE 法)(1982—2008 年)[①]

四、部分其他高收入国家影子经济的演进与发展趋势

对多个国家影子经济规模的跨国研究相对较少,最早的研究结果可追溯
到 1960 年,如表 6.3 第 2 列和第 4 列所示。第 2 列是使用 MIMIC 模型得到

①　ORSI R, RAGGI D, TURINO F. Size, trend, and policy implications of the underground economy[J]. Review of economic dynamics,2013,17(3)：417-436.

的估测值,结果显示所有样本高收入国家1960年的影子经济规模均处于相当于 GDP 1‰~6‰的区间,其中瑞士、爱尔兰等国最低,不及 GDP 的 2‰。与同期使用现金需求模型完成的估测对比发现,挪威、澳大利亚和瑞典相差较大,而瑞士、丹麦相差较小[①]。尽管不同模型的估算值存在差异,但基本结论是一致的,即所有样本高收入国家的影子经济规模在 1960 年均处于较低水平。

　　然而观察 1978 年的结果则不难发现,无论是基于 MIMIC 模型还是基于现金需求模型,所有样本高收入国家的影子经济规模(相对 GDP 比例)均出现不同程度的上升,并且多数国家上升幅度较大,现金需求模型估算的结果超过 1960 年估计值的 2 倍,部分国家甚至超过 1960 年估计值的 4 倍,而个别国家基于 MIMIC 模型的估算结果甚至超过 1960 年估计值的 10 倍。1990 年的现金需求模型估测结果显示样本高收入国家的影子经济规模又有所上升,但增长幅度小于上一阶段,不同国家表现差异较大,分布在 5.1‰~21‰的区间范围,多数国家超过 10‰。而根据家庭电力消费法估算的结果多数高于现金需求模型,其中个别国家估测结果与现金需求模型差异较大的原因是在不同国家电力消费的代表性不同。综合各种估算比较一致的结论是在 1990 年这一阶段,样本高收入国家的影子经济规模与 20 世纪六七十年代相比有了很大的增长,其中西班牙、比利时等国的影子经济规模相对较高。

表 6.3　部分其他高收入国家的影子经济规模早期估测结果汇总(1978—1990 年)

%

国家	MIMIC 模型法		现金需求法			家庭电力消费法
	1960 年	1978 年	1960 年	1978 年	1990 年	1990 年
澳大利亚	4.6	8.9	0.4	5.0[*]	5.1~7.2	15.5
比利时	4.7	12.1	n. a.	16.4[*]	19.6	19.8
加拿大	5.1	8.7	n. a.	10.1~11.2[*]	n. a.	11.7
丹麦	3.7	11.8	3.8~4.8	6.7~8.0	9.0~13.4	16.9

---

①　因数据限制无法进行全面比较。

国家	MIMIC 模型法		现金需求法			家庭电力消费法
	1960 年	1978 年	1960 年	1978 年	1990 年	1990 年
希腊	n. a.	n. a.	n. a.	n. a.	n. a.	21.8
芬兰	3.1	7.6	n. a.	n. a.	n. a.	13.3
法国	5.9	9.4	n. a.	6.7	9.4	12.3
爱尔兰	1.7	7.2	n. a.	n. a.	11.7	20.6
日本	2.0	4.1	n. a.	n. a.	n. a.	13.2
荷兰	5.6	9.6	n. a.	9.1*	13.9	13.4
挪威	4.4	9.2	1.3～1.7	9.6～10	14.5～16.0	9.3
西班牙	2.6	6.5	n. a.	18.0	21.0	22.9
瑞典	5.4	13.2	1.5～1.8	12.5～13.6	15.8～16.7	11.0
瑞士	1.1	4.3	1.2	6.2	6.9	10.2
英国	4.6	8.0	n. a.	12.0	14.3	13.1

注：* 代表 1980 年的估计值。

资料来源：家庭电力消费法估算结果来自 Lackó（1998），MIMIC 模型法估算结果来自 Weck-Hanneman，Pommerehne 和 Frey(1984)，其余根据 Schneider (1997)整理。

进入 20 世纪 90 年代以后，多数高收入国家的影子经济规模呈现上升趋势。图 6.4 中展示了基于现金需求模型的估测结果，通过对比 1994—1995 年与 1990 年的影子经济规模估计值可以明显发现这一现象。Schneider(1998)把这种增长的原因归结为日益增加的税收和社会保险缴费负担，另外不断增加的腐败现象也刺激了这些国家影子经济规模的壮大。

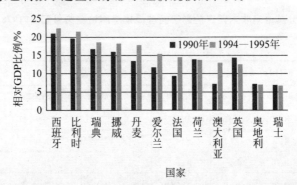

图 6.4 20 世纪 90 年代中期部分高收入国家影子经济规模的变化情况①

① 本图形基于现金需求模型，根据 Schneider(1997)和 Schneider(1998)数据整理绘制。

2000 年以后对高收入国家的跨国影子经济研究成果有限，只有 Buehn 和 Schneider(2012)基于 MIMIC 模型的研究可供借鉴，为保证具有一定的纵向可比性，在现有条件下只能与 20 世纪六七十年代基于同类模型得到的结果进行对比(表 6.3)。通过整合所有可得的研究成果可以得到以下两个主要认识。

首先，20 世纪 60 年代使用 MIMIC 模型估算的样本国家的影子经济规模平均为 3.9%，70 年代的平均规模为 8.6%，而 1999—2007 年的平均规模则达到了 16.6%[①]，由此可见从整体上看，这一阶段高收入国家的影子经济规模显著地高于 30 年以前的水平。由表 6.4 可知，希腊、西班牙、葡萄牙和韩国等国的影子经济规模相对较高，而奥地利、卢森堡、瑞士和日本等国的影子经济规模相对较低。

表 6.4　部分其他高收入国家的影子经济规模早期估测结果汇总(1999—2007 年)

%

国家	1999 年	2000 年	2001 年	2002 年	2003 年	2004 年	2005 年	2006 年	2007 年	平均
澳大利亚	14.4	14.3	14.3	14.1	13.9	13.7	13.7	13.7	13.5	14.0
奥地利	10.0	9.8	9.7	9.8	9.8	9.8	9.8	9.6	9.5	9.8
比利时	22.7	22.2	22.1	22.0	22.0	21.8	21.8	21.4	21.3	21.9
加拿大	16.3	16.0	15.9	15.8	15.7	15.6	15.5	15.3	15.3	15.7
丹麦	18.4	18.0	18.0	18.0	18.0	17.8	17.6	17.0	16.9	17.7
芬兰	18.4	18.1	17.9	17.8	17.7	17.6	17.4	17.1	17.0	17.7
法国	15.7	15.2	15.0	15.1	15.0	14.9	14.8	14.8	14.7	15.0
希腊	28.5	28.7	28.2	28	27.4	27.1	26.9	26.4	26.5	27.5
冰岛	16.0	15.9	15.8	16.0	15.9	15.5	15.1	15.0	15.0	15.6
爱尔兰	16.1	15.9	15.9	15.9	16.0	15.8	15.6	15.5	15.4	15.8
日本	11.4	11.2	11.2	11.3	11.2	10.9	10.7	10.4	10.3	11.0
韩国	28.3	27.5	27.3	26.9	26.8	26.5	26.3	25.9	25.5	26.8
卢森堡	10.0	9.8	9.8	9.8	9.8	9.8	9.7	9.6	9.4	9.7
荷兰	13.3	13.1	13.1	13.2	13.3	13.2	13.2	13.2	13.0	13.2
新西兰	13.0	12.8	12.6	12.4	12.2	12.0	12.1	12.1	12.0	12.4
挪威	19.2	19.1	19.0	19.0	19.0	18.5	18.5	18.2	18.0	18.7
葡萄牙	23.0	22.7	22.6	22.7	23.0	23.1	23.3	23.2	23.0	23.0

---

①　在这里我们计算的是面板数据(N=21,T=9)的均值。

续表

国家	1999 年	2000 年	2001 年	2002 年	2003 年	2004 年	2005 年	2006 年	2007 年	平均
西班牙	23.0	22.7	22.4	22.4	22.4	22.5	22.4	22.4	22.2	22.5
瑞典	19.6	19.2	19.1	19.0	18.7	18.5	18.6	18.2	17.9	18.8
瑞士	8.8	8.6	8.6	8.6	8.8	8.6	8.5	8.3	8.1	8.5
英国	12.8	12.7	12.6	12.6	12.5	12.4	12.4	12.3	12.2	12.5

资料来源：Buehn 和 Schneider(2012)。

其次，从进入 21 世纪以后各高收入国家影子经济规模的发展趋势上看，多数国家的情况比较稳定，尽管横向差异较大，但总体趋势趋于一致。由表 6.4 可知，所有样本国家的影子经济规模均表现出轻微下降趋势。通过计算可知 1999 年样本高收入国家的平均影子经济规模（截面均值）是 17%，而 2007 年则下降到了 16%。一个具有重要意义的事实是，从 20 世纪 60 年代以来，高收入国家的影子经济规模首次被发现出现整体性的下降趋势，尽管幅度很小。

第三节　主要中等收入国家影子经济的
演进与发展趋势

按照世界银行 2013 年的分类，归属于中等收入分组的国家或地区共有 103 个，总人口约 49 亿，总体经济规模（GDP）超过了 22.35 万亿美元，人均 GNI 为 4 348 美元，城镇化率为 50%。特别值得一提的是，由于按 2013 年现价美元计算的人均 GNI 达到了 6 560 美元，我国目前也属于中等收入国家，从更细的分类来看我国目前实际上已经进入中高等收入国家的行列，并正在迅速向高收入国家俱乐部迈进。[①] 由于在世界银行的分组中，中等收入国家的数量最多，我们主要集中讨论其中的两类典型国家或地区，即亚洲和拉丁美

---

① 数据来自世界银行数据库，人均 GNI 使用地图集法计算，参见 http://data.worldbank.org/.

洲的新兴工业化经济体与欧亚的转型经济体,其中中国的影子经济发展情况已经在其他部分详细讨论,此处不再赘述。从影子经济的研究进展来看,这两种典型国家或地区的相关研究资料相对也比较充分。

一、巴基斯坦影子经济的演进与发展趋势

巴基斯坦 2013 年的人均 GNI 为 1 380 美元,属于中低等收入国家,它的影子经济发展具有明显的阶段性特征。Aslam(1998)使用 Tanzi 的货币模型对巴基斯坦的影子经济规模进行了估测,他发现巴基斯坦的影子经济在 20 世纪 60 年代迅速上升,从 1960 年相当于 GDP 的 29% 上升到了 1969 年的 41%,但进入 20 世纪 70 年代后有所下降,到 1976 年下降到了 27%,影子经济的增长速度明显快于正规经济的增长速度。Aslam(1998)还发现巴基斯坦影子经济的规模对政治经济事件非常敏感,如 1969 年就有战争因素的作用。

Kiani,Ahmed 和 Zaman(2014)使用自回归分布滞后(ARDL)的方法对货币模型进行了修正,他们通过拟合货币需求方程对现金需求与税收、利率等变量的长期关系进行推导。模型的估计结果如图 6.5 所示,巴基斯坦的影子经济在 1975—1980 年波动较大(与阿富汗战争有关),但在 1980 年以后波幅收窄,并且一直到 2010 年呈现出比较明显的下降趋势,特别是 2000 年以后影子经济规模降至 21% 的历史最低水平。

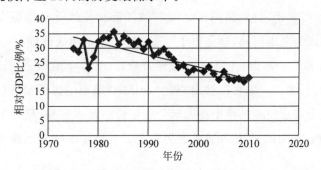

图 6.5 巴基斯坦的影子经济规模(ARDL 方法)(1975—2010 年)[①]

---

① 根据 Kiani,Ahmed 和 Zaman(2014)提供的数据绘制,图中直线为趋势线。

Arby,Malik 和 Hanif(2010)比较全面地总结了巴基斯坦最近 50 年的影子经济发展趋势,从中可以观察到某种阶段性特征(表 6.5)。从总体上看(以 10 年为单位),ARDL 模型和 MIMIC 模型均显示巴基斯坦的影子经济规模以 20 世纪 80 年代为分界呈现先升后降的趋势特征,这一发现与 Kiani 等(2014)的研究相一致。但电力消费模型估测结果则把这一转折点推迟到了 20 世纪 90 年代,原因可能是未侦测到电力技术进步的巨大变化。尽管不同估测结果之间存在差异,但均可确认巴基斯坦的影子经济规模相对较高,并且已经进入下降周期。

表 6.5　巴基斯坦影子经济规模发展的趋势性比较　　　　　　　　%

年　　代	ARDL 模型	MIMIC 模型	电力消费模型
20 世纪 60 年代	28.9	n. a.	n. a.
20 世纪 70 年代	29.7	29.6	4.5
20 世纪 80 年代	32.8	29.6	18.1
20 世纪 90 年代	32.7	29.5	28.6
21 世纪 00 年代	23.2	29	27.3

资料来源：Arby,Malik 和 Hanif(2010)。

二、墨西哥影子经济的演进与发展趋势

墨西哥是拉丁美洲经济比较发达的国家之一,2013 年按世界银行口径核算的人均 GNI 达 9 940 美元,属于中等偏上收入国家。墨西哥与美国地理上毗邻,经济联系紧密,特别是两国之间与黑社会相关的巨额毒品交易和有组织犯罪已经成为突出问题,这是影子经济的一个重要组成部分。

Macias 和 Cazzavillan(2010)对墨西哥最近 30 多年的影子经济发展情况进行了研究,从图 6.6 中可以看出,基于 MIMIC 模型的影子经济规模估测结果与基于现金需求模型的结果在大部分的年份中基本重叠(只有 1988—1991 年例外)[①],但 MIMIC 模型的结果更为稳定。两种模型结果出现短暂差异的

---

① 从经验上看,两种估算结果较难重叠,因此墨西哥的情况有别于其他大部分国家。

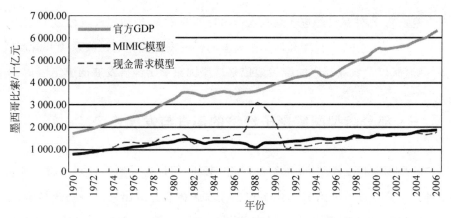

图 6.6　墨西哥的影子经济规模（1970—2006 年）[①]

原因是货币模型对价格更为敏感，而墨西哥在 20 世纪 80 年代后期曾出现恶性通货膨胀，另外原因是两种方法使用的变量也有所差异。但无论基于哪种方法，可以确定的一点就是墨西哥的影子经济规模自 20 世纪 80 年代末以来就一直处于 30%～40% 的区间，在 20 世纪 70 年代大约相当于 GDP 的 40%，此后则开始下降，并在 20 世纪 90 年代后维持在相当于 GDP 30% 左右的水平。这一结果也得到了 Buehn 和 Schneider（2012）的支持，根据他们的估算，墨西哥在 1999—2007 年的影子经济规模约相当于 GDP 的 28.8%～30.5%，8 年平均值为 30%。Macias 和 Cazzavillan（2010）认为墨西哥影子经济规模居高不下的主要症结是过高的税收、低工资与过度管制。从最近 30 年的估测结果上看，墨西哥的影子经济规模仍然在缓慢上升，但趋势性并不显著。值得一提的是，墨西哥并非拉丁美洲影子经济最严重的国家，根据 Schneider（2002，2012）的研究，拉丁美洲影子经济相对规模最大的国家是玻利维亚[②]，2000 年以后平均规模达到惊人的 66.1%。此外，同属中等偏上收入国家的秘鲁等国的影子经济规模也超过了 50%，巴西、哥伦比亚等国在 40% 左右。由此可见，如果以 MIMIC 模型的估计结果为基准衡量，拉丁美洲国家的影子经济规

①　MACIAS J B,CAZZAVILLAN G. Modeling the informal economy in Mexico. A structural equation approach[J]. The journal of developing areas,2010,44(1)：345-365.

②　需要再次强调，此处所指是相对于本国官方 GDP 的百分比，而非以货币表示的绝对规模，后者与一国的经济总量有关。

模普遍较高,即使是已经进入高收入国家行列的秘鲁,平均规模也超过了19%。Vuletin(2008)对32个拉美和加勒比国家的研究发现僵化的税收系统和管制氛围、高通胀以及农业部门的统治地位是这些国家影子经济发展的决定因素。

三、部分转型国家影子经济的演进与发展趋势

转型国家特指那些20世纪80年代末90年代初开始从计划经济体制向市场经济体制过渡的国家[①],主要包括苏联解体后分裂出来的一些成员国、东欧国家以及中、越等国。由于具有相似的初始条件,这部分国家值得作为一个整体进行研究,我们的研究起点也选择在转型刚刚开始的1989年。

在转型初期,一些学者发展了一种新的方法来研究转型国家的影子经济规模变化情况,Johnson,Kaufmann和Shleifer(1997)使用的总体电力消费模型就是其中的代表。表6.6展示了部分转型国家基于电力消费模型估算的影子经济规模,从中容易发现几乎所有转型国家影子经济规模均出现超高速增长趋势,多数国家短短7年时间里就增长了2～4倍。但也有少数经济基础较好的转型国家在经历3～5年的快速增长期之后即出现下降,个别国家甚至下降到低于1989年的水平,此类国家多数已经成为高收入国家,如波兰、捷克、匈牙利等国。鉴于此,我们主要集中分析目前尚属于中等收入国家的转型国家,由表6.6可知此类国家的影子经济发展程度比较严重,格鲁吉亚、阿塞拜疆等国甚至达到了60%,多数国家处于20%～40%的区间,仅乌兹别克斯坦表现较好,其1995年的影子经济规模仅相当于GDP的6.5%。

从平均意义上看,Schneider(2002)采用MIMIC模型得到的估算结果与此相差不大(通过计算两种方法1990—1993年的均值进行比较),表明多数转型国家影子经济问题比较严重。而Lacko(2000)基于微观电力消费模型得到的1990—1995年估计值尽管与前两种方法差别较大,平均高10个百分点,但同样能够说明这一时期转型国家影子经济规模发展迅速,该结论比较稳健。

---

① 个别国家例外,如中国是从1978年开始转型。

　　转型国家影子经济发展较快的主要原因是前文讨论的制度纵向断裂与制度横向断裂的双重作用,广泛存在的制度缝隙为影子经济提供了最好的生存空间。王永兴(2010)认为这种情况的出现与这些国家在转型初期纷纷受到新自由主义的影响,选择激进式的转型方式,忽视非正式制度的影响有密切关系,另外伴随经济衰退而来的贫困人口激增也加大了人们选择从事影子经济活动的激励。

表 6.6　部分转型国家影子经济规模的早期估测结果汇总(1989—1995 年)①

%

国家	1989年	1990年	1991年	1992年	1993年	1994年	1995年	1990—1993 年*	1990—1995 年*
保加利亚	22.8	25.1	23.9	25.0	29.9	29.1	36.2	27.1	34.4
捷克	6.0	6.7	12.9	16.9	16.9	17.6	11.3	13.1	24.7
匈牙利	27.0	28.0	32.9	30.6	28.5	27.7	29.0	22.3	30.8
波兰	15.7	19.6	23.5	19.7	18.5	15.2	12.6	22.3	30.0
罗马尼亚	22.3	13.7	15.7	18.0	16.4	17.4	19.1	27.3	33.2
斯洛文尼亚	6.0	7.7	15.1	17.6	16.2	14.6	5.8	22.9	26.8
阿塞拜疆	12.0	21.9	22.7	39.2	51.2	58.0	60.6	45.1	n. a.
白俄罗斯	12.0	15.4	16.6	13.2	11.0	18.9	19.3	35.6	n. a.
爱沙尼亚	12.0	19.9	26.2	25.4	24.1	25.1	11.8	34.3	n. a.
格鲁吉亚	12.0	24.9	36.0	52.3	61.0	63.5	62.6	45.1	n. a.
哈萨克斯坦	12.0	17.0	19.1	24.9	27.2	34.1	34.3	31.9	n. a.
拉脱维亚	12.0	12.8	19.0	34.3	31.0	34.2	35.3	25.7	n. a.
立陶宛	12.0	11.3	21.8	39.2	31.7	28.7	21.6	26.0	n. a.
摩尔多瓦	12.0	18.1	27.1	37.3	34.0	39.7	35.7	29.3	n. a.
俄罗斯	12.0	14.7	23.5	32.8	36.7	40.3	41.6	27.8	38.0
乌克兰	12.0	16.3	25.6	33.6	28.0	45.7	48.9	29.4	46.3
乌兹别克斯坦	12.0	11.4	7.8	11.7	10.1	9.5	6.5	22.1	n. a.

　　资料来源:1989—1995 年分列数据来自 Johnson,Kaufmann 和 Shleifer(1997),基于总体电力消费模型;1990—1993 年数据来自 Schneider(2002),基于 MIMIC 模型;1990—1995 的数据为本书根据 Lacko(2000)提供的原始数据计算,基于微观电力消费模型,其中俄罗斯、乌克兰等少数国家根据数据占有情况取 3 年平均和 4 年平均;符号 * 提示此列数据并非本表格前几列的平均数。

---

　　① 表中匈牙利、捷克等国既属于转型国家又属于高收入国家(按 2013 年标准),但它们一般在转型初期尚属于中等收入国家,列入此处方便进行纵向比较和横向比较。

经济转型进入中期以后，各国逐渐从经济衰退中恢复，一些国家最终放弃了休克疗法，开始选择相对比较温和的转型方式。进入经济恢复期后，除个别单项国别研究外，学者们一般不再使用电力消费模型估算影子经济规模，跨国层面的研究基本上以 MIMIC 模型为主。表 6.7 中展示了部分转型国家 1999—2007 年基于 MIMIC 模型的影子经济规模估测结果，通过与表 6.6 进行对比可以发现转型国家的影子经济发展出现了明显的分化趋势。

表 6.7　部分转型国家影子经济规模的近期估测结果汇总（1999—2007 年）[①]

%

国家	1999 年	2000 年	2001 年	2002 年	2003 年	2004 年	2005 年	2006 年	2007 年	平均
保加利亚	37.3	36.9	36.6	36.1	35.6	34.9	34.1	33.5	32.7	35.3
波兰	27.7	27.6	27.7	27.7	27.5	27.3	26.9	26.4	26.0	27.2
捷克	19.3	19.1	18.9	18.8	18.7	18.4	17.8	17.3	17.0	18.4
匈牙利	25.4	25.1	24.8	24.5	24.4	24.1	24.0	23.7	23.7	24.4
罗马尼亚	34.3	34.4	33.7	33.5	32.8	32.0	31.7	30.7	30.2	32.6
斯洛文尼亚	27.3	27.1	26.7	26.6	26.4	26.2	25.8	25.3	24.7	26.2
阿塞拜疆	61.0	60.6	60.3	60.0	59.1	58.6	56.7	54.0	52.0	58.0
白俄罗斯	48.3	48.1	47.9	47.6	47.0	46.1	45.2	44.2	43.3	46.4
爱沙尼亚	n. a.	32.7	32.4	32.0	31.4	31.1	30.5	29.8	29.5	31.2
格鲁吉亚	68.3	67.3	67.2	67.2	65.9	65.5	65.1	63.6	62.1	65.8
哈萨克斯坦	43.8	43.2	42.5	42.0	41.1	40.6	39.8	38.9	38.4	41.1
拉脱维亚	30.8	30.5	30.1	29.8	29.4	29.0	28.4	27.7	27.2	29.2
立陶宛	33.8	33.7	33.3	32.8	32.0	31.7	31.0	30.4	29.7	32.0
摩尔多瓦	45.6	45.1	44.1	44.5	44.6	44.0	43.4	44.3	n. a.	44.5
俄罗斯	47.0	46.1	45.3	44.5	43.6	43.0	42.4	41.7	40.6	43.8
乌克兰	52.7	52.2	51.4	50.8	49.7	48.8	47.8	47.3	46.8	49.7
波斯尼亚	34.3	34.1	34.0	33.9	33.5	33.6	33.2	32.9	32.8	33.6
亚美尼亚	46.6	46.3	45.4	44.5	43.9	43.6	42.7	42.1	41.1	44.0
克罗地亚	33.8	33.4	33.2	32.6	32.1	31.7	31.3	30.8	30.4	32.1
吉尔吉斯斯坦	41.4	41.2	40.8	41.4	40.5	39.8	40.1	39.8	38.8	40.4
拉脱维亚	30.8	30.5	30.1	29.8	29.4	29.0	28.4	27.7	27.2	29.2
立陶宛	33.8	33.7	33.3	32.8	32.0	31.7	31.0	30.4	29.7	32.0
马其顿	39.0	38.2	39.1	38.9	38.4	37.4	36.9	36.0	34.9	37.6
塔吉克斯坦	43.5	43.2	42.9	42.7	42.1	41.7	41.5	41.2	41.0	42.2

资料来源：Buehn 和 Schneider(2012)。

① 由于数据可得性的原因，表 6.7 的样本相对较多。其中塔吉克斯坦既属于转型国家又属于低收入国家。

一些国家的影子经济规模得到了控制，匈牙利、斯洛文尼亚等少数国家影子经济规模相对转型初期轻微上升了 2％～5％[①]，爱沙尼亚甚至下降了 3％～4％。从 1999—2007 年这 8 年的趋势变化上看，这些国家的期末值均低于期初值，影子经济规模呈现进一步下降趋势。而这些国家均已摆脱转型困境，成为高收入国家。在已经成为高收入国家的转型国家中，只有波兰的影子经济出现增长，这种情况可能与其民族资本被外资大规模控制，从而迫使一些经济活动转入地下有关。

多数转型国家的影子经济相对规模较转型初期有所上升，增长幅度在 6％～21％之间。排除已经成为高收入国家的样本，在样本可比范围内，属于中等收入经济体的转型国家影子经济规模相对于转型初始阶段平均上升了 12％。不过值得关注的是，尽管影子经济规模高于转型初期，但从 1999—2007 年这 8 年的趋势变化上看，多数国家的期末值低于期初值，呈现小幅下降趋势。从整个转型周期进行考察，总体上各转型国家的影子经济规模变化均符合"倒 U"形曲线，但部分国家曲线的右半部分尚未完全呈现。

第四节　主要低收入国家影子经济的演进与发展趋势

按照世界银行 2013 年的分类，归属于重债穷国的国家有 40 个，其中归属于低收入分组的国家共有 34 个。这些国家主要分布在亚洲和非洲，总人口约 8.5 亿，总体经济规模（GDP）仅为 5 000 亿美元，人均 GNI 更仅达到 584 美

---

① 由于影子经济规模本身是以百分比表示的，所以对其本身增长幅度的描述可能带来歧义，特此进行说明。本章描述的百分比变化是绝对值的变化，而非增速的变化。例如设原影子经济相对规模是 A，变化后的规模是 B，则我们计算的是 $B-A$，而非 $(B-A)/A$。

元,城镇化率平均只有 28% 的水平。① 无论从哪个角度衡量,这些国家都属于世界最贫穷落后的国家,即使把所有低收入国家的正规经济规模加总可能也仅与一些大型跨国公司市值相当②。由于经济规模有限,可以合理推断的是这些国家影子经济的绝对规模也不会过高。尽管如此,研究低收入国家或地区的影子经济演进情况也有其必要性。第一个原因是从长期动态发展的角度看低收入国家存在变为中等收入国家甚至高收入国家的可能;第二个原因是研究低收入国家的影子经济问题可以为我们研究经济发展水平与影子经济的关系问题提供更多的线索。由于对低收入国家影子经济的研究非常稀少,我们在这里仅尝试进行一般性的讨论。

尽管同属低收入国家,但这些国家的增长潜力不尽相同。一些国家利用自身的比较优势已经出现经济起飞的迹象,如西非国家塞拉利昂则凭借丰富的矿藏获得较快发展,年增速达到 14.6%。埃塞俄比亚最近 10 年也凭借旅游业、能源矿产业等获得了 10% 左右的增长速度。但不得不正视的事实是多数低收入国家的经济增长缓慢,为减少冗余信息的干扰,我们这里只选择 2013 年按世界银行口径 GDP 超过 50 亿美元的国家进行比较。

部分低收入国家影子经济规模的近期估测结果汇总如表 6.8 所示,通过简单比较可以明显发现,低收入国家的影子经济水平普遍高于高收入和中等收入国家,平均影子经济规模达到了 44%,甚至比转型国家还高 7%。在低收入国家中,津巴布韦的影子经济规模最高,平均规模达到 GDP 总量的 61.8%,并且呈现上升趋势,东亚的缅甸和柬埔寨的影子经济规模也接近或达到 50%,处于较高水平。南亚的孟加拉国和非洲的肯尼亚等国的影子经济规模较低(相对其他低收入国家),但均值也超过了 30%。尽管低收入国家的影子经济问题已经非常严重,但从 1999—2007 年的影子经济发展趋势来看也能够发现一些积极的信号,即多数低收入国家的影子经济规模呈现下降趋势,如埃塞俄比亚从 1999 年的 40.6% 下降到了 2007 年的 35.1%,肯尼亚从 1999 年的

① 数据来自世界银行数据库：http://data.worldbank.org/.
② 按福布斯公布的数据,全球有多家公司市值超过 4 000 亿美元,参见福布斯中文官方网站 http://www.forbeschina.com/.

33.7%下降到 2007 年的 29.5%。低收入国家影子经济问题表现不佳的原因是多元的，如广泛存在的贫困、恶性通货膨胀[①]、50%以上的超高失业率以及战争、动乱等因素都容易刺激影子经济活动的增长，由于无法从正常的经济活动中获取足够收入来维持生存，人们只能被迫从事影子经济活动。

表 6.8　部分低收入国家影子经济规模的近期估测结果汇总(1999—2007 年)

%

国家	1999 年	2000 年	2001 年	2002 年	2003 年	2004 年	2005 年	2006 年	2007 年	平均
贝宁	51.2	50.2	49.8	49.6	49.3	49.5	49.8	49.6	49.1	49.8
布基纳法索	41.3	41.4	41.3	41.4	40.3	40.1	39.7	39.7	39.6	40.5
乍得	45.8	46.2	45.5	45.1	44.2	41.5	41.1	41.7	42.2	43.7
刚果(金)	47.2	48.0	48.2	48.1	47.1	46.9	46.8	46.8	46.7	47.3
埃塞俄比亚	40.6	40.3	39.5	39.6	40.1	38.6	37.7	36.3	35.1	38.6
几内亚	39.7	39.6	39.3	38.7	38.8	38.4	38.9	39.2	39.2	39.0
肯尼亚	33.7	34.3	34.0	34.8	34.6	33.7	32.7	31.1	29.5	33.2
马达加斯加	40.1	39.6	38.7	44.8	43.4	41.6	40.8	39.9	38.5	40.8
马里	42.5	42.3	40.8	40.2	39.9	40.6	40.1	39.9	39.9	40.7
莫桑比克	41.1	40.3	40.4	39.8	39.9	39.1	38.9	38.9	n. a.	39.8
尼日尔	41.7	41.9	40.9	40.3	39.7	40.7	39.7	38.6	n. a.	40.4
卢旺达	40.5	40.3	40.6	39.9	40.7	40.2	39.3	39.1	n. a.	40.1
坦桑尼亚	58.6	58.3	57.7	56.9	56.6	56.0	55.4	54.7	53.7	56.4
乌干达	43.5	43.1	42.9	42.9	42.5	42.4	42.2	41.0	40.3	42.3
津巴布韦	59.6	59.4	61.5	62.8	63.7	62.3	62.0	62.3	62.7	61.8
塞拉利昂	48.6	48.6	47.6	45.4	44.8	44.4	44.3	43.6	42.9	45.6
柬埔寨	50.4	50.1	49.6	50.0	49.2	48.8	47.8	46.8	46.0	48.7
缅甸	51.6	52.6	51.5	50.7	49.0	49.1	47.8	n. a.	n. a.	50.3
尼泊尔	37.2	36.8	36.7	37.1	36.9	36.8	36.7	36.3	36.0	36.7
孟加拉国	36.0	35.5	35.5	35.7	35.6	35.5	35.1	34.5	34.1	35.3
海地	54.8	55.4	56.1	56.5	56.4	57.4	57.1	57.0	57.1	56.4

资料来源：Buehn 和 Schneider(2012)。

① 如津巴布韦就曾被迫发行千亿面值以上的现钞，但仅能购买一块面包，导致货币体系崩溃。

第五节 世界各国影子经济的演进
规律与治理经验和策略

一、世界各国影子经济的总体分布和发展规律

通过以上分析可知，影子经济的跨国比较是一个非常复杂的课题，世界各国的影子经济发展情况差异极大，我们关心的问题是能否找到可以部分地解释这种差异的规律性认识。经过系统地分析国内外现有的研究成果，我们发现如果以全球整体的视角分析影子经济的分布问题，的确能够提炼出一些影子经济演进的经验性规律。但同时也应注意到，这些规律并非公理，它只是一种趋势性的指引。不难发现，即使是影子经济规模非常相近的国家，它们各自影子经济发展的主要推动机制也可能完全不同。

为保证结果具有完全的可比性，本节我们只选用 Buehn 和 Schneider (2012)的跨国研究成果作为度量指标，尽管该研究可能存在系统性的高估问题，但这一问题并不会影响比较研究的效果。[①] 它的优势是在同类研究中样本覆盖范围最全面，涵盖了世界上 162 个国家和地区的影子经济规模估测结果。

结合地理分布和各国的经济背景，我们可以大致总结出以下规律[②]。

第一，从世界各国影子经济的整体地理分布上看，北半球的影子经济问题相对较轻，而南半球的影子经济问题则较为严重。其中在北半球内部影子

---

① 如 Kholodilin 和 Thießen(2011)使用 38 个 OECD 国家 1991—2007 年的面板数据估算了影子经济规模，发现其估计值显著低于 Schneider(2010)，但二者对应年份估计值的相关系数非常高，位于 0.63～0.65 之间，只有 2002 年例外，因此整体上不会明显影响相对意义上的比较研究。

② 由于缺少其他研究作为参照，我们在这里只从相对意义上使用这一估算结果。

经济比较严重的地区多属于转型国家,它们占据了版图的绝大部分。这与南半球集中了世界上最贫穷的国家,战争、动荡、贫困、失业等问题并存有关。

第二,从全球洲际水平的影子经济分布状况上看,北美洲、大洋洲、欧洲和东亚的影子经济问题相对较轻,而非洲、南美洲、中亚是影子经济的重灾区。其中东亚各国影子经济规模的方差较大,表明该区域内部存在较大差异。

第三,影子经济的发展程度与经济发展水平之间密切联系。最早发现并阐明这种关系的是王永兴(2010),他总结指出老牌市场经济国家的影子经济规模最低,属于第一梯队;新兴工业化国家影子经济规模高于前者,属于第二梯队;转型国家影子经济问题比较严重,属于第三梯队。但这一研究基于不同的国家分类体系,同时也并未对这一关系进行量化说明。在本书的分类体系下,综合前文对三种类型国家影子经济的研究不难确认这一结论,即二者之间呈正相关关系。为进一步验证这一关系,我们计算了影子经济规模与各国 GDP 数据之间的样本 Pearson 相关系数,结果为负的 0.31,进一步证明了我们的猜想。当然,二者之间是否存在因果关系,因果关系的方向如何还要根据每个国家各自的具体情况进行判断。

第四,从分布结构的角度上看,影子经济的分布呈橄榄形结构,即影子经济极端严重与影子经济非常轻微这两种情况均仅占全部国家的少数,绝大多数国家都处于中间地带,但其中更多的国家接近第一种情况,这种特点无疑给全球性的影子经济治理带来一定变数。

二、世界各国影子经济的治理经验和策略

尽管多数国家政府并未明确承认本国影子经济的存在,也未公开声称要治理影子经济问题,但实际很多已经出台的举措都是针对影子经济问题的,只不过治理行动往往是以治理影子经济的某种具体表现形式的方式出现,如治理逃税问题等。由于影子经济的形成机制非常复杂,每个国家的影子经济治理方式和治理重点必然存在一定差异,但通过仔细的比较和梳理也能够发现一些具有比较广泛适用性的影子经济治理经验和策略,这里我们从内部和

外部两个角度进行提炼总结。

1. 提高执行力，成立税务警察

目前世界上很多国家为应对逃税、洗钱等问题纷纷建立了税务警察队伍，但具体的操作方式各不相同。如意大利的税务警察隶属军队体系，其总司令由财政部门和军事部门共同任命；俄罗斯的税务警察隶属警察系统，甚至还专门成立了税务警察学院，其优势在于执法和威慑力较强；德国等国的税务警察机构则不配备武器和设置警衔，归属于税务违法案件调查局管理；而美国的税务警察则隶属税务系统的国内收入局刑事调查部，但可配备武器。由于税务问题往往比较专业和复杂，内部化处理优势明显，有利于在税务机构内部的行政机构和刑事机构之间协调信息。总之，一些国家通过设置税务警察不同程度地打击了与税收相关的影子经济行为，它们在这方面取得的宝贵经验值得其他国家借鉴。

特别需要强调的是，税务警察的建设还必须结合不同国家的国情才可能发挥应有的作用，特别是它必须在司法体系能够恰当运作的情况下进行，否则就有可能适得其反。例如尽管俄罗斯的税务警察仅 1993 年和 1994 年两年就为俄罗斯挽回了 7 亿美元的税收损失[①]，但仍然受到一些学者的诟病。如Hay 和 Shleifer(1998)就根据俄罗斯的情况指出，传统的改革思路忽略了政府缺乏改革自身的激励这一基本问题，如果俄罗斯的警察精英获取了更多的权力去打击黑手党，带来的结果只会是以更高的价格把这些权力售卖给黑手党。税收改革表现不佳的部分原因就是政府无法动摇利益体系，而在这种情况下税收警察权力的增加一定会带来专断、滥用和腐败。

2. 依托国际组织，加强国际合作

随着全球化进程的不断推进，世界各国的经济、政治和文化联系越来越紧密，影子经济问题的跨国特征也日益明显。走私、贩毒、跨国逃税、新型网

---

① 贾质彬.关于我国建立税务警察制度的探讨[D].天津：天津大学,2007.

络犯罪、洗钱、为恐怖主义融资等影子经济相关活动在高速发展的网络化、信息化的推动下获得了新的成长空间,也给各国的影子经济治理带来了严峻的挑战。在当今世界,影子经济的治理已经不是单独依靠一国力量就能解决的问题,必须寻求更高层次的国际合作才有可能在这一问题上取得较大的突破。事实上,世界上很多国家在影子经济治理问题上已经取得了越来越多的共识,国际合作方面也已经取得了很大的进展。

首先是成立了反洗钱的国际合作组织。欧共体、经济合作与发展组织早在 20 世纪 70 年代就已经开始倡导各国在逃税问题上进行国际合作。特别是在 1989 年西方七国(G7)共同倡导成立了金融行动特别工作组(FATF)①,该组织是在反洗钱、反恐等相关领域最有影响力的国际组织,截至 2020 年底共有 39 个正式成员(含中国香港地区),取得了良好的成绩。如果能进一步拓展合作范围,使更多存在严重影子经济问题的国家和地区加入就能够发挥报酬递增的作用。

其次是初步建立了全球税收信息情报交换的标准,欧洲委员会和 OECD 成员于 1988 年制定了《多边税收征管互助公约》,该公约于 1995 年生效,并在 2008 年世界金融危机爆发后得到强力推动,修订后的公约于 2011 年 6 月生效。截至 2020 年 11 月,已经有 141 个国家和地区加入了这个公约,我国也于 2013 年 8 月加入。随着成员方不断增多,这一公约将在影子经济治理问题上发挥越来越重要的作用。

此外,一些国家也单独发起了国际合作的意向,如美国于 2014 年 7 月 1 日生效的《海外账户税收遵从法案》(FATCA)就是其中的代表,该法案又被戏称为"反肥猫法案"。根据该法案,协议国之间将互换居民金融账户信息,旨在治理美国公民在海外隐匿资产逃避纳税的行为。目前已经有近百国家与美国达成意向,我国也在此列。同时,我国也向多个国家发起了类似的国际合作意向,具体在第七章相关部分再进行讨论。通过世界多个国家共同的努力,覆盖全球的监控网络将逐步完善,一些过去无法发现和解决的影子经

---

① 具体成员国和运作规则请见官方网站 http://www.fatf-gafi.org.

济问题将有望得到有效的治理。

在这场战役中，一些老牌国际组织如联合国、OECD 组织、亚太安全合作理事会、欧洲刑警组织（Europol）、国际刑警组织（Interpol）等均积极参与影子经济治理相关行动，并且发挥了重要的作用。在这些国际组织中，国际货币基金组织和世界银行作出了突出贡献，前者负责反洗钱和阻止为恐怖活动融资，后者则致力于反腐等工作。这些国际组织在治理影子经济相关问题上已经积累了相当的经验，我们只有以更开放的心态深度参与其中才有可能使国家利益得到最大的保证。

第七章
中国影子经济的治理策略

　　正如 Kesselman(1997)所洞见的,尽管在影子经济真实规模问题上理论界还缺乏一致认识,但无论影子经济规模大还是小,都对公共政策的制定具有重大影响。如前所述,我们的模型结果显示中国的影子经济规模最高曾接近 19％,尽管最近呈下降趋势,但绝对量仍然巨大,其发展对我国的经济、政治、社会与国家安全等都带来了明显的不利影响[①],因此如何制定出合理的政策以有效应对影子经济的挑战成为一个急需解决的具有挑战性的课题。在应对这一问题上我们首要的观点就是必须在观念上正视影子经济的存在,而不应采取鸵鸟策略来先验地假设影子经济的危险并不存在或无足轻重,这是讨论治理策略问题的基础。换而言之,讨论中国影子经济治理策略的出发点不是彻底消灭影子经济的存在,而是削弱其不利影响,这一出发点完全基于影子经济的特殊性质。一个初看可能会让政策制定者难以接受或感到迷惑的事实是,影子经济如同正规经济的影子,在任何国家它的存在都具有其内生性,任何试图彻底消灭其存在的努力都是徒劳的。但承认其存在的客观性并不意味着我们对影子经济束手无策,在实践中我们可以根据不同类型影子经济的特点总结出一些方法来削弱或制约影子经济带来的不利影响,最终实

---

　　① 尽管本章主要关注中国的影子经济治理策略问题,但除部分与我国国情直接相关的特殊因素外,我们的讨论在很多方面具有一般性,同样适用于其他国家。

现近似消灭的效果。

本章我们试图全面构建影子经济治理的策略集合,其中既包括最一般和宏观层面的理论思考,也包括在实践层面具体的和具有可行性政策的讨论。首先我们从比较抽象的宏观层面分析中国影子经济治理的逻辑起点,包括我们应该怎样认识影子经济存在的现实、如何对多种类型的影子经济实行政策性歧视策略、如何在治理时能够实现靶向定位以尽量避免误伤正规实体经济的发展、如何看待制度层面设计的可能性等方面。在此基础上,第二节我们再继续研究在我国当前影子经济治理的全部策略空间中存在哪些适应我国具体实际国情的可行性策略。

第一节　影子经济治理的一般逻辑

一、设计影子经济治理策略的基本原则

1. 影子经济治理的歧视性原则

影子经济的治理问题属于规范分析的范畴,这意味着我们必须对不同类型的影子经济活动作出一个定性的判断,也即应该从影子经济本身性质的角度对其进行分类,以便使用不同类型的策略对其进行差别化治理。从影子经济治理主体的角度出发,这种歧视性的治理原则有助于我们最大化政策设定者的收益。

第一类影子经济活动是与人类普遍的伦理、道德绝不兼容的影子经济类型,其存在会直接危害社会的健康发展,对社会主流利益造成损害。这种类型的影子经济活动多具有非生产性的特征,不但不会促进社会总产出的增加,反而会消耗社会资源,甚至造成社会的退步,贩毒、腐败等类型的影子经济是其中的典型代表。

第二类影子经济活动是尽管与正式的法律法规有所违背,但其发展与正式制度(如税收制度)的供给不足或不合理有关,其作用具有两面性。一方面,此类影子经济活动可能会扰乱正规经济的运行,从而造成不利影响;另一方面,在特定领域也可能起到弥补正规经济不足的作用,其存在本身也可能对社会总产出形成正向影响(尽管可能未被统计在内)。特别需要强调的是,在恰当的制度安排之下这类影子经济存在向正规经济转化的可能性。走私、逃税等类型的影子经济是其中的典型代表。

对于第一类影子经济活动,我们对其治理的基本原则是严厉打击,在治理成本容许的条件下尽可能消灭其存在基础,甚至在特定时期可以短时间容许边际治理收益小于边际治理成本。一般而言,对于贩毒等危害极大的影子经济活动的治理主要应遵循此类原则。

对于第二类影子经济活动,我们对其治理的基本原则是直接打击与转化并用。对其治理应符合经济性的原则,即边际治理成本等于边际治理收益。在治理的过程中注重完善现有的制度安排,减少制度漏洞,设计恰当的机制引导其从"地下"走向"地上"进而转化成正规经济的组成部分。一般而言,对部分走私、逃税等类型的影子经济活动的治理主要应遵循此类原则。当然,在实践中这种歧视性原则的功效还依赖于能否有效区分这两类影子经济活动,由于各种经济现实的交互性和复杂性,实践中很难完全做到。

2. 影子经济治理的激励相容原则

研究影子经济的治理问题实际上就是要设计一套有效的机制来约束影子经济活动带来的不利影响。从委托—代理关系的角度出发,如果把政策制定者视作委托人,影子经济参与者视为代理人,那么机制设计要做的就是"为机制设计者提供一套系统的方法,使得机制设计者根据委托人(可以是政府或个人)各种可能的既定宗旨、目标,设计制定出可以实现委托人目标的信息有效和分散决策的机制"[①]。

---

① 赫维茨,瑞特.经济机制设计[M].田国强,译.上海:格致出版社,上海人民出版社,2009:前言1.

具体而言，"激励相容"原则要求政策谋划者（可能是政府官员或其雇用的智囊）设计出来的治理策略能够使影子经济活动代理人对自身利益的追求与国家和社会的根本利益一致起来，这种原则主要适用于上述第二类影子经济活动。譬如，很多类型的影子经济尽管违法，但其存在和发展也反映出现有的制度体系存在一些不合理的方面。譬如有些逃税活动就与税率过高、税收制度不合理等问题密切相关，对于这类影子经济，我们不应一味打压，而应该主要采取转化的方法，这一策略就符合激励相容的基本原则。

3. 影子经济治理的理性约束原则

激励相容条件并非解决影子经济问题的充分条件，从另外的角度来看，即使我们设计的治理策略符合激励相容的基本原则，但还有一个关键问题需要解决，即如何保证影子经济代理人愿意去参与这样的一个博弈。显然如果没有人参与，再好的机制设计也无法发挥作用。因此机制设计还应该满足理性约束的原则，也就是必须保证参与人参与这个博弈能够得到比不参与更多的效用，只有这样才能保证设计出来的机制有效运转。

从理论上看，理想的影子经济治理机制应该既符合激励相容原则又符合理性约束或理性参与原则。尽管在现实中很难设计或找到完全符合这两种原则的机制，但这种理想状态给我们提供了一个灯塔，能够帮助我们把握解决问题的方向。

二、制度、制度变迁视角下的影子经济治理策略

按照 North(1990)的观点，所谓制度就是一种"社会的博弈规则，或更严格地说，是人类设计的制约人们相互行为的约束条件……用经济学的术语说，制度定义和限制了个人的决策集合"①，也可以理解为是一种博弈实际进

---

① NORTH D C. Institutions，institutional change and economic performance[M]. Cambridge：Cambridge Uiversity Press，1990：3-4.

行方式的共有信念(shared beliefs)。前文我们已经讨论过制度的横向断裂和
纵向断裂与影子经济发展的内在联系,推而论之,从制度变迁这样一个比较
宏大的视角来探讨影子经济的治理问题有助于摆脱一些枝节的束缚进而把
握问题的根本。制度对于人类社会存续、发展的重要性已经取得了普遍的共
识,正如 Djankov(2002)等学者所指出的那样,"最近的研究表明资本主义国
家在制度安排方面存在着很大的差异,而且这些制度差异对各国的经济和政
治发展产生了重大影响。有的制度带来了增长,有的制度却使得经济发展陷
入全面停滞"。① 可见,影子经济作为在制度缝隙中生存的一种特殊经济形态
不可避免地会受到现有制度安排的影响(包括正式制度和非正式制度)。特
别是在制度变迁发生的时候,影子经济自身也会不断进行边际上的乃至超边
际的调整以适应新的制度安排,从而也必然对治理策略提出新的要求。通常
的制度变迁可以通过两种截然不同的方式来完成,循着拉坦、林毅夫等人的
研究我们可以把这两种方式归纳为诱致性制度变迁和强制性制度变迁两种,
它们给影子经济治理带来了不同的启示。

根据林毅夫(1991)给出的定义,诱致性制度变迁是"现行制度安排的变
更或替代,或者是新制度安排的创造,它由个人或一群(个)人,在响应获利机
会时自发倡导、组织和实行"②。由此可见,这种制度变迁的主要推动力是微
观经济主体对制度创新的需求,微观经济主体衡量制度创新的预期成本和
预期收益进而选择是否参与,因此是一种自下而上完成的制度变迁,其优势
在于能够更充分地利用分散的局部信息。影子经济的有效治理从根本上看
需要在制度安排上进行一定的创新,而如果从诱致性制度变迁的角度出发,
依靠制度的自发演进来解决影子经济问题是很自然的选择。其逻辑在于,
影子经济的发展壮大必然会带来与之相关的各个经济主体相对利益的变
化,这种变化自然会促使在这一过程中受损或受益的经济主体产生对制度

① 詹科夫,波塔,德-西拉内斯.新比较经济学的新视角[M]//吴敬琏.比较.北京:中信出版社,
2002:62-76.
② 林毅夫.关于制度变迁的经济学理论:诱致性制度变迁与强制性制度变迁[C]//科斯,阿尔钦,等.
财产权利与制度变迁——产权学派与新制度学派译文集.刘守英.等译.上海:上海三联书店,1991:274.

创新的需求。当影子经济的发展对其他经济主体的利益形成严重影响时，各方利益主体的持续博弈最终有可能会形成制约影子经济的新的制度安排。如果把影子经济问题视作一种社会顽疾，那么诱致性制度变迁的思路就是要发挥社会自身的自愈或进化适应能力。这种策略的问题在于变迁的过程可能非常漫长，从而产生制度供给不足的问题，并且制度自发的演化也不能保证最终一定会形成我们想要实现的好的均衡。制度创新具有明显的公共品属性，而诱致性制度变迁由于难以避免外部性问题，自发制度创新的数量将少于社会所需的最优数量，这时就需要国家出现来弥补制度供给不足。

第二种制度变迁的方式是强制性制度变迁，它的主要特征在于政府在其中扮演至关重要的角色，政府是制度供给的主体，能够决定制度变迁的路径、方式、方向、次序、速度等所有重要的方面。这种制度变迁是自上而下完成的，依托于强有力的行政体系来保证实施，因此相对诱致性制度变迁而言具有能够迅速执行、短期作用明显的优点，可以在一定程度上解决制度供给不足的问题。从强制性制度变迁的视角出发，逻辑上自然的思路是主要依靠自觉的制度设计来治理影子经济问题。相对于诱致性制度变迁而言，它对正式制度的变迁具有更重要的影响，当影子经济发展对统治集团利益造成不利影响时，统治集团往往倾向于主动出击，提供相应的制度供给来施加直接影响（前提是这样做给本集团带来的收益大于成本）。同样，如果把影子经济问题视作一种社会顽疾，那么强制性制度变迁的思路就是主动开出药方进行积极治疗。这种策略的问题在于由于存在交易成本，政府未必能够收集到足够的信息，赋予政府超理性的地位可能是一种致命的自负，其主动提供的制度供给与制度需求不一定匹配。

由以上分析可知，从制度变迁的视角分析影子经济的治理问题可以得出两种不同的思路，这两种思路实际上反映的是我们对经济转型方式理解上的分歧，对此我们只有结合我国经济转型的大背景进行分析才能对两种视角的地位作出一个相对客观的评价。中国经济转型 40 多年过去后，我们对于制度变迁方式的认识已经发生了深刻的变化。在经济转型的早期，我们比较推崇政府能够发挥绝对主导作用的强制性制度变迁方式,政府在引导市场化的方向等方面发挥了至关重要的作用。但随着市场经济体制的不断完善,我们在政策层面实际上已经逐渐摆脱了片面强调某种转型方式优点的传统观念的束缚。特别值得一提的是在党的十八届三中全会公告中提出了必须要"坚持正确处理改革发展稳定关系,胆子要大、步子要稳,加强顶层设计和摸着石头过河相结合,整体推进和重点突破相促进,提高改革决策科学性,广泛凝聚共识,形成改革合力"的主张①,这实际上也是对转型方式认识不断深化的具体体现。

具体到我国的影子经济治理问题,我们的基本观点是不应对这两种制度变迁方式进行非此即彼的选择,正如我们已经看到的,两种制度变迁方式在应对影子经济问题上都具有各自的优点,因此我们的思路应该转换为尽可能发挥二者各自的优势,同时弥补各自的不足。结合前文按照影子经济性质进行的分类,我们认为对第一类影子经济活动应该主要依靠自觉的制度设计来进行治理,由政府进行主导,以期能够在较短的时间内发挥比较明显的作用。而对第二类影子经济活动的治理则更为复杂,如果单纯依靠自觉的制度设计更容易出现制度供给与制度需求不匹配的问题,因此除了在激励相容等基本原则下发挥政府的作用进行理性的制度设计以外,还应该把这一复杂问题纳入更长的时间维度进行思考。从长期看,多元利益主体的博弈也可能会逐渐形成有利于遏制影子经济不利作用的制度均衡结果,这时政府在其中的作用不是主导,而是进行恰当的引导,使之在多重均衡存在的情况下能够趋向比较有利的均衡。综合以上分析以及结合我国具体的转型实践,我们不难得出这样的结论,即政府自觉的制度设计或试验还是解决影子经济问题的主要路径,同时也应该重视"哈耶克"意义上的自发扩展秩序在影子经济治理中的长期作用②。

---

① 《中共中央关于全面深化改革若干重大问题的决定》,2013 年 11 月 12 日中国共产党第十八届中央委员会第三次全体会议通过,新华网 http://news.xinhuanet.com/.
② 从严格意义上看,哈耶克的自发扩展秩序是介于人造秩序与自然秩序之间的一种形态,它表现为人类行为的结果,但又不是人类设计的产物。

三、广义协调机制视角下的影子经济治理策略

所谓协调机制（coordination）从广义的视角来看就是指"它可以协调相关人士或组织的活动，只要有两个以上的人或组织之间发生了关系，他们（它们）的活动就必然需要某种形式的协调"[1]。科尔奈（2007）曾概括五种协调机制，即官僚协调、市场协调、道德协调、自律协调和家庭协调。但这种分类方式缺乏必要的层次性，并且带有一定的封闭性，鉴于存在这些缺陷，王永兴（2010）在此基础上对协调机制进行了进一步的细分和拓展，具体划分为官僚协调机制、市场协调机制、外源协调机制、家庭协调机制、企业协调机制、自律协调机制、道德协调机制以及文化协调机制八种类型，这八种协调机制又可以从其作用的层面划分为四类，即宏观协调机制、中观（社会）协调机制、微观协调机制和潜在协调机制。他详细讨论了每种类型的协调机制在影子经济治理中的作用，并且首次把影子经济的治理问题纳入一个统一的理论框架中进行讨论。[2]

宏观协调机制包括官僚协调机制（亦称科层协调机制、政治协调机制）、市场协调机制和外源协调机制三个方面。其中，官僚协调机制强调政府职能的有效转变、法制体系的完善是影子经济治理的关键环节，它能够促进或制约其他形式的宏观协调机制作用的发挥；市场协调机制强调税收制度的建设可以与官僚协调机制相互配合发挥最大作用；而外源协调机制则立足于全球化的视角来看待影子经济治理问题，与传统治理思路相比，我们意识到为了有效治理影子经济必须尽快建立一种全球性的多边协调机制。

中观协调机制是介于宏观协调机制和微观协调机制之间的概念，我们所指的中观协调机制主要是指社会协调机制。从历史的视角来看，影子经济是

---

① 科尔奈.社会主义体制——共产主义政治经济学[M].张安,译.北京：中央编译出版社，2007：85.

② 对这一问题的具体讨论可参见王永兴.中国转型进程中地下经济的演进与治理[M].北京：经济管理出版社，2010：144-146.

伴随国家这一组织形态的诞生而出现的一种范畴,但影子经济的发展显然又是由无数微观个体来完成的,社会在宏观和微观之间架设起了桥梁,社会结构越成熟,则影子经济的支点越不牢固。中观协调机制的作用主要通过社会保障、社会公平性等体现出来,较为完善的社会保障体制能降低低收入群体参与影子经济活动的可能性和必要性。从这一点上看,完善的税收制度可以视为完善的社会保障的前置条件。

微观协调机制主要关注个人、家庭和企业这样的微观经济个体。其中,家庭协调机制通过教育和劝导的方式发挥作用,具有渗透性强的特点;企业协调机制的作用相对复杂,企业的组织形式、所有制形态以及行业背景等方面的差别都可能会对这一关系产生影响。企业间的竞争和合作关系在影子经济治理的过程中能够发挥重要作用,其逻辑是:从横向角度看,参与影子经济的企业会对同行业正规企业形成不正当竞争,这会促使处于不利地位的企业主动调动资源对影子经济活动进行打击;从纵向视角看,从事影子经济活动的企业的行为也会受到上下游企业的制约和监督。

潜在协调机制是与人类的非意会性知识发展相关的一种协调机制,它内生于人类文明的发展进程之中,其表现形式在不同文明之间以及人类社会的不同阶段各不相同。潜在协调机制的特点是其作用的间接性,它能够对其他类型协调机制的效果产生重要影响。潜在协调机制包括自律协调机制、道德协调机制和文化协调机制三个方面。其中,自律协调机制主要发挥作用的形式是行业协会,能够起到沟通企业与政府关系的作用,其自我协调、自我监督和自我治理功能有益于影子经济的治理;道德协调机制基于一种社会传统和习俗层面的自我规范,其对影子经济治理作用的发挥比较缓慢,但具有长期性与根本性;文化协调机制的特点是多样性,其对社会结构、心理、行为均具有潜在影响,我国应该重视儒家文化传统中有助于抑制影子经济发展的一些元素,如对义、礼等的强调。

从总体上看,协调机制对影子经济治理的影响涉及的内容涵盖了从宏观到微观、从外在到内在的诸多方面。各个层次协调机制之间存在着复杂的交互影响,这种交互机制体现为一些协调机制是另一些协调机制发挥作用的基础,而为了理解影子经济治理的整体性或不可分割性,我们也可以把影子经济问题涉及的所有方面按照政治域、经济域、法制域等进行划分。不同的域可以看作是一个个相对独立的子系统,它们之间并不存在绝对的界限,而是一种互相交叉和影响的关系。复杂系统的演化是一个整体演进的过程,而不是某一局部(子系统)单独作用的结果,其内部具有自我强化的机制。不同子系统之间存在着互补性,互补性越强,局部改革的成本就越高,这一现实要求我们用更宏观的眼光来认识和应对影子经济问题带来的挑战。

　　协调机制对影子经济治理策略的启示之一体现在我们在进行机制设计时应该突破过去那种仅从政策制定者的角度出发思考问题、只考虑治理者自身利益最大化的狭隘模式,而应该考虑到与影子经济活动相关的多元利益主体的利益,这样才可能克服政府本身在信息处理能力、代理效率等方面的局限,充分发挥多方力量共同参与到影子经济治理中去。本书对影子经济治理策略的研究可以视作是对王永兴(2010)早期研究的发展,主要工作之一就体现在把我们前期研究中提出的旧的协调机制框架纳入更宏观的层面进行重新整合(原来的整体研究框架成为当前研究框架的一部分),但这并未改变我们前期研究得到的结论。如果把制度比喻成庞大社会机器的主要架构,那么协调机制则是制度正常运行所必需的润滑剂,其作用发挥的空间或层次位于制度之下,影子经济治理效果最终要依托于各种协调机制调节作用的有效发挥。

四、公共选择视角下的影子经济治理策略

　　前文我们已经从制度变迁的层面对政府在影子经济治理中的作用进行了肯定,并且随后论证了政府这种特殊的利益集团或组织在协调机制中的地位和作用。从中我们不难发现无论是在官僚协调机制中,还是在市场协调机制、外源协调机制以及企业协调机制里,政府在影子经济的治理过程中都发挥了很关键的作用,应该视作是解决影子经济治理问题的一个抓手。有鉴于

此,我们有必要把这个关键要素剥离出来再继续进行深入研究,探索其在影子经济治理策略形成中发挥作用所面临的种种约束条件,这对我们最终形成有实际意义的和具有可操作性的政策具有重要意义。

在通常的情况下,各种公共政策的出台都是一个公共选择的过程,由于会影响既有的利益格局,各个利益集团就会进行博弈以期最终能够形成对自己有利的政策。尽管理论界对政府的边界问题仍然存在很多争论,但在一个方面存在基本的共识,即政府的目标是多元化的,在实践中从来就不曾以理想中守夜人的角色出现。在诺斯的国家理论中我们可以看到:一方面,政府追求社会总产出最大化的目标,基于这样的目标政府就必须努力进行制度创新,促使能够降低交易成本的高效率制度的形成;但另一方面,政府也存在使自身政权得以稳固的需要,但如果追求这一目标就往往不得不采取一些歧视性的政策来维护某些特殊利益集团的利益,因为这些利益集团可能对其政权稳固性施加直接的影响,这是一种竞争的压力。于是基于第二个目标,政府就有可能会维护一种低效率的、交易成本高昂的制度长期存在以维护特定集团的利益。这种情况实际上被称为"诺斯悖论",它带给我们的启示是政府在影子经济治理中的作用可能会受到其双重目标的影响,因此不能天然地认为政府一定会在这一问题上发挥积极的作用,而应该结合具体国家的实际情况进行分析。尽管政府并不总是能在影子经济治理问题上发挥积极作用,但如果缺少政府的积极参与,影子经济的治理问题是不可能得到解决的。换而言之,发挥政府的作用并非解决影子经济治理问题的充分条件,但一定是必要条件。

行政系统发挥作用实际上是建立在一系列的委托—代理关系基础上的,从中央到基层每一级之间都构成了一层委托—代理关系从而形成冗长的行政代理链条,这种关系的存在给影子经济的治理附加了极其复杂的约束条件。

第一个约束条件体现在较为宏观层面的中央—地方博弈上。中央与地方之间的博弈在我国并不是一个新的现象,这种复杂关系的形成与我国的组织结构有关。通过对中华人民共和国成立以来的经济史进行考察可以发现,尽管中国与苏联曾经同为计划经济体制,但实际上在很多方面都存在非常大的差异,其中之一就体现在组织结构方面①。一般认为,苏联是典型的 U 型组织结构,这种结构的特点是中央控制较强的"条条"模式。而中国则是 M 型组织结构,实际上就是一种以区域原则为基础,多层次、多地区的"块块"结构,在这种结构中地方或基层享有较为宽松的权限。王永兴(2010)分析认为,从初始条件的角度看,这种特殊的组织结构是中国影子经济形成和发展的特殊原因之一。其论证逻辑是"在 M 型组织形态下,地方政府权力的增加使得同一区域下不同部门的企业能够进行相对有效和协调的交流,同时能够有效地利用区域地理优势,为影子经济的发展提供了空间"②。

第二个约束条件体现在行政代理关系本身存在的问题,这实际上是对笼统的中央—地方博弈的具体化。一般意义上的委托—代理问题研究的是在信息不完全、不对称条件下,企业的委托人(股东)和代理人(经理人)之间由于目标效用函数不一致而产生冲突并最终损害委托人利益的现象。从中央到地方广泛存在的层级关系实际上也形成了一种特殊的委托—代理链条,中央、省、市、县乃至各自内部的部门等共同组成了不同层次的委托—代理关系③,一般来看上一级行政单位是委托人,下一级则是相对上一级的代理人,同一行政单元会因面对对象的变化而转换自身的角色,我们刚刚讨论的第一个约束条件实际也是委托—代理问题的一种表现。由于存在多层次的、广泛的委托—代理关系,我们就无法避免由此产生的由于委托人和代理人效用函数不一致所导致的代理成本,如果把这些分散的代理成本加总会形成惊人的数字。目前理论界经过近百年的研究,对解决企业中存在的委托—代理问题已经形成了很多思路,但对解决行政方面的委托—代理问题尚未形成很好的办法,如何有效地监督制约下级官员利用信息不对称牟利的行为是一个世界性的难题,而冗长的行政链条显然会加大解决问题的难度。广泛存在的代理成本降低了影子经济治理政策的有效性乃至可行性,这一问题的解

---

① QIAN Yingyi, XU Chenggang. Why China's economic reforms differ: the M-Form hierarchy and entry/expansion of the non-state sector[J]. The economics of transition, 1993(2): 135-170.

② 王永兴. 中国转型进程中地下经济的演进与治理[M]. 北京: 经济管理出版社, 2010: 40-42.

③ 有时问题更为复杂,譬如某些部门在受本级政府领导的同时还接受上一级同类部门的领导。

决部分地依赖于政府规模的适当缩小与职能的精简,我们将在本章第二节再具体展开这方面的讨论。

总体上看,我们这里讨论的三种治理影子经济问题的视角各有侧重,但逻辑上存在比较明显的前后关系。影子经济治理制度、制度变迁的视角为影子经济治理问题提供了一个最宏大的视野,使我们能够把握问题的根本,避免在治理方式以及方向选择等方面出现大的问题;协调机制的视角则涉及了基本原则确定后如何具体在实践中应用的问题,它主要是引入了一种博弈的思路,这意味着我们必须考虑参与博弈的多元利益主体之间的协调问题,从规范分析的角度看有助于确立相对公平的出发点;而公共选择的视角则进一步把目光聚焦于对影子经济治理中最关键的因素进行详细讨论。

第二节　中国影子经济治理的现实政策选择

在第一节我们系统讨论了影子经济治理的一般逻辑,逻辑上的抽象概括有利于我们把握正确的治理方向,但对细节方面的理解也同样重要,只有结合具体国家的特殊国情进行针对性的研究才有可能对影子经济进行有效的治理。以影子经济治理的一般原则为基础,同时结合前文对影子经济微观基础、宏观影响以及规模分布等的研究,本节我们将在中国经济转型实践的特殊背景下对我国影子经济治理的现实具体政策选择问题进行比较广泛的探讨。需要强调的一点是,由于影子经济的成因非常复杂,治理举措必须立体化,即要做到长期和短期结合、国内和国外结合、中央和地方结合、整体和局部结合。任何政策都不可能单独产生很好的效果,其中很多政策实际上具有互补性,影子经济的实际治理成效最终是这些政策综合作用的结果。根据我国影子经济的特殊形成机制,我们提出以下政策建议。

一、完善我国的税收体制，减少设计漏洞

1. 降低微观经济主体的实际税负

从国内外现有文献的讨论情况来看，多数学者都认为高税负是影子经济产生的最主要原因。基于这一认识，从降低微观经济主体的实际税负入手来治理影子经济问题是逻辑上的自然选择。

我国的税制结构不同于欧美市场经济国家，所得税并非主要税种，因此这里我们主要从宏观税负的角度讨论人均综合意义上的实际税负水平。根据 2020 年发布的统计数据，我国一般公共预算收入达到 182 895 亿元，这表明我国人均宏观税负现在已经迈入人均万元税负阶段，而公共财政收入实际上仅是衡量宏观税负各指标中口径最小的一个，从这一角度来看我国目前的宏观税负已经在世界处于前列。[①]

尽管降低微观经济主体的实际税负能够起到抑制影子经济发展的作用，但如果忽略税负的分布问题则仍可能无法产生应有的效果。譬如从理论上看，累进的个人所得税税率能够起到调节收入分配差距的作用，但在实践中由于制度设计漏洞的影响有可能会使收入分配产生逆向调节的效果。中国目前个人所得税多数来自普通工薪阶层，这与发达国家的情况完全相反，并未很好地体现税收公平的原则，而造成这种现象的原因之一就是我国目前个人所得税仍未实现以家庭为单位进行征收。如果减税政策没有考虑到同等收入个体各自所在家庭的实际负担，则可能无法提供足够有效的减税激励以使人们远离影子经济活动。再如，提高起征点在我国被视为一种重要的减税措施，但如果考虑到大量存在的收入原本就低于原有起征点的群体，这种减税政策的效果就会大打折扣，因此同样无法有效降低人们参与影子经济活动的动力。

以上讨论的内容均旨在通过降低当前的正税率来实现降低税负的目的，

---

① 高培勇.中国财政政策报告 2013/2014——将全面深化财税体制改革落到实处[M].北京：中国财政经济出版社,2014：24-27.

而部分西方国采用的负税率制度给我们提供了新的思路①。理论上看,正的税率会使人们产生逃税动机,而负的税率则几乎会完全消除这种动机②。不仅如此,对低收入阶层的补贴还会降低部分经济主体受生活所迫而被动进入一些非法影子经济领域的可能性,因此负税率对影子经济的抑制作用比较全面,同时也符合基本的激励相容原则。

2. 调整优化税制结构

从世界各国的税制实践上看,多数经济发达国家实行以个人所得税为主体税种的税制结构,这种税制结构计算比较复杂,对征管双方素质要求较高。而多数发展中国家则实行以商品税或间接税为主体的税制结构,我国目前的税制结构仍然属于后者。我们所强调的调整和优化税制结构并非简单地指从流转税为主向所得税为主进行转化,而是应该根据我国税收管理水平的变化动态地调整税制结构。一般而言,所得税的征收难度较高,纳税人逃税动机较强,而流转税计算简单,征管相对容易,因此所得税比重的提高本身对影子经济的治理就是一个挑战。从现实发展来看,随着经济发展水平的逐渐提高,所得税必将逐渐成为我国的主要税种,必须预见到这种趋势性变化对影子经济发展带来的影响。如图7.1所示,我国的企业所得税仍是所得税征收的主体,而个人所得税一直增长缓慢,甚至个别年份占 GDP 比重出现下降趋势,根据一般发展规律,个人所得税在未来将在税制结构中扮演更重要的角色。另外从总体上看,尽管我国的所得税相对 GDP 的总体规模而言仍然较小,但呈现明显的上升趋势。

可以预期,这种趋势性的变化将给我国影子经济的治理带来深远的影响。对此我们应该从两个方面入手来应对这一挑战。

第一,使税制结构的调整与征管能力相协调。正如胡怡建和许文(2007)

---

① 正的税率使微观经济主体收入减少,而"负税率"的直接作用则表现为通过税收减免、返还等手段使微观经济主体收入增加。

② 但同时也消除了部分人群参加就业的激励。

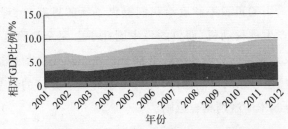

图 7.1   我国所得税相对规模的变化趋势(2001—2012) [①]

资料来源：根据历年《中国税务年鉴》和《中国统计年鉴》整理。

所强调的那样,超越实际税收征管水平的税制结构必然会因为监管力量的欠缺而导致大量的税收逃逸,通过废止或改变一些难以或不可能执行的税种(如我国尚未征收的遗产税)可以减少税收逃逸。[②] 就我国目前的情况而言,还不宜过于急切地在形式上追求与发达国家税制结构实现趋同。

第二,简化税制,降低遵从成本。目前我国税收种类繁多,征收程序和形式非常复杂且经常变动,纳税人需要花费较多的时间和精力进行处理,这一方面不利于纳税人深入理解税收政策;另一方面也是对(本应用于生产的)社会资源的一种浪费。世界各国的实践表明,一般税制越复杂的国家,偷逃税的空间越大。简化税制可以通过降低遵从成本降低纳税人的逃税激励,从而能够抑制影子经济的发展。比较典型的案例是俄罗斯和东欧的一些转型国家,它们普遍实行了所谓的单一税制,这种税制极大地简化了申报程序并降低了税负,减少了偷税漏税活动。此外,也有研究认为零售税容易引起税收遵从问题,而增值税则能够避免这一问题,但这种观点在我国的适用性还有待检验。

3. 提高税收征管水平

合理的税率和完善的配套法律法规只是解决问题的一个必要条件,就中

---

① 我国的企业所得税在 2001 年以前只包括国有及集体企业所得税,从 2001 年起,企业所得税还包括除国有企业和集体企业外的其他所有制企业,为统一口径这里我们只分析 2001 年后的情况。

② 胡怡建,许文.税收逃逸的形成与治理[M].上海:上海人民出版社,2007.

国目前的情况来看,提高税收的征管水平可能更为关键,一些重大逃税漏税案件的发生都与税收征管上的漏洞有密切联系。我们认为应该从以下几个方面入手来提高税收征管的效率和水平。

第一,建立全国统一联网的税收信息系统。当前我国税收系统的一个重要缺陷是还没有建立起一个全国统一的税收信息处理平台,各个地方的税收系统各自为政,对一些在全国多个地方都有收入来源的纳税主体缺乏有效的监管,实际上形成了较大规模的逃税空间。同时,这种漏洞还对税收的公平性造成了严重影响,是使低收入群体成为我国个人所得税的纳税主体的一个重要原因。这方面美国的经验值得借鉴,从 1992 年开始,美国国内收入署税务的征收中心从 10 个减少到了 4 个,但却可以同时处理完成全国上亿份的纳税申报、稽核、咨询等工作,极大地提高了效率,降低了成本,更重要的是还降低了人为干预的因素。① 但我们必须认识到信息全面联网和集中处理是一个系统工程,涉及的利益关系非常复杂,因此必须通过顶层设计才可能实现,需要中央政府协调各部门和地区的力量进行统一规划,这方面的工作是保证税收征管有效性和精准性的基础。

第二,要加强税收部门与市场监督管理、司法、银行等机构的协调。我国的税务部门没有单独执法权力,税收征管问题牵涉各方利益,一些涉税问题往往需要多个相关部门共同配合才能顺利调查清楚,因此加强税收征管相关部门的沟通协调尤为重要。就我国目前的情况来看,往往在督办一些大案要案的时候各部门在压力下比较容易进行协调,最终能够形成合力快速解决问题,但这种协调具有一定的短期性特征,亟待引入能够长期稳定发挥作用的机制。

第三,有必要建立常规化的税收征管稽核机构。为克服当前各部门的协调缺乏稳定性的缺陷,必须着力建立一个长效机制来进行有效应对,对此我们应着重从两个方面入手进行建设。首先,应该进一步强化税务部门的权威,特别是执行能力。参照其他国家的经验,拥有搜查权、刑事拘留权的税务警察能够较好地实现这一目的。② 目前我国只有海关缉私局具有一定的税警

---

① 曾飞,葛开珍.税收信息化的国际比较与借鉴[J].涉外税务,2001(11).
② 我国在春秋时期即存在类似税警的职务,但当时主要针对盐税,如盐人、盐铁使等。

性质,而地位相对更重要的税务部门均没有此类设置,因此从长期来看我国有必要建立起一支正规的税务警察队伍。其次,还必须加强对不规范征管行为的监督。即使各部门能够实现有效协调,但部分税收征管机构自身也可能会出于各种原因"不作为",或者是因为边际征收成本过高,或者是因为已经寻得租金,或者是出于地方特殊利益而采取放任态度。针对此类问题我们必须建立多层次的监督机制,进一步完善对监管者的监管,高培勇(2014)等提出的观点值得参考,他认为应及早制定中华人民共和国税务稽查法,把现有公安部门中的经济警察分离出来,结合现有的税务稽查队伍,使之机构单设,归国家税务总局直接领导,在业务上受国家税务总局与公安部双重指导。①

二、调节收入分配差距,优化社会结构

在第二章我们曾讨论过影子经济与收入分配之间的关系,一些学者如Rosser(2000)等认为二者存在双向因果关系,而另一学者如解梁秋(2008)等则认为仅存在单向因果关系,尽管在这一问题上学术界并未形成共识,但从政策的层面出发应采取相对稳健的策略,尽量削弱收入分配两极分化以及相关的社会结构失衡问题对影子经济治理可能带来的不利影响。

尽管目前各国政府均较少公开地直接讨论影子经济问题,但我国决策层对此类问题的反应却比较迅速,目前已经形成了比较充分的认识。在中国共产党第十八届三中全会审议通过的《中共中央关于全面深化改革若干重大问题的决定》中就明确提出:"规范收入分配秩序,完善收入分配调控体制机制和政策体系,建立个人收入和财产信息系统,保护合法收入,调节过高收入,清理规范隐性收入,取缔非法收入,增加低收入者收入,扩大中等收入者比重,努力缩小城乡、区域、行业收入分配差距,逐步形成橄榄型分配格局。"②这

---

① 高培勇."十二五"时期的中国财税改革(中国财政政策报告 2010—2011)[M].北京:中国财政经济出版社,2014:101.

② 《中共中央关于全面深化改革若干重大问题的决定》,2013 年 11 月 12 日中国共产党第十八届中央委员会第三次全体会议通过,新华社北京 11 月 15 日电。

一观点论证全面,逻辑严谨,具有极强的政策指引性。

我们注意到,当前我国的基尼系数已经超过国际公认的警戒线,而一些高收入者之所以能够迅速与低收入阶层拉开差距,其中的一个重要原因就是他们通过参与影子经济活动获取了大量隐性收入和非法收入。因此从逻辑上分析,规范收入分配秩序实际上本身就包含着打击影子经济活动的含义,通过调节收入分配差距能够在一定程度上抑制部分影子经济活动的发展。调整收入分配差距既要调高也要保低,前者实际上间接对腐败等类型的影子经济进行了打击,后者则有利于减少经济主体对贩毒、卖淫等类型的影子经济活动的参与度,我们在本节第一部分讨论的负税率也是一种通过保低来降低收入分配差距的政策。此外,健全我国现有的社会保障体系,逐渐提高居民保障水平也能够起到减少影子经济参与度的作用。

三、加强法制建设,缩小寻租空间

如前文所述,各种横向和纵向的制度缝隙为影子经济提供了生存土壤。而在这些制度缝隙中,法律制度的作用尤为重要,它直接影响了影子经济的发展空间。一个现代国家的法律制度是立法制度和司法制度的总称(也可称为"法制"),它们对遏制所有非法类型的影子经济发展都具有重要意义。Buehn 和 Schneider(2012)进行的经验研究进一步验证了理论文献的发现:更多的强制能够有效地阻碍影子经济活动(尽管这个结论是从小样本中推导得出的),这一发现为影子经济治理政策的制定提供了有用的工具。

立法是法律制度建设的基础,是司法和执法的前提。为有效应对各种影子经济问题,我们首先在法律制度建设方面要做的就是根据实践的变化努力弥补各种法律漏洞,填补法律空白,形成健全完善的法律体系。我国是世界立法增长速度最快的国家之一,但很多方面带有过渡性质,漏洞较多。如我国在 1994 年就把对影子经济治理非常重要的财产收入申报法提上日程,但时至今日 20 多年后仍未推出。此后 2005 年出台的《中华人民共和国公务员法》也未加入官员财产申报的相关内容。我国现行的《中华人民共和国税收征收管理法》（以下简称《征管法》）也存在很多不完善之处。譬如《征管法》中的一些概念界定与《中华人民共和国刑法》不一致进而导致在实践中无法有效执行的问题，工商登记与税务登记无法有效衔接乃至产生漏征漏管的问题，未对银行等专业金融机构、出入境管理机构的协助义务进行明确强制约束的问题，未对电子商务税收征管进行明确界定问题，等等，这些问题都需要通过大量的立法工作才能逐渐解决。除此以外，我国在政府采购、打击走私等诸多方面都需要推进立法工作，以缩小寻租空间。

司法是根据法律进行裁决的权力，我国的司法机关主要包括行使审判权的法院和行使法律监督权的检察院。影子经济的治理与司法体系的建设关系密切。加强司法体系建设最基本的要求是贯彻法律面前人人平等的精神，保证程序上的公平和独立性，不仅有法制而且还要做到法治。我们只有建立公开公正透明、高效廉洁的司法体系才能对各种违法类型影子经济进行有效的制约，各种走私、贩毒、卖淫、腐败等影子经济活动通过对应的司法程序进行判定和处理是保证正规经济正常发展的必要条件。结合这一认识，我们在法制建设方面不仅应该考虑其严密程度，还应进一步关注它的可行性问题。

特别需要强调的是，加强法制建设对遏制各种腐败活动具有特殊的重要性。腐败寻租活动以及由此产生的地下收入流是影子经济的重要组成部分，更直接对国家的长远发展形成不利影响，我国党和政府早已注意到了这方面的问题并已下决心着力解决。如中国改革开放的总设计师邓小平同志在20世纪就已经提出"我们要反对腐败，搞廉洁政治。不是搞一天两天、一月两月，整个改革开放过程中都要反对腐败"[1]。习近平总书记也强调"要坚持'老虎''苍蝇'一起打，既坚决查处领导干部违纪违法案件，又切实解决发生在群众身边的不正之风和腐败问题。要坚持党纪国法面前没有例外，不管涉及谁，都要一查到底，决不姑息"，以及"要加强对权力运行的制约和监督，把权

---

① 邓小平文选：第3卷[M].北京：人民出版社，1993：327.

力关进制度的笼子里,形成不敢腐的惩戒机制、不能腐的防范机制、不易腐的保障机制"①。可见,反腐机制建设中非常关键的一环就是法律制度的建设,必须坚持法律面前人人平等,执法必严,违法必究。

四、转换政府职能,推动简政放权

政府职能是政府的职责和功能的简称,政府职能的界限历来是一个有争议的问题,但一般认为政府应尽可能少地直接干预甚至替代市场,而应让市场在资源配置中起决定性的作用。当然,转换政府职能并不是放任不管,而是要做到既不越位,又不缺位,也不错位,这对我国各级政府的执政能力提出了严苛的要求。需要注意的一点是,政府职能的转换与执法行为密切相关,如曾洁雯等(2011)认为"政府职能的实现主要是通过行政执法行为完成的,而不同的执法方式直接影响或制约着政府职能的实现。随着政府职能的转变,客观上必然要求行政执法方式与之做相应变革,亦即行政权力行使的手段、主体、程序以及作用的领域的变革,将成为达成行政目标的有效路径"②。

在第三章中我们已经详细讨论了政府规制与影子经济的关系,很多国内外学者的研究表明过多的政府规制反而可能会刺激影子经济的壮大,但也有学者根据发达国家的案例认为新自由主义的政策不起作用,要治理影子经济问题必须进行更多的规制(Williams,2013)。施莱弗(2004)曾把政府的行为用"看得见的手""看不见的手"和"掠夺之手"三个模型进行概括③,根据我国的国情,我们努力的方向和总体原则应该是砍掉政府"掠夺之手",尽量利用"看不见的手",最后适度使用"看得见的手"去解决"看不见的手"解决不了的问题。当前我国政府部门所掌握的职能仍然过于繁杂,简政放权工作尚未彻

---

① 习近平总书记在中国共产党第十八届中央纪委二次全会上发表重要讲话强调要更加科学有效地防治腐败,坚定不移把反腐倡廉建设引向深入,参见人民日报,2013-01-23(1).

② 曾洁雯,詹红星.政府职能的转变与行政执法方式的变革[J].湖南社会科学,2011(4).

③ 施莱弗,维什尼.掠夺之手:政府病及其治疗[M].赵红军,译.上海:中信出版社,2004:1-16.

底完成,过多的审批权限会产生大量的寻租空间,刺激影子经济的发展。值得注意的是,我国政府一直在大力推动并逐渐加速政府职能的精简工作,李克强总理在本届政府成立之初曾承诺至少取消和下放现有行政审批权的三分之一,仅 2013 年国务院就取消和下放行政审批项目累计达 221 项[①],2021 年4 月国务院分 9 批审议通过取消或下放的行政审批事项共 618 项,其中,取消491 项,下放 127 项。[②] 进度超越预期。

从今后的发展来看,我们认为引入负面清单管理模式有利于政府职能的进一步转换。负面清单管理模式实际上就是把所有政府实施的管制措施列入清单,而对清单之外的一切取消政府管制,换句话说就是只要没有明示禁止的即允许实施。我国 2013 年在上海成立的自贸区即首次实施了这一管理模式[③]。负面清单能够最大限度地精简政府职能,同时又避免了政府缺位导致的问题,在至少三个方面有利于影子经济的治理。第一,从制度设计层面减少了部分政府官员设租的可能性,从而有利于抑制腐败活动。第二,政府简政放权有利于减轻微观经济主体的实际负担。在我国微观经济主体除了负担必要的税收,还要缴纳种类繁多的各种行政性收费,后者的负担某些时候甚至超过前者,降低收费与降低税率的效果类似,都能够抑制影子经济的发展。第三,减少政府不必要的行政性管制降低了微观经济主体从事正常经济活动的隐性成本,其中包括为盖各种章所耗费的时间和金钱,从而能够降低其逃离正规经济并从事影子经济活动的必要性。

五、严守"出"口,选择性封堵影子经济阳光化通道

一般部分影子经济活动在经过一段时间的发展后,出于便利性和安全性等的需要往往会产生"洗白"的需求,转换身份后的资金一部分可能投入正规

---

① 数据根据《国务院关于取消和下放一批行政审批项目等事项的决定》等相关文件整理,参见中华人民共和国政府网站,http://www.gov.cn/.

② 数据来自 http://spcx.www.gov.cn/bmcx/index.html.

③ 沪府发〔2013〕75 号文件,《中国(上海)自由贸易试验区外商投资准入特别管理措施(负面清单)(2013 年)》,参见上海市人民政府网站,http://www.shanghai.gov.cn/.

经济活动；另一部分则可能继续对影子经济活动提供隐性支持，并不断地在两种体系中进行循环周转。显然，如果影子经济获取的资金很容易通过各种渠道转换为正常资金，必然会鼓励影子经济活动的发展。基于这一认识，我们应该增强在影子经济资金"出"口的防守力量，选择性封堵影子经济阳光化通道①，这会提高微观经济主体从事影子经济活动的隐形成本（包括机会成本），进而抑制影子经济的发展。从世界各国现有的情况来看，影子经济活动获取的资金完成身份转换最主要的渠道或工具就是洗钱。

洗钱(money laundering)概念包含的内容比较复杂，各国对这一名词的界定在细节上并不完全相同。《新帕尔格雷夫货币金融大辞典》把洗钱定义为"将非法活动收入转变为其来源可有效地不受执法者和社会注意的房地产和金融资产"，"是所有与永久隐藏各种形式的犯罪分子的收入的非法来源有关的活动"。而在反洗钱领域比较权威的机构巴塞尔银行法规及监管实践委员会从金融交易角度给出的定义是"犯罪分子及其同伙利用金融系统将资金从一个账户向另一个账户作支付或转移，以掩盖款项的真实来源和受益所有权关系；或者利用金融系统提供的资金保管服务存放款项"②。尽管不同机构或研究者给出的概念不完全相同，但基本含义是简单的，即洗钱是一种把非法收入转换成合法收入的活动。

洗钱活动本身具有两面性，一方面，这种活动本身是非法的；另一方面，通过它又使得某些影子经济活动阳光化，尽管这部分收入实际上是来自各种非法的隐匿途径，但最终（无论是否被查出）却戏剧性地堂而皇之地进入了国家统计机构以及税收稽核机构的视野，转变成官方统计数字的一部分。我国央行对此已经先后专门成立了反洗钱局和中国反洗钱监测分析中心，仅 2012 年中国人民银行就发现和接收了 4 800 起洗钱案件线索，并对其中 530 起重

---

① 我们使用"选择性"这一状语是因为对某些类型的影子经济活动我们不宜过多采用"封堵"的方法，而应主动找到问题的根源来引导其转向正规经济，这体现了本章开篇提出的影子经济治理的"歧视性"原则。

② 关于洗钱问题详细的讨论可参见 LAYTON J，CURRAN O. How money laundering works [EB/OL]. http://money. howstuffworks. com/money-laundering. 以及复旦大学中国反洗钱研究中心网站 http://www.ccamls.org/.

点线索实施反洗钱调查 2 235 次,向侦查机关报案 490 起。^① 尽管我国在反洗钱领域已经取得了一定成绩,但由于起步较晚仍存在很多不足之处。譬如,央行的反洗钱要求与商业银行利益存在一定冲突。此外,我国目前在反洗钱机构的设置、反洗钱专业化人员的培训、执法能力、各相关部门的协同能力等方面仍然需要进一步提升。

六、强化国际合作,建立信息共享机制

由第六章的讨论可知,影子经济广泛分布于所有现代国家,只是在规模上有所差别。随着经济全球化进程的不断推进,某些影子经济的作用范围、形式均发生了一定程度的变化,跨国发展的特征日益凸显,这在我国部分地体现在以下两个方面。

第一,跨国逃税现象。随着对外交流的增多,微观经济主体逃税的渠道也相应增加。所谓跨国逃税就是利用不同国家或地区之间在税收政策、监管程度等方面的差异来逃避本应承担的税收义务。例如一些国内资本为绕过国内的严格监管,通过离岸金融中心曲线洗钱和侵吞国有资产,这些离岸金融中心也被称为"避税天堂"^②,股东除享受税收优惠以外其公司的信息还享有保密权,为影子经济活动提供了便利。

第二,走私现象。走私本身就是跨国或跨地区的一种活动,改革开放后,受到国内外商品巨大价差的吸引,我国的走私活动一度猖獗,很多走私活动的主体已经发展成跨国犯罪集团,单纯依靠国内的监管很难有效解决问题,要有效打击此类影子经济活动必须依靠涉案国家的协同配合。

以上列举的几个方面只是部分地展现了全球化对影子经济的影响,我们必须站在全球化的视野高度考虑影子经济的治理问题,考虑到目前对部分影

---

① 数据来自中国人民银行反洗钱局,http://www.pbc.gov.cn/publish/fanxiqianju/；中国反洗钱监测分析中心,http://www.camlmac.gov.cn/.后者在业务上接受前者指导。

② 这些"避税天堂"包括摩纳哥,英属维尔京群岛、开曼群岛、百慕大等十个左右的国家和地区,它们多为人口稀少、资源稀缺的岛国。

子经济活动的治理已经超越了单独某个国家的处理能力范围,我们必须引入国际合作机制才能有效地解决问题。

我国已经在国际合作治理与影子经济有关问题上取得了很大进步,如我国在 2007 年已经正式成为 FATF 成员。在处理走私问题上,中国海关也已经与世界上 60 多个国家和地区建立了合作关系,一些涉及走私的大案要案也取得了一定的进展。[①] 但从整体上看,目前我国在打击影子经济问题上的国际合作仍处于起步阶段,特别是一些国家以政治、意识形态为借口为中国处理官员外逃、走私等问题设置阻碍,从而降低了对一些影子经济活动的威慑力。对此我国应该积极在国际社会发出声音,主动要求参与各类相关国际组织的活动,尽快开展双边或多边谈判以签订引渡协议,必要的情况下可以引入税收信息共享机制合作治理协议双方或多方的跨国逃税问题等。

七、推动货币电子化,减少现金流通比重

影子经济的基本特征之一就是逃避官方监管,这就决定了其必须尽量采取隐蔽、安全的交易手段从事影子经济活动,从影子经济的估算方法可知,利用现金交易来逃避监管是一种常见的方法,可以认为在 20 世纪 90 年代以前影子经济活动主要都是通过现金交易完成的。尽管随着技术的发展,现金在总体货币体系中的比重已经不断降低,但由于其具有难以追查的特点,至今仍然是影子经济交易的重要手段。例如很多走私、贩毒交易仍通过现金方式完成,一些腐败官员也往往偏爱储存现金,避免其在银行体系中流通[②]。

如前文所述,早在 20 世纪中后期,国外有关影子经济的学术研究中就引入了现金变量,其中一种方法就是考察大面额现金(如 100 面值美元)的发行

---

① 厦门"远华"特大走私案主犯赖昌星终于在 2011 年被遣返回国,可以视作是我国在国际合作打击走私、腐败等影子经济活动的一个重大进步。

② 在历年查处的腐败案件中,经常发现官员家中藏匿数十万元至数千万元不等的现金,如有报道称呼和浩特铁路局副局长马俊飞甚至日均受贿 20 万元,查获的现金包括 0.88 亿元人民币、419 万美元、30 万欧元、2 万英镑、27 万元港币、43.3 千克黄金,藏匿于两栋别墅。张有义. 呼市铁路局原副局长受贿 1 个亿金条美元堆满两所房子[N]. 第一财经日报,2014-01-02.

量变化来推算影子经济规模的变化,因为影子经济使用的现金主要是大额本外币现钞(很难想象会使用分、角面额的现金进行影子经济交易)。基于这一认识,我们可以从两个方面入手来提高影子经济交易的成本或不便性。首先是加速推动货币交易的电子化,电子化的交易必须通过银行系统完成①,有助于形成比较完整的资金流向链条,对资金的异动也容易借助现代化的手段发现,从而有利于对影子经济行为进行查处;第二,尽量避免发行大面额现钞。除非正规经济确有大量需求,否则应尽量避免发行大面额的现钞。大面额现钞的发行一方面必然将增加影子经济交易的隐蔽性、便利性;而另一方面在银行卡交易、网上交易不断增长的时代,却不会给正规经济带来明显的增益,因此从短期看并无必要。

八、树立正确价值观,培养正规经营理念

在市场经济条件下,物质激励往往被视作是最重要的激励方式,而精神激励则往往被摆在次要的位置,甚至经常被忽略。在经济学理论中我们也经常假定经济人在资源稀缺的假设下会每时每刻精确计算自己的成本和收益,然后作出使自身效用最大化的选择,而较少考虑一些不易被量化或模型化的复杂心智因素,这种问题一直到近些年才随着实验经济学、行为经济学等的兴起而得到部分改观。

微观经济主体参与影子经济活动主要是依靠物质激励推动,这种活动背后并没有积极、正向的精神激励起辅助推动作用,因而本节我们已经讨论过的各种治理策略也主要是通过降低来自影子经济活动的物质激励来解决问题。但从另一个角度看,也正是因为参与影子经济活动本身实际上会给多数参与者带来负面的精神压力②,我们可以发挥这一特点在影子经济治理中的作用。受到物质激励的鼓舞而参与影子经济的主体本身未必认同这种活动,

---

① 当然,新兴的比特币是个例外,由于其超国界的性质,目前尚难监管。
② 如从事走私、贩毒、卖淫等活动会面临来自国家法律体系的压力、来自社会伦理道德评价的压力、来自亲戚朋友的压力等。

因为影子经济活动多与一般根植在脑海中的普世价值观、意识形态层面的因素相悖,如果从这个层面进行引导可能会发挥一定的积极作用。王永兴(2010)曾对此问题进行过比较详细的讨论,主要涉及家庭协调、道德协调和文化协调三个方面。其中,家庭协调机制的劝导和教育功能有益于影子经济的治理①;道德协调通过对人们基本行为准则、信念施加潜移默化的影响,进而能够使人们树立反对影子经济发展的自觉意识(如纳税人意识的觉醒);文化协调则涉及我们对非正式制度作用的理解,我国传统文化中对义、礼的追求以及其自身所具有的包容特性使得它能够在一定程度上发挥抑制影子经济发展的作用。

九、完善统计制度,加强与国际接轨

如前文讨论,当前我国的国民经济核算以联合国 SNA(1993)为基础,同时并未完全脱离计划经济时代施行的 MPS 体系的影响,因此 GDP 的国际可比性存在一定问题。联合国等国际组织在 2011 年发布了国民经济核算的新标准(《国民账户体系 2008》,简称 SNA08),这为尽快实现国际接轨提供了契机,研究新的标准完善我国的 GDP 核算制度已经成为当务之急。中国国家统计局从 2012 年已经开始着手研究新版 SNA 的特点,历经四年的研究开发,《中国国民经济核算体系(2016)》(简称 CSNA-2016)终于于 2017 年获批发布。② 这并不意味应完全放弃我国统计核算体系自身形成的特色,而应在加强基础数据质量、统一核算口径、协调中央—地方统计核算冲突等方面向国际标准看齐,这是短期内应该尽快完成的目标。同时还需要特别强调的是,一些中国独有的(或有中国特色的)有益于了解我国宏观经济发展状态的或服务于某些特定目的的统计数据也应根据情况予以保留并创新,这有助于帮

---

① 王永兴.中国转型进程中地下经济的演进与治理[M].北京:经济管理出版社,2010:158,165-168.

② 高敏雪.《中国国民经济核算体系(2016)》发布的意义[EB/OL]. http://www.stats.gov.cn/tjsj/sjjd/201708/t20170825_1527887.html.

助我国逐渐从统计标准的被动接受者向标准的制定者和引领者方向过渡,这是一个长期的目标。[①]

十、正视区域差异,推行差异化政策

前文面板聚类分析的结果已经证明,全国各地区影子经济发展的内在逻辑并不相同,譬如一些地区的主导因素是税负较高,而另一些地区的主导因素是收入水平和物价水平的失衡等。因此应根据刺激本地影子经济发展的主导因素有针对性地制定出差异化的治理政策,使有限的治理资源发挥更大的作用。

另外,从数据发布规范性的角度看,我国已经在 2002 年加入数据公布通用系统(general data dissemination system,GDDS)[②],这是统计数据透明化的一个巨大进步,但仍未达到让社会各界满意的要求,中国数据统计的质量不断引起质疑和争论(张凤,朱胜,2013)。为此我国应积极研究加入起点更高的数据公布特殊标准(special data dissemination standard,SDDS),目前存在的阻碍表现在两方面:一方面是由于我国的统计制度与该标准仍存在一定差距,另一方面则涉及透明性与保密性之间的权衡取舍。从长期趋势上看,加入 SDDS 是我国应着力实现的远期目标。

总之,影子经济的治理是一个世界性的难题,尽管从色诺芬时代算起,经济学理论本身已经发展了两千余年,但我们对正规经济的理解却仍不充分,仍存在各种难以解决的悖论。而对与之相对的"地下"经济,我们的了解则更是处于起步阶段,对影子经济理论和实践问题的深入探索乃至最后形成有效的治理是一个长期目标,本书的研究成果就是为实现这一目标而走出的一小步。

[①] 对中国特色的强调符合联合国 SNA93 和 SNA08 的精神,在 SNA93 中,承袭 SNA 一套基本方法的部分被命名为"中心框架",在此基础上延伸、扩展或变通使用的部分称为"中心框架的灵活运用"。而 SNA08 进一步拓展了"灵活运用"部分的内容。具体讨论可参见高敏雪.SNA-08 的新面貌以及延伸讨论[J].统计研究,2013(5).

[②] GDDS 和 SDDS 都是由国际货币基金组织制定的一套透明化的数据公布标准,参与国需要按照要求公布各部门统计指标的概念外延、数据来源、发布程序和编制方法。GDDS 和 SDDS 是两个层级的标准,它们服务于同一目的,但后者主要参与国是发达国家,对数据标准的要求相对较高。

参考文献

中 文 部 分

［1］ 卡塞尔.影子经济［M］.丁安新,杨才秀,译.武汉:武汉大学出版社,1993.

［2］ 戈连科娃.俄罗斯社会结构变化和社会分层(第二版)［M］.戴隆斌,译.北京:中国财政经济出版社,2004.

［3］ 法伊格.地下经济学［M］.郑介甫,译.上海:上海三联书店,1994.

［4］ 米什金.货币金融学(第七版)［M］.郑艳文,译.北京:中国人民大学出版社,2008.

［5］ 曼昆.经济学原理［M］.梁小民,译.北京:北京大学出版社,2012.

［6］ 高敏雪.SNA-08 的新面貌以及延伸讨论［J］.统计研究,2013(5).

［7］ 曾洁雯,詹红星.政府职能的转变与行政执法方式的变革［J］.湖南社会科学,2011(4).

［8］ 施莱弗,维什尼.掠夺之手:政府病及其治疗［M］.赵红军,译.北京:中信出版社,2004.

［9］ 胡怡建,许文.税收逃逸的形成与治理［M］.上海:上海人民出版社,2007.

［10］ 曾飞,葛开珍.税收信息化的国际比较与借鉴［J］.涉外税务,2001(11).

［11］ 李炳林,刘洪.用灰色系统模型估测我国非正规经济规模［J］.商业研究,2006(17).

［12］ 胡运鸿.关于我国地下经济问题的思考［J］.兰州商学院学报,1990(1).

［13］ 徐斌,夏杰长.地下经济与正规经济关系的再检验［J］.广东财经大学学报,2014(1).

［14］ 张晓丽.中国地下经济规模测算与分析［J］.内蒙古财经学院学报,2010(6).

[15] 宫希魁,金红炜.中国隐性经济问题研究[M].大连：大连理工大学出版社,1995.

[16] 高培勇.中国财政政策报告 2013/2014——将全面深化财税体制改革落到实处[M].北京：中国财政经济出版社,2014.

[17] 科尔奈.社会主义体制——共产主义政治经济学[M].张安,译.北京：中央编译出版社,2007.

[18] 科斯,阿尔钦,等.财产权利与制度变迁——产权学派与新制度学派译文集[C].刘守英,等译.上海：上海三联书店,1991.

[19] 赫维茨,瑞特.经济机制设计[M].田国强,译.上海：格致出版社,上海人民出版社,2009.

[20] 朱建平,陈民垦.面板数据的聚类分析及其应用[J].统计研究,2007(4).

[21] 谢宇,张晓波,李建新,等.中国民生发展报告[M].北京：北京大学出版社,2013.

[22] 朱建平.应用多元统计分析[M].北京：科学出版社,2012.

[23] 肖泽磊,李帮义,刘思峰.基于多维面板数据的聚类方法探析及实证研究[J].数理统计与管理,2009(5).

[24] 任娟.多指标面板数据融合聚类分析[J].数理统计与管理,2013(1).

[25] 彭非,杨娟,谢远涛.面板数据聚类的有监督学习算法探讨[J].统计与决策,2014年(6).

[26] 涂正革,谌仁俊.中国碳排放区域划分与减排路径——基于多指标面板数据的聚类分析[J].中国地质大学学报(社会科学版),2012(6).

[27] 毛盛勇.部分国家季度支出法国内生产总值核算方法与数据发布情况及启示[J].统计研究,2012(7).

[28] 麦金农.经济发展中的货币与资本[M].卢骢,译.上海：上海三联书店,上海人民出版社,1997.

[29] 肖.经济发展中的金融深化[M].邵伏军,等译.上海：上海三联书店,上海人民出版社,1997.

[30] 弗登伯格,梯若尔.博弈论[M].黄涛,等译.北京：中国人民大学出版社,2002.

[31] 库珀.协调博弈——互补性与宏观经济学[M].张军,李池,译.北京：中国人民大学出版社,2001.

[32] 菲尔德.利他主义倾向：行为科学进化理论与互惠的起源[M].赵培,等译.长春：长春出版社,2005.

[33] 张熵铭.策略互动、协调与区域经济发展［D］.天津：南开大学,2009.

[34] 谢思全,张熵铭,李泰宏.区域经济发展中地方政府及其策略互动——一个协调博弈的分析框架[J].南开经济研究,2009（5）：43-57.

[35] 埃格特森.经济行为与制度［M］.吴经邦,等译.北京：商务印书馆,2004.

[36] 阿克洛夫,希勒.动物精神[M].黄志强,等译.北京：中信出版社,2009.

[37] 斯密.国民财富的性质和原因的研究（上）[M].郭大力,王亚南,译.北京：商务印书馆,1972.

[38] 何翔舟.中国公共财政支出的有效性评价：1978 年以来行政管理成本支出的实证分析［J］.社会科学战线,2008(8).

[39] 贾康,刘军民.非税收入规范化管理研究[J].税务研究,2005(4).

[40] 李婉.中国式财政分权与地方政府预算外收入膨胀研究［J］.财经论丛,2010(3).

[41] 张良桥.协调博弈与均衡选择[J].求索,2007(5).

[42] 费孝通.乡土中国[M].北京：北京出版社,2002.

[43] 卜长莉.差序格局的理论阐释及现代内涵[J].社会学研究,2003(3).

[44] 诺格德.经济制度与民主改革——原苏东国家的转型比较分析[M].孙友晋,等译.上海：上海人民出版社,2007.

[45] 陈抗,HILLMAN A L,顾清扬.财政集权与地方政府行为变化——从援助之手到攫取之手[J].经济学（季刊）,2002(4).

[46] 布坎南.自由、市场与国家[M].上海：上海三联书店,1989.

[47] 马云泽.规制经济学[M].北京：经济管理出版社,2008.

[48] 林宏宇.文化安全：国家安全的深层主题[J].国家安全通讯,1999(8).

[49] 刘跃进.国家安全学[M].北京：中国政法大学出版社,2004.

[50] 初本德.地下钱庄问题深度解析[M].北京：中国方正出版社,2008：1.

[51] 李忠杰.怎样认识和维护我国的国家安全[J].瞭望新闻周刊,2002（22）.

[52] 张亦春,许文彬.金融全球化、金融安全与金融演进——一个基于新兴古典范式的理论分析[J].管理世界,2002(8).

[53] 刘文.网络化对社会主义国家政治安全的挑战及对策[J].社会主义研究,2004(2).

[54] 刘龙伏.论邓小平的政治安全观[J].江汉论坛,2012(12).

[55] 彭有祥.经济全球化与经济安全[J].经济问题探索,2004(7).

[56] 格兰诺维特.镶嵌：社会网与经济行动[M].罗家德,译.北京：社会科学文献出版

社,2007.

[57] 王宏.国际视野的中等收入阶层：内涵界定、指标体系与地区差异[J].改革，2013(5).

[58] 波兰尼.大转型：我们时代的政治与经济起源[M].冯钢,刘阳,译.杭州：浙江人民出版社,2007.

[59] 金哲,姚永抗,陈燮君.当代新术语[M].上海：上海人民出版社,1988.

[60] 柯兰德.新古典政治经济学——寻租和DUP行动分析[M].长春：长春出版社,2005.

[61] 维克尔.地下黑经济[M].黄小平,邱梅,译.成都：四川人民出版社,1992.

[62] 史蒂文斯.集体选择经济学[M].杨晓维,等译.上海：上海三联书店,2003.

[63] 沃尔特.黑钱市场[M].虞虹,译.成都：四川人民出版社,1994.

[64] 印度国家公共财政及政策研究所.黑色经济活动分析[M].黄兵,赵荣美,胡和立,等译.北京：经济管理出版社,1995.

[65] 布劳格.经济学方法论[M].石士钧,译.北京：商务印书馆,1992.

[66] 白建军,陈平,等.专家谈地下金融[J].银行家,2004(3).

[67] 白永秀,任保平.世纪之交：发展经济学的回顾与前瞻[J].经济学动态,2000(5).

[68] 蔡昉,王美艳.中国城镇劳动参与率的变化及其政策含义[J].中国社会科学,2004(4).

[69] 蔡玉荣.用模糊逻辑方法估算地下经济[J].山东工商学院学报,2004(4).

[70] 陈宗胜.改革、发展与收入分配[M].上海：复旦大学出版社,1999.

[71] 戴炳源.地下经济理论与实证的若干问题研究[M].武汉：武汉工业大学出版社,2000.

[72] 冯精志.中国地下经济透视[M].北京：中国检察出版社,1994.

[73] 高玲芬,贾丽娜.论"非正规就业"的定义与测量[J].统计研究,2005(3).

[74] 高薪才,滕堂伟.新比较经济学四大学派的形成及其发展[J].经济学动态,2005(12).

[75] 顾海兵.中国经济安全的范式研究[N].光明日报,2006-06-01.

[76] 韩毅.比较经济体制研究的新方法：历史的比较制度分析[J].经济社会体制比较,2002(1).

[77] 何岑辅.中国反击隐形经济[M].呼和浩特：远方出版社,1997.

[78] 何华芹,郑少智.地下 GDP 分割模型：对地下经济规模估测的再探讨[J].统计与决策,2005(1).

[79] 何清涟.经济学与人类关怀[M].广州：广东教育出版社,1998.

[80] 贺军.国企卷入地下钱庄 监管要出新思路[N].第一财经日报,2007-08-09.

[81] 侯杰泰,温忠麟,成子娟.结构方程模型及其应用[M].北京：教育科学出版社,2004.

[82] 胡鞍钢,赵黎.我国转型期城镇非正规就业与非正规经济(1990—2004)[J].清华大学学报(哲学社会科学版),2006(3).

[83] 胡逢吉,吴光炳.地下经济与资源配置体制[J].财经理论与实践,1994(1).

[84] 胡联合,胡鞍钢.贫富差距是如何影响社会稳定的[J].江西社会科学,2007(9).

[85] 胡为雄.恐怖主义难题：一种多维视角[J].世界经济与政治,2006(1).

[86] 胡雅菲."小产权房"税收治理不可忽视[N].宣城日报,2008-09-01(3).

[87] 华婷.我国地下经济核算研究现状及其改进建议[J].统计与预测,2003(4).

[88] 黄海涛.关于恐怖主义界定问题的分析[J].世界经济与政治论坛,2007(2).

[89] 黄苇町.中国的隐形经济[M].北京：中国商业出版社,1992.

[90] 江曙霞.中国地下金融[M].福州：福建人民出版社,2001.

[91] 姜广东.浅论地下经济活动的效率甄别[J].财经问题研究,2001(1).

[92] 蒋寒迪.中国地下金融市场中的利益群体及其博弈分析 [M].北京：华龄出版社,2007.

[93] 解梁秋,孙皓,石柱鲜.我国地下经济与居民收入分配关系的计量检验[J].工业技术经济,2008(8).

[94] 解梁秋,张延辉.基于区域信息的地下经济问题研究[J].社会科学战线,2008(12).

[95] 景维民,王永兴.制约俄罗斯经济发展的制度因素[J].东欧中亚市场研究,2002(8).

[96] 景维民,王永兴.东欧国家的治理转型：困境与挑战——兼论对中国全面深化改革的借鉴意义[J].人民论坛·学术前沿,2014(20).

[97] 拉卡托斯.科学研究纲领方法论 [M].兰征,译.上海：上海译文出版社,1986.

[98] 李贵义.金融全球化与金融风险管理[J].甘肃金融,2000(7).

[99] 李建军.中国地下金融规模与宏观经济影响研究 [M].北京：中国金融出版社,2005.

[100] 李建伟.当前我国经济运行的周期性波动特征[J].经济研究,2003(7).

[101] 李强,唐壮.城市农民工与城市中的非正规就业[J].社会学研究,2002(6).

[102] 李庸三,钱钏灯.台湾地下经济论文集[M].台北：联经出版社,1997.

[103] 梁朋,梁云.关于我国地下经济规模的测估及思考[J].财贸经济,1999(5).

[104] 梁志刚.从国家和社会的关系看我国市场化取向改革的合理性[J].求实,2000(1).

[105] 瞭望东方周刊编辑部.官员财产申报绕不过哪些坎[J].瞭望东方周刊,2009(3).

[106] 林伟林.收入分配与地下经济的相关关系分析[J].商业研究,2004(24).

[107] 刘国风,王永.基于EMIMIC模型的灰色经济测度——兼论灰色经济的正负效应及应持观点[J].现代财经,2011(9).

[108] 卢现祥,李正雪.神秘的金融王国[M].郑州：河南人民出版社,1993.

[109] 罗磊.中国地下经济规模基本估计和实证分析[J].经济科学,2005(3).

[110] 吕纬.中国经济转轨实践的理论命题[J].中国社会科学,2003(4).

[111] 马传景.地下经济研究[M].太原：山西经济出版社,1994.

[112] 孟连,王小鲁.对中国经济增长统计数据可信度的估计[J].经济研究,2000(10).

[113] 潘绥铭.存在与荒谬——中国地下"性产业"考察[M].北京：群言出版社,1999.

[114] 钱滔.历史比较制度分析(HCIA)方法：一个文献综述——以Avner Greif研究成果为代表(讨论稿)[R].浙江大学法与经济研究中心文库,2003.

[115] 任海松,叶龙.我国国有企业资产流失问题的经验研究[J].统计研究,2004(3).

[116] 任力,王宁宁.演化经济学的形成与发展[J].西南师范大学学报(人文社会科学版),2006(1).

[117] 史晋川.制度变迁与经济发展：温州模式研究[M].杭州：浙江大学出版社,2002.

[118] 孙健,朱建武.转型经济中地下经济与收入不均的相关性分析[J].改革,2001(6).

[119] 田光宁.未观测金融与货币均衡研究[M].北京：中国金融出版社,2008.

[120] 万安培,朱巧琳,范新成.撩开"经济黑人"的面纱[M].郑州：河南人民出版社,1993.

[121] 万安培.中国地下经济现状的理论思考[J].华中师范大学学报(哲学社会科学版),1994(1).

[122] 王静波.中国地下经济现状及核算方法研究[D].大连：东北财经大学,2005.

[123] 王小鲁.灰色收入与发展陷阱[M].北京：中信出版社,2012.

[124] 王小鲁.我国的灰色收入与居民收入差距[M]//吴敬琏.比较.北京：中信出版社,2007.

[125] 王永兴.亚洲和拉美新兴工业化国家市场化进程的比较研究[J].国际问题研究,2008(4).

[126] 王永兴.国外地下经济问题研究综述[J].经济学动态,2008(2).

[127] 王永兴.中国地下经济的区域分布特征研究[J].江苏社会科学,2010(3).

[128] 王永兴.中国地下经济规模估测——基于 GCR 模型的修正[J].统计研究,2010(11).

[129] 王永兴.中国市场经济体制确立过程的再考察:基于思想引进的视角[J].人文杂志,2010(3).

[130] 王永兴.中国地下经济问题研究评述[J].经济社会体制比较,2010(4).

[131] 王永兴.中国转型进程中地下经济的演进与治理[M].北京:经济管理出版社,2010.

[132] 王永兴,景维民.转型经济体国家治理质量监测指数研究[J].经济社会体制比较,2014(1).

[133] 王永兴,景维民.地下经济触发的国家安全问题[J].改革,2014(5).

[134] 王永兴,景维民.中国地下经济的区域发展分化:基于多指标面板数据的聚类分析检验[J].南开经济研究,2014(6).

[135] 坦茨.体制转轨和政府角色的改变[J].经济社会体制比较,1999(7).

[136] 吴光炳.挖公——转轨时期地下经济的主要指向[J].当代经济研究,1994(5).

[137] 吴敬琏.反思出口导向政策[J].财经,2006(20).

[138] 吴宣恭,等.产权理论比较——马克思主义与西方现代产权学派[M].北京:经济科学出版社,2000.

[139] 夏炳源.中国地下经济问题研究[M].郑州:河南人民出版社,1992.

[140] 夏南新.从全社会货运量估测我国地下经济规模[J].统计研究,2002(2).

[141] 夏南新.地下经济估测[M].北京:中国财政经济出版社,2002.

[142] 夏南新.地下经济估测模型及敏感度分析[J].统计研究,2000(8).

[143] 夏南新.灰色系统模型在估计地下经济规模中的应用[J].学术研究,2004(1).

[144] 夏兴园,洪正华.财政与货币政策效应研究[M].北京:中国财政经济出版社,2002.

[145] 夏兴园,万安培.中国地下经济问题研究[M].郑州:河南人民出版社,1993.

[146] 夏兴园.地下经济学概论[M].武汉:湖北人民出版社,1994.

[147]　夏兴园.宏观调控与对地下经济的治理[J].财经研究,1994(1).

[148]　夏兴园,廖涵.地下经济及其治理对策[J].经济研究,1992(6).

[149]　肖文,李黎.地下经济：原因、影响及规模估计方法[J].世界经济与政治,2001(3).

[150]　辛浩,王韬.我国地下经济税收流失规模的测算——基于一个改良的现金比率法[J].管理现代化,2008(4).

[151]　徐蔼婷,李金昌.中国未被观测经济规模——基于MIMIC模型和经济普查数据的新发现[J].统计研究,2007(9).

[152]　徐蔼婷.未被观测经济估算方法新论——以浙江省数据为例[J].浙江社会科学,2006(4).

[153]　徐宽.基尼系数的研究文献在过去八十年是如何扩展的[J].经济学季刊,2003(4).

[154]　徐坡岭.俄罗斯经济转型轨迹研究[M].北京：经济科学出版社,2002.

[155]　徐象取.我国地下经济规模估计及其周期性分析[J].统计与决策,2004(10).

[156]　严昌涛."地下经济"与税收[J].税务研究,2000(8).

[157]　徐正云.我国地下经济规模测量研究[J].武汉理工大学学报,2009(11).

[158]　阎秀峰.国企"三产"岂能假剥离[J].中国改革,1995(3).

[159]　杨灿明,孙群力.中国各地区隐性经济的规模、原因和影响[J].经济研究,2010(4).

[160]　杨缅昆,宋建彪.关于地下经济核算的若干理论问题[J].统计研究,1996(5).

[161]　易丹辉.结构方程模型——方法与应用[M].北京：中国人民大学出版社,2008.

[162]　张春霖.国企改革中国资为何流失[J].财政研究,2007(10).

[163]　张凤,朱胜.试论我国统计数据发布与SDDS的衔接状况[J].中国统计,2013(5).

[164]　张军.过渡经济学——理论的回顾与争论[J].上海经济研究,1997(4).

[165]　张明,徐以升.全口径测算中国当前的热钱规模[R].Working Paper No. 0814, 2008.

[166]　张仁德.比较经济学的危机与创新[J].经济社会体制比较,2004(3).

[167]　张向达.地下经济与收入分配的关系探析[J].统计研究,2002(11).

[168]　章玉贵.比较经济学与中国经济改革[M].上海：上海三联书店,2006.

[169]　赵黎.中国地下经济研究与估计(1990—2004)[J].统计研究,2006(9).

[170]　郑秉文.社会保障制度改革20年鸟瞰与评论[J].中国人口科学,2007(5).

[171]　周本寅,戴炳源,杨华.走私贩毒面面观[M].郑州：河南人民出版社,1993.

[172]　周冰,靳涛.经济转型方式及其决定[J].中国社会科学,2005(1).

［173］ 朱德林.中国的灰黑色金融——市场风云与理性思考［M］.上海：立信会计出版社,1997.

［174］ 朱光华.大力发展混合所有制：新定位、新亮点［J］.南开学报,2004(1).

［175］ 朱国云.科层制与中国社会管理的组织模式［J］.管理世界,1999(5).

［176］ 朱小斌,杨缅昆.中国地下经济实证研究：1979—1997［J］.统计研究,2000(4).

外 文 部 分

［1］ ACHARYA S. The underground economy in the United States：comment on Tanzi ［R］. Staff Papers-International Monetary Fund,1984：742-746.

［2］ AIGNER D, SCHNEIDER F,GHOSH D. Me and my shadow：estimating the size of the US underground economy from time series data［R］.1986.

［3］ AKERLOF G A. The market for "lemons"：quality uncertainty and the market mechanism［J］. The quarterly journal of economics,1970,84(3)：488-500.

［4］ ALAÑÓN A, GÓMEZ-ANTONIO M. Estimating the size of the shadow economy in Spain：a structural model with latent variables［J］. Applied economics,2005, 37(9)：1011-1025.

［5］ ARBUCKLE J. Amos 17.0 user's guide［M］. Chicago：SPSS Incorporated,2008.

［6］ ARDIZZI G, PETRAGLIA C, PIACENZA M,et al. Measuring the underground economy with the currency demand approach：a reinterpretation of the methodology, with an application to Italy［J］. Review of income and wealth,2014,60(4).

［7］ KHOLODILIN K, THIEßEN U. The shadow economy in OECD countries：panel-data evidence［R］. Discussion papers,German Institute for Economic Research,2011.

［8］ WILLIAMS C C. Tackling Europe's informal economy：a critical evaluation of the neo-liberal de-regulatory perspective［J］. Journal of contemporary European research, 2013,9(2).

［9］ HAY J R, SHLEIFER A. Private enforcement of public laws：a theory of legal reform［J］. American economic review,1998,88(2)：398-403.

［10］ ARBY M F,MALIK M J,HANIF M N. The Size of Informal Economy in Pakistan ［R］. State Bank of Pakistan,Research Department,2010.

［11］ ASLAM S. The underground economy and tax evasion in Pakistan：annual estimates（1960—1998）and the impact of dollarisation of the economy[J]. The Pakistan development review,1998,37(4): 621-631.

[12] KOLEV A. MORALES J E. Monetary policy and the informal sector[R]. BCV working paper,2005.

[13] BAJADA C, SCHNEIDER F. The shadow economies of the Asia-Pacific[J]. Pacific economic review,2005,10(3): 379-401.

[14] BAJADA C, SCHNEIDER F. Size, causes and consequences of the underground economy: an international perspective [M]. Farnham: Ashgate Publishing, Ltd. ,2005.

[15] ORSI R, RAGGI D, TURINO F. Size, trend, and policy implications of the underground economy[J]. Review of economic dynamics,2014,17(3): 417-436.

[16] BHAGWATI J N, SRINIVASAN T N. Revenue seeking: a generalization of the theory of tariffs[J]. The journal of political economy,1980,88(6): 1069-1087.

[17] BHAGWATI J, HANSEN B. A theoretical analysis of smuggling [J]. The quarterly journal of economics,1973,87(2): 172-187.

[18] BLACKBURN K, BOSE N,CAPASSO S. Tax evasion,the underground economy and financial development[J]. Journal of economic behavior & organization,2012, 83(2): 243-253.

[19] BOLLEN K A. Structural equation models[M]. New Jersey: John Wiley & Sons, Ltd,1998.

[20] BONZO D C, HERMOSILLA A Y. Clustering panel data via perturbed adaptive simulated annealing and genetic algorithms[J]. Advances in complex systems, 2002,5(4): 339-360.

[21] BOYCKO M, SHLEIFER A, VISHNY R W. A theory of privatisation[J]. The economic journal,1996,106(435): 309-319.

[22] BRAMBILA MACIAS J. Remittances, migration and informality in Mexico. A simple model[J]. MPRA,2008: 3-18.

[23] BREUSCH T. Estimating the underground economy, using MIMIC models[R]. Working Paper,National University of Australia,Canberra,Australia,2005.

[24] BREUSCH T. The Canadian underground economy: an examination of Giles and

Tedds[J]. Canadian tax journal,2005,53(2): 367.

[25] BUEHN A, KARMANN A,SCHNEIDER F. Shadow economy and do-it-yourself activities: the German case[J]. Journal of institutional and theoretical economics, 2009,165(4): 701-722.

[26] BUEHN A, SCHNEIDER F. Shadow economies around the world: novel insights, accepted knowledge, and new estimates[J]. International tax and public finance, 2012,19(1): 139-171.

[27] QIAN Y G,XU C G. Why China's economic reforms differ: the M-form hierarchy and entry/expansion of the non-state sector[J]. Economics of transition, 1993, 1(2): 135-170.

[28] CARTER M. Issues in the hidden economy—a survey[J]. Economic record,1984, 60(3): 209-221.

[29] BOVI M, CASTELLUCCI L. What do we know about the size of the underground economy in Italy beyond the "common wisdom"[C]//Some Empirically Tested Propositions,"The far eastern meeting of the econometric society",Singapore. 1999.

[30] CHAUDHURI K, SCHNEIDER F, CHATTOPADHYAY S. The size and development of the shadow economy: an empirical investigation from states of India [J]. Journal of development economics,2006,80(2): 428-443.

[31] CHOWDHURY F L. Smuggling, tax structure and the need for anti-smuggling drive [J]. Fiscal frontier,2000(6).

[32] COASE R H. The nature of the firm[J]. Economica,1937,4(16): 386-405.

[33] DELL'ANNO R, GÓMEZ-ANTONIO M, PARDO A. The shadow economy in three Mediterranean countries: France,Spain and Greece. A MIMIC approach[J]. Empirical economics,2007,33(1): 51-84.

[34] DELL'ANNO R. The shadow economy in Portugal: an analysis with the MIMIC approach[J]. Journal of applied economics,2007,10(2): 253-277.

[35] DELL'ANNO R,SCHNEIDER F. The shadow economy of Italy and other OECD countries: What do we know? [J]. Journal of public finance and public choice, 2003(21): 97-120.

[36] DELL'ANNO R. Estimating the shadow economy in Italy: a structural equation

approach[J]. Economics working paper,2003 (2003-7).

[37] DILNOT A, MORRIS C N. What do we know about the black economy? [J]. Fiscal studies,1981,2(1): 58-73.

[38] DRAESEKE R, GILES D E A. A fuzzy logic approach to modelling the New Zealand underground economy[J]. Mathematics and computers in simulation,2002, 59(1): 115-123.

[39] EILAT Y, ZINNES C. The evolution of the shadow economy in transition countries: Consequences for economic growth and donor assistance[R]. Harvard Institute for International Development,CAER Ⅱ Discussion Paper,2000 (83).

[40] ELGIN C. Internet usage and the shadow economy: evidence from panel data[J]. Economic systems,2013,37(1): 111-121.

[41] ELKAN C, BERENJI H R, CHANDRASEKARAN B, et al. The paradoxical success of fuzzy logic[J]. IEEE expert,1994,9(4): 3-49.

[42] FEIGE E L. A Re-examination of the "underground economy" in the United States: a comment on Tanzi[R]. Staff Papers-International Monetary Fund,1986: 768-781.

[43] FEIGE E L. Defining and estimating underground and informal economies: the new institutional economics approach[J]. World development,1990,18(7): 989-1002.

[44] FEIGE E L. How big is the irregular economy? [J]. Challenge, 1979, 22 (5): 5-13.

[45] FEIGE E L. New estimates of overseas US currency holdings, the underground economy,and the "tax gap". Munich personal RePec archive[R]. MPRA paper No. 30353,2009.

[46] FEIGE E L. The underground economies: tax evasion and information distortion [M]. Cambridge: Cambridge University Press,1989.

[47] FELD L P, FREY B S. Tax compliance as the result of a psychological tax contract: the role of incentives and responsive regulation[J]. Law & policy,2007, 29(1): 102-120.

[48] FICHTENBAUM R. The productivity slowdown and the underground economy[J]. Quarterly journal of business and economics,1989,28(3): 78-90.

[49] FREY B S, WECK-HANNEMAN H. The hidden economy as an "unobserved" variable[J]. European economic review,1984,26(1): 33-53.

[50] FRIEDMAN E, JOHNSON S, KAUFMANN D, et al. Dodging the grabbing hand: the determinants of unofficial activity in 69 countries [J]. Journal of public economics,2000,76(3): 459-493.

[51] FRIEDMAN M. The methodology of positive economics[J]. Essays in positive economics,1953,3(3): 180-213.

[52] GILES D E A, CARAGATA P J. The learning path of the hidden economy: the tax burden and tax evasion in New Zealand[J]. Applied economics,2001,33(14): 1857-1867.

[53] GILES D E A. Modelling the hidden economy and the tax-gap in New Zealand[J]. Empirical Economics,1999,24(4): 621-640.

[54] GOLDBERGER A S. Structural equation methods in the social sciences [J]. Econometrica: Journal of the Econometric Society,1972,40(6): 979-1001.

[55] GEDDES M. Tackling social exclusion in the European Union? The limits to the new orthodoxy of local partnership[J]. International journal of urban and regional research,2000,24(4): 782-800.

[56] GROSSMAN G M, HELPMAN E. Electoral competition and special interest politics[J]. The review of economic studies,1996,63(2): 265-286.

[57] GUTMANN P M. The subterranean economy[J]. Financial analysts journal,1977, 33(6): 26-34.

[58] HAMILTON W D. The genetical evolution of social behaviour. I[J]. Journal of theoretical biology,1964,33(6): 1-16.

[59] HANSSON I. The Underground economy in a high tax country: the case of Sweden [M]. The underground economy in the United States and abroad. Lexington,DC: Heath,1982.

[60] HART K. 8. Small-scale entrepreneurs in Ghana and development planning[J]. The journal of development studies,1970,6(4): 104-120.

[61] HE J, KUIJS L. Rebalancing China's economy: modeling a policy package[J]. World Bank China Research Paper,2007(7).

[62] HELBERGER C, KNEPEL H. How big is the shadow economy?: A re-analysis of the unobserved-variable approach of BS Frey and H. Weck-Hannemann [J]. European economic review,1988,32(4): 965-976.

[63] HENRY J. Calling in the big bills[J]. Washington monthly,1976,5(6).

[64] HODGSON G M. How economics forgot history: the problem of historical specificity in social science[M]. New York: Psychology Press,2001.

[65] HUNTINGTON S P. The clash of civilizations and the remaking of world order [M]. New Delhi: Penguin Books India,1996.

[66] Internal Revenue Service, Estimates of income unreported on individual income tax returns[R]. Washington,DC,Government Printing Office,1979: 9-79.

[67] ISACHSEN A J, STROM S. The size and growth of the hidden economy in Norway[J]. Review of income and wealth,1985,31(1): 21-38.

[68] ISACHSEN A,KLOVLAND J,STROM S. The hidden economy in Norway,Ch. 13 in The Underground Economy in the United States and Abroad, ed, by Tanzi, V [M]. Lexington: Massachusetts Press,1982: 209-231.

[69] BERLINER J. The Informal Organization of the Soviet Firm[J]. Quarterly journal of economics,1952(66): 342-365.

[70] BURTON J. The underground economy in Britain. in Lippert,Owen and Walker, Michael,The Underground Economy: Global Evidence of Its Size and. Impact[M]. Vancouver: Fraser Institute,1997: 219.

[71] JOHNSON S, KAUFMANN D,SHLEIFER A,et al. The unofficial economy in transition[J]. Brookings papers on economic activity,1997,28(2): 159-239.

[72] JOHNSON S, KAUFMANN D,ZOIDO-LOBATON P. Regulatory discretion and the unofficial economy[J]. American economic review,1998,88(2): 387-392.

[73] JOHNSON S, KAUFMANN D, ZOIDO P. Corruption, Public Finances, and the Unofficial Economy[J]. World Bank Policy Research Working Paper,1999 (2169).

[74] KAMINSKY G L, REINHART C M. Financial crises in Asia and Latin America: then and now[J]. American economic review,1998,88(2): 444-448.

[75] KAUFMANN D, KALIBERDA A. Integrating the unofficial economy into the dynamics of post-socialist economies[J]. Economic transition in Russia and the new

states of Eurasia,1996(8): 81.

[76] KIANI M, AHMED A, ZAMAN K. Combining qualitative and quantitative approaches for measuring underground economy of Pakistan[J]. Quality & quantity,2015,49(1): 295-317.

[77] KIRCHGAESSNER G. Size and development of the West German shadow economy,1955-1980[J]. Journal of institutional and theoretical economics,1983, 139(2): 197-214.

[78] KRUEGER A O. The political economy of the rent-seeking society[J]. The American economic review,1974,64(3): 291-303.

[79] LACKÓM. Do power consumption data tell the story? —Electricity intensity and hidden economy in post-socialist countries[R]. Budapest Working Papers on the Labour Market,1999.

[80] LACKÓ M. Hidden economy in East-European countries in international comparison [M]. Laxenburg: International Institute for Applied Systems Analysis,1996.

[81] LACKÓ M. Hidden economy—an unknown quantity? Comparative analysis of hidden economies in transition countries,1989-1995[J]. Economics of transition, 2000,8(1): 117-149.

[82] LACKÓ M. The hidden economies of Visegrad countries in international comparison: A household electricity approach,In Halpern,L & L. Wyplosz (eds.). Hungary: Towards a market economy[M]. Cambridge: Cambridge University Press,1998: 128-152.

[83] LEVI M. Reconsiderations of rational choice in comparative and historical analysis [J]. Comparative politics: rationality,culture,and structure,2009(24).

[84] LIPPERT O,WALKER M. The underground economy: global evidence of its size and impact[M]. Vancouver: The Fraser Institute,1997.

[85] LITTLE D. Microfoundations, method, and causation: on the philosophy of the social sciences[M]. New Brunswick: Transaction Publishers,1998: 9-10.

[86] MACAFEEK. A Glimpse of the hidden economy in the national accounts[M]. New Brunswick: CSO,1980: 81.

[87] MACIAS J B, CAZZAVILLAN G. Modeling the informal economy in Mexico. A

structural equation approach[J]. The journal of developing areas,2010,44(1): 345-365.

[88] MARUYAMA G, MCGARVEY B. Evaluating causal models: an application of maximum-likelihood analysis of structural equations[J]. Psychological bulletin, 1980,87(3): 502.

[89] MCCROHAN K F, SMITH J D. A consumer expenditure approach to estimating the size of the underground economy[J]. The journal of marketing,1986,50(2): 48-60.

[90] MOUCHART M, ROMBOUTS J V K. Clustered panel data models: an efficient approach for nowcasting from poor data[J]. International journal of forecasting, 2005,21(3): 577-594.

[91] MUMMERT A, SCHNEIDER F. The German shadow economy: parted in a united Germany? [J]. FinanzArchiv/Public finance analysis,2001,58(3): 286-316.

[92] MURPHY K M, SHLEIFER A,VISHNY R W. Why is rent-seeking so costly to growth? [J]. The American economic review,1993,83(2): 409-414.

[93] NORTH D C. Institutions, institutional change and economic performance[M]. Cambridge: Cambridge University Press,1990: 3-4.

[94] PAGLIN M. The underground economy: new estimates from household income and expenditure surveys[J]. Yale law journal,1994,103(8): 2239-2257.

[95] PALDA F. Evasive ability and the efficiency cost of the underground economy[J]. Canadian journal of economics,1998,31(5): 1118-1138.

[96] PEDERSEN S. The shadow economy in Germany,Great Britain and Scandinavia: a measurement based on questionnaire surveys [M]. Copenhagen: Rockwool Foundation Research Unit,2003.

[97] PICKHARDT M, SARDA J. The size of the underground economy in Germany: a correction of the record and new evidence from the modified-cash-deposit-ratio approach[J]. European journal of law and economics,2011,32(1): 143-163.

[98] ROSSER JR J B, ROSSER M V,AHMED E. Income inequality and the informal economy in transition economies[J]. Journal of comparative economics, 2000, 28(1): 156-171.

[99] SAMUELP. Huntington, political order in changing societies[M]. New Haven: Yale University Press,1968: 198-499.

[100] SCHNEIDER F, BUEHN A, MONTENEGRO C E. New estimates for the shadow economies all over the world[J]. International economic journal, 2010, 24(4): 443-461.

[101] SCHNEIDER F, ENSTE D H. The shadow economy: an international survey [M]. Cambridge: Cambridge University Press, 2013.

[102] SCHNEIDER F, ENSTE D. Increasing shadow economies all over the world-fiction or reality[R]. Institute for the Study of Labor Discussion Paper, 1998 (26).

[103] SCHNEIDER F, NECKR. The development of the shadow economy under changing tax systems and structures: some theoretical and empirical results for Austria[J]. FinanzArchiv/Public finance analysis, 1993, 50(3): 344-369.

[104] SCHNEIDER F. Shadow economies around the world: what do we really know? [J]. European journal of political economy, 2005, 21(3): 598-642.

[105] SCHNEIDER F. The size of shadow economies in 145 countries from 1999 to 2003 [J]. The Brown Journal of World Affairs, 2005, 11(2): 113-129.

[106] SCHNEIDER F. Size and development of the shadow economy in Germany, Austria and other OECD-countries[J]. Revue économique, 2009, 60(5): 1079-1116.

[107] SCHNEIDER F. The shadow economies of Western Europe[J]. Economic affairs, 1997, 17(3): 42-48.

[108] SENA K. Isolation, assurance and the social rate of discount[J]. The quarterly journal of economics, 1967, 81(1): 112-124.

[109] SIMON C, WITTE A. The underground economy: Estimates of size, structure, and trends [J]. Joint Economic Committee, Government regulation: Achieving social and economic balance, 1980(5): 70-120.

[110] SMITH P M. Assessing the size of the underground economy: The statistics Canada perspective[J], canada economic observer, 1994, 3: 16-33.

[111] SOWELL T. Conquest and cultures: a world view[M]. New York: Basic Books, 1998: 4.

[112] STIGLER G J. The theory of economic regulation [J]. The Bell journal of economics and management science, 1971: 3-21.

[113] STRAUB S. Informal sector: the credit market channel [J]. Journal of

development economics,2005,78(2):299-321.

[114] TANZI V. The underground economy in the United States: annual estimates, 1930-80[R]. Staff Papers-International Monetary Fund,1983:283-305.

[115] TANZI V. The underground economy in the United States: reply to comments [R]. International Monetary Fund Staff Papers,1986,33(4),799-811.

[116] TANZI V. The underground economy in the United States: estimates and implications[J]. PSL Quarterly Review,1980(135):427-53.

[117] VULETIN G. What is the size of the Pie? Measuring the informal economy in Latin American and the Caribbean [R]. Forthcoming IMF Working Paper, International Monetary Fund,Washington,DC. 2006.

[118] WANG D H M,LIN J Y, YU T H K. A MIMIC approach to modeling the underground economy in Taiwan[J]. Physica A: statistical mechanics and its applications,2006,371(2):536-542.

[119] WEISS L. Explaining the underground economy: state and social structure[J]. British journal of sociology,1987,38(2):216-234.

[120] WICKSELL K A. New Principle of Just Taxation (1896),in Classics in the Theory of Public Finance[M], edited by Richard H. Musgrave and Alan T. Peacock, London: MacMillan,1958:81-82.

[121] WILES P. The political economy of communism [M]. Cambridge: Harvard University Press,1962:20.

[122] PYLE W,ALEXEEV M. A note on measuring the unofficial economy in the Former Soviet Republics[J]. Economics of transition,2003,11(1):153-175.

[123] WISEMAN T. US shadow economies: a state-level study[J]. Constitutional political economy,2013,24(4):310-335.

[124] ZADEH L A. Information and control[J]. Fuzzy sets,1965,8(3):338-353.

[125] ZHANG Z,LIU A,YAO S. Convergence of China's regional incomes 1952-1997 [J]. China economic review,2001(12):243-258.

[126] ZILBERFARB B Z. Estimates of the Underground Economy in the United States, 1930-80: A Comment on Tanzi[J]. Staff Papers-International Monetary Fund, 1986,30(2):790-798.